紫雪

孔达达题

谨以此书献给投身外交事业的先生，

亦献给正在为梦想奋斗的儿子。

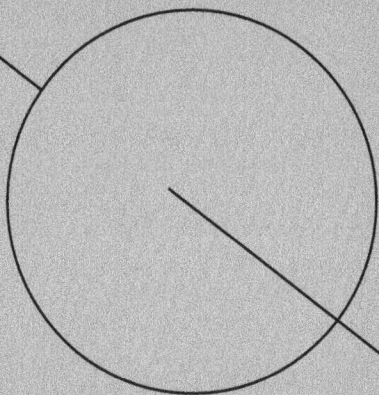

PURPLE SNOW

碧晓 著

紫雪

外语教学与研究出版社
北京

目录

旧金山时美国邻居

艺术家 PAIUL MESSINA

所绘青春时代的碧晓

前言

几年前，我曾写了数篇关于旧金山生活往事的英文小文章。一位美国出版商偶尔看了就很喜欢，鼓励我多写一些，并送给我一本美国的畅销书《成为》。我说我将从个体的独立视角，去记录人生旅途中令人感动的人和事，分享内心的感悟。

刚开始动笔时，激情流淌，写出的几篇文章获得了初步的肯定，我有些不知所措，心头思绪万千，作息昼夜颠倒，好友们便劝我放下外在压力，以平常心对待，有感而发就行。感谢那些缘起，也感谢好友们的点滴鼓励激发了我处于萌芽状态的儿时的作家梦。我每日坚持写一些，没想到竟然完成了一篇大作文，这不就是当初喜欢这种风格的人们所希望看的那本书吗？

这几年，我和儿子小蝌蚪多次赴马尔代夫探亲，心中一直惦记着在马尔代夫有一套属于自己的结婚周年纪念照片，热心的同事慷慨地投入了自己的休息时间，让我圆了青春年华的一个梦。这些海岛美景照又神奇地激发了深藏在内心的艺术灵感，让我从零开始接触了绘画。

感恩生活让我在旅途中获得丰厚的馈赠。

此刻好像感觉自己已经炼成仙丹妙药一样，每次走进书中，就能感受到从前青春年华的气息，仿佛再次经历青春的迷茫，并为自己那时没有迷失自我、没有随波逐流而感到骄傲。内心世界的自我审视，让我看到了一个真实的自己，这大概就是写作最大的好处吧。

时光是一部流动的书。我看懂了深藏在岁月遮光帘后面的曾经的自己以及曾经的世事人情，更加理解了在时代潮流中每个人都会遇到身不由己的事，一个人或选择固守初心，或选择随波逐流。然而最后能够直达理想境界的还是忠诚于初心的那一类人。

这么多年过去了，时光的流沙中，什么是属于自己的真正的幸福呢？

人生因为幸福而来。现实中，有人到达了财富、事业的顶峰，却发现富有与幸福并未相约而至。也有人在放弃最初梦想之后，却发现生活犹如雾霾天气笼罩在生命中一样，成为一生走不出去的迷雾与围城。

一个人一生坚持自己人生最初的梦想，以一颗开放的心灵吮吸周围世界的真善美，这种人生最终会在生命收获的季节里遇见儿时梦想的日子，青春岁月亦会因为那份初心遇到心灵中寻觅的另一半，这大概就是命运对忠诚于最初梦想的人们所给予的奖励。人生多一份情怀，少一份世俗的篱笆墙，生活就离自己所想要的人生境界越接近。

爱在人生每个阶段都是不可或缺的珍贵滋养和内在引导力：童年时，爱如朝阳升起，是人之初心灵最好的萌芽状态，"一个足够幸运的拥有爱的童年"会让人心生光明，并随之孕育出一个面对未来的美好初心；少年时，爱如心灵彩虹指引前程，智慧的爱激发少年之勇，鼓励人莫畏前路，展翅振飞，遥观未来时空而生出宏大的理想；青年时，遇到对的人，人生则如虎添翼，尽情展现雄鹰飞翔之姿，会遇见曾经如彩虹般绚丽的理想主义的境界。

爱是来处，亦是归途。

人生路上，唯爱一路引领。婚姻最好的状态，就是最初的模样，那就是我们曾经最喜欢的真实彼此。不忘初心，方得始终。简单而不刻意，则心安身安。

守住当下岁月静好的生活，这是出生于民国的祖母那一代人朴素的生活态度。小时候常听祖母说，人需要宁静，因为静生出智慧。人若能安顿好心中梦想与现实生活的纠结，这就是驾驭人生之舟的一种独特的生活艺术了。

我喜欢紫色，所以我给自己的书取名《紫雪》，一个带着梦幻、清凉又浪漫的诗意的名字。在很多考验人的日子里，人需要面对坚硬的现实，又要学会超越现实，让心灵于浮躁的环境中享受清凉，并朝着梦想的方向迈进。

感谢王秋杨、黄开蒙和黄慧对我写作的鼓励，感谢美国丽贝卡女士、柴寿武老师、张健老师、林清在摄影和油画创作方面给予的支持，感谢尹伟、筱东、李淮玉、张明舟、胡颜薇、宋婧、查翠莲等友人不吝分享自己的意见。

碧晓

2021 年 2 月 22 日　于北京

《 遐 想 》
————

60cm×50cm

油画布

2020 年

紫雪

一

每个人都是从零开始。

那些不自觉地从一开始经受住零的考验并享受着生活每一个阶段的人，应该算是幸运的一类。无论多少年以后回头望去，一路所经之处皆是记忆里难忘的风景。

二十多年前的夏天，因为各种忙碌，我先生一时竟找不出一个领取结婚证的日子，而我也正忙着准备外企的面试。在他值了一个通宵夜班后，我们终于一起挤出时间来了，兴冲冲地去当时位于中山公园内的民政局领取了结婚证。手里拿着上面压着清晰可见的钢印的红色小本本，走出公园恍然想起这个偶然中撞上的特别日子，让人一下子容易记住。

没有婚宴，没有蜜月旅行，亦没有婚纱照。没有房子，亦没有车子。

他在北京朝阳门加班加点中一路向前，我在西直门一家外企上班。在海淀八一中学的四合院里，我们租了一间平房，开始经营第一个温暖的小窝。骑着自行车上下班，生活的节奏好像一下子变得格外轻快，每天下班回家看到四合院平房里亮着温馨的灯光就心情开朗。庭院里住着三代同堂的大家庭。平房里没有燃气，冬天烧蜂窝煤取暖。一开始不知道如何点燃蜂窝煤，房东好心又热情，经常帮着生炉子，蜂窝煤炉子煮出的饺子格外香喷喷。

没多久，我们搬进了方庄青年公寓大开间，终于有了通着燃气管道的厨房和浴室，生活的色调仿佛又明亮了些许。接着，我们去了旧金山，把房子借给无房的朋友一家居住，后来朋友也熬到了单位分房，去旧金山出差时顺便归还了房子钥匙。

在美国留学的岁月里，对生活的感悟又提升了。喜欢旧金山风景如画的海边房子，可以望海，又有院子，是那种人与自然交融的庭院和家居感觉。期间，先生把家从北京方庄搬到了热闹的三里屯。我从旧金山兴冲冲回来，看到素白墙壁的居室，感觉生活比以前确实改善了，心头又有些恍惚，开始思念那带风景房屋的生活情调。在楼房里待着，有时觉得很憋屈，就找有风景的地方走走，遇到有情调的餐厅，就进去坐坐。同龄人都喜欢这种让人心情大好的出街。

城里变得越来越拥挤，新开发的楼房越来越贵，开始羡慕郊区的宽敞，家越搬越远，最后搬到了六环边上。我又在首都机场附近一家国际学校找了一份新工作，学校坐落在温榆河畔一个远离喧闹的幽静社区。每日回家往六环方向赶，心里惦记着那个社区。跟先生念叨说，我看见了心仪的曾经生活过的社区，一走进去，处处是花草绿树。

他抽空陪着我去了，第一次看了没说什么，第二次就觉得不错。不知道是心诚则灵，还是运气好，一次他从拉萨回北京，我们又不自觉地一起来到了喜欢的社区。社区里有一家房屋中介，一个瘦高个子青年带着四处看看。不久我们从六环搬回到了五环半。

人生，就是一场从清贫开始的漫长修行。

生活会从清贫中开始，在朴素无华中前行，在简单的日子中经受历练，总有一天会在惊喜中与生活的盛宴不期而遇。

2020年初，探亲来到印度洋岛国，遇上了疫情的日子。坐在面朝大海的茶室，看着角角落落摆放的涂鸦画，心里颇为感慨。每次去一个新的地方，不知不觉会体悟到四周环境与从前的不同，每次都有新的成长和变化。

在花园之都旧金山，硅谷科技浪潮方兴未艾，一切恰逢其时，让充满活力的激情岁月融入其中，一路上遇见那么多热心相助的人，很多年后仍念念不忘。

在圣地拉萨，见识了高原隐藏的神秘、生存环境的恶劣以及无处不在时时让人感动的信仰者，颠覆了以往习以为常的认知，学会逆向看人生。

在印度加尔各答，与泰戈尔隔着时空不期相遇，手捧起《吉檀迦利》就再也不能放下来。

如今这一站马尔代夫，在被海水包围的城市里，大海的风景万千变化，这海市蜃楼般的水色所蕴含的艺术感召力，让我这样一个从未踏足这个领域的人拿起了画笔。

假如生命的绿手指，让人的心灵如花儿一般在生命的四季轮回中不停开放，迎接每一个人生阶段所遇到的未知，那么沿路每一站的别样经历都会增添一份内心的清香。当人如植物一般吸收来自各种文化的阳光，每一个新环境都会让生活绽放出新的绿叶与满树的繁华。

先生选择了一个旅途多变、四处为家的外交职业，一份自我命运与国家使命融为一体的事业，它所蕴含的生活空间如此丰富，仿佛冥冥之中总有某种天意可以期待。

我就像那个传说中的逐日的夸父，不分昼夜地追赶。我在追赶中收获人生不易的感悟，也收获许多惊喜，一切像是对生命在付出之后的馈赠，奖励我在岁月的颠簸中能够保持忠诚的初心，奖励我一路向前无所畏惧。曾经沉积的泥沙，此刻仿佛在蓦然回望间也凝土成金，点亮了不管多么遥远的从前。

我是一个坐在车上的人，不知道这人生之车会奔向何方，一路上却将沿途的风景看了个遍。

我恰巧是一棵离不开树的藤蔓，树的高度也许决定了我能走多远。但这并不妨碍我用心走过每片土地，用心丈量每寸光阴，用心体会这辽阔天地之间所遇见的无数真善美，体验生活的意义。

一个时代的感觉，来自周围的人与事。

每一代人都得面对让内心纠结的现实，并从中寻求内心所向往的生活。信仰什么，人生就是什么。人肯定得有信仰，有信仰就会有敬畏之心，信仰真善美的人就是最朴素最真切的人。

人生梦为舟，心为桨，由心出发，终将会行驶到理想的彼岸。理想如飞翔的山鹰一样带着心一起飞越无数的崇山峻岭，沿途所见皆为人生的风景。而那最曼妙的风景从来都是不可预知，睁开双眼期待所遇的沿路风光吧。

二

我成长于黄土高原，考大学到了北京。大学毕业时认识了我先生，他毕业后去了外交系统，外派的第一个国家是美国。三年后他结束了任期回国，我一个人在美国留学，研究生毕业后找了一份工作。在美国生活，人一出门就得开车，车一开起来就跑出去几十英里①，感觉节奏特别快。有一天我做了一个梦，梦到有一根绳子拽着我向前跑。我就在越洋电话中跟我先生说，我觉得这种快节奏的地方不能待下去，然后就向工作的公司申请回中国了。

先生第二次出国工作是去印度的加尔各答。我因为有工作，儿子也在上学，我们先是在北京坚持了一段时间，

---

① 英里：英美制长度单位，1 英里合 1.6093 千米

最终还是决定跟随先生到印度。那时候我身体微恙，很多朋友见面就关切地说"千万别去印度"，还说那里的卫生状况不好等等。听了各种善意的规劝，我也是忐忑不安。过去我对加尔各答这个城市都没怎么听说过，结果加尔各答给了我最大的惊喜。

我一落地印度加尔各答，出了机场看到街道上的路标竟然是我熟悉的英文，还有百姓那原汁原味的接地气的生活，这一切都让我觉得很亲切。我小时候生活在黄土高原，跟土地的情愫根深蒂固。印度能让我看到人类生活的历史痕迹，它简直就是一所活的历史博物馆。一到印度我身体血液里原来固有的很多感知都复活了。现在我们被现代化、工业化的社会所包围，也许不来印度就看不到，也感受不到这种特殊的气息。印度人不随意拆毁过去留下的建筑，包括英国人建造的设施。比如，在加尔各答有亚洲最大的植物园，园中还有英国人建的图书馆。一百多年历史的高尔夫球场和俱乐部一直留到现在，印度人还在很好地使用它们。印度人悠闲的生活状态非常打动我，那常年浸泡在快节奏生活中的精神状态一下子就松弛下来了。在那边我遇到了国内研究泰戈尔的专家——北京大学的魏教授，他送了我一本《吉檀迦利》，我一读到那些诗就停不下来了，因为它能让我感受到内心所向往的一个理想化的人生境界，觉得泰戈尔的诗是内心曾经熟悉的声音。

在快节奏的生活里，噪音把人很多内心的东西给覆盖了，但是印度给了我一个慢生活的契机、一个冥想的空间和一个沉浸其中的时间。我在加尔各答的生活令自己受益匪浅，那几年我自己以及我的朋友们，都觉得我的状态太棒了。印度人爱穿肥肥大大的棉质的衣服，我回国后再去逛时尚店，就找不到从前的感觉了。人需要接近自己生命最本质的需求。

生活在加尔各答的华人很多，他们把中国人的传统保留得很好，比如过年期间的春宴和浓浓的年味——那是我记忆中我祖母那个时代的生活的一部分——都在异国他乡被原汁原味地保留了下来。20世纪老华侨在加尔各答开皮革厂，后来因为环境问题，政府不让开了，厂房就基本上被改造成了中餐馆。华人彼此之间在春节互相走动，那种交流都很质朴，还有舞狮子、闹元宵和逛庙会。亲身体验浓浓的年味，感觉生活一下子穿越到自己童年时光的故乡一般。

在慢节奏的时光中，我遇到了泰戈尔，最初读泰戈尔的诗，后来读他的戏剧、小说和欣赏他的绘画。泰戈尔有着上帝之眼，他对世人满怀悲悯之心，认为众生是平等的。现代社会越来越工业化，人会变得很功利，包括教育孩子怎么去做人也是很功利化的。我觉得泰戈尔的诗摒弃了这些世俗的藩篱，彻底把人性释放了，所以在他的诗中，我会经常找到一份平静和安定，找到了自己心灵休憩的后花园。这就是我和印度最美好的缘分。

　　带着这种感觉，我们又去了美丽的马尔代夫，那里的水色特别秀美，我开始拿起画笔，虽然我从来未学过绘画。我遇到美国国家妇女艺术博物馆前馆长丽贝卡，她看到我的画就很喜欢，想要将其中一幅带回美国。那幅画中是一个东方少女的背影，穿着红裙子，白衣飘飘，光着一只脚，一只手提着鞋子，在海边追着一群鸽子。她认为那幅画有一种特别的灵动的喜悦感，其实那是我在海边被自然之美打动后的真情流露。泰戈尔对人性的剖析是人类的天性就是艺术家。也就是说，每个人在其内心深处，都具备艺术天分，只不过很多人的天赋被世俗的各种东西绑架了，艺术的知觉没有得到释放。

　　我是一个很幸运地掉进泰戈尔的诗意中，掉进他的画里的人。我就是顺着这个心路，打开了很多扇通往内心的门，从前我觉得这些诗歌与绘画离自己的生活很遥远，但是现在它们都如同"芝麻开门"那般神奇地打开了。我也顺着这种感觉，在疫情这一年开始写作。从人的天性的角度，即抛开所有的外在的束缚，写了少年"飞起来"的梦想，也写了当年到美国时那种向阳而生的青春岁月的奋斗。美国当时是克林顿政府执政时期，硅谷科技创新独领风骚，人们自信、阳光。但是接受了美国的高等教育之后，人还是需要回归自己的根。有一天我在旧金山的家摊上遇到一个年逾七旬的俄罗斯老妇人，她见我是中国人，就从屋子里拿出来一个红本本给我看，其中最后一页是一个盖着哈尔滨军工厂钢印的照片，照片上是一个美丽的俄罗斯姑娘。她说："你看这就是我，哈尔滨是我的故乡，我的父亲从俄罗斯到中国建铁路，后来埋葬在哈尔滨。我现在虽然人在美国旧金山，但我的心一直在中国的哈尔滨。"当时我听完这个老妇人伤感的话，就跟她一起流眼泪。她说："我现在回不了我的家乡，也不知道我父亲的坟地还在不在。"那个老人家跟我说话的时候，我就在想我日后在美国的感觉，当时我已经找到了工作，但是我可不想今后到了她这个年龄看到一个跟我的故乡有点关系的人，就上去拉住人家怀念家乡。所以从那天起，我决意将回国与家人团聚。

　　总之，我是一个会在内心时常反思的人，所以当我遇到了诗哲泰戈尔，就如同找到了心灵的引路人，各方面都受到了非常大的启发。人需要跳出世俗的潮流去做人生方向的判断。一个人心越清净，就越容易从幻象之中跳出来，如此方能看到人生真正属于你的方向。

碧晓

第一章 ＊

爱如朝阳

飞起来

月下散步。这满月让世界披着柔软的银纱，恍如童话，月光雕刻着从前的梦想，照亮了从前的岁月。月夜让人沉淀，闻着记忆的悠然暗香，心循着前尘往事穿越在岁月里。

我幸运地在提高全民人口数量的年代出生于一个清贫有爱的教师之家，是家中的第三个孩子。

儿时懵懵懂懂，从父亲口中得知自己的名字"碧晓"来源于诗歌，如今终于明了，这儿时的名字来源于宋代诗人秦观的一首诗：

银汉初移漏欲残，步虚人倚玉阑干。

仙衣染得天边碧，乞与人间向晓看。

我出生于黎明前的破晓之际，一出生就获得一个美妙如画的名字，父亲懂得那么多文字，这从他给孩子们起名字中可见一斑。这个"碧晓"的名字含义真是奇妙，寓意碧绿色的黎明。我素来喜欢清晨的阳光，每次晨读于阳光下就感觉通体舒泰，沉浸在书的世界。妹妹一出生得到"红霞"一名，来自诗句"斑竹一枝千滴泪，红霞万朵百重衣"。哥哥得名"小康"，一辈子就为小康生活而奋斗了。我和妹妹的名字都有诗意和理念，实属幸运的人。我上学后，大姐的名字中有个"群"字，父亲又给我起了一个带着芳华美意的学名。记忆中父亲的小名叫"青海"，祖母口口声声地这么称呼他了一辈子，上学后起了个学名"智慧"，这个名字简直是学问家的感觉啦。

"碧晓"在老家话里听起来就像"笔小"，妹妹鬼精灵，经常捉弄我，戏称我是铅笔的小笔头，小笔头写不出大文章。妹妹又哭着闹着让父亲给她照着一位翻译家的名字起了个新名字"靖华"。这小孩之间的闹剧，也是我上学时哭着要改名字的原因之一。父亲很爱我们，也尊重我们每个人的心中所想和感受。小孩子却无端地认为自己的乳名很俗气，很想要一个与众不同的好名字。如今回味起来却是初心最美，也感受到父亲很用心。

从童年有记忆开始，我就做起了飞翔梦，梦想自己飞越乡村与城市的屋顶，自由自在去寻求诗意的远方。当然，飞起来的感觉总是在梦醒时分消失了。进入小学还会做飞起来的白日梦，失神中幻想自己飞起来穿梭在校园里，俯瞰身边的同学们。长大了，科学知识让我认识到人真的只能借助外力飞翔。起风的时候，我喜欢撑着一把伞，从高坡上向下跑，感受在风中飞起来的感觉。小小的雨伞让我体验到飞翔的快乐。

我的故事，都和梦想中的飞翔有关，这些来自童年的梦中情节一直伴随着我。一个爱做梦的少年，在青年时期抓住机遇之风，随之滑翔奋飞。

大杏树下

祖母家那棵遮盖住大半个后院的浓密大杏树早已在岁月中随风而去，它却时常在我的梦中以满树繁花的身姿再现。

春天里，大杏树花开满树，一阵风吹过来，抬头看见整个天空弥漫着粉粉嫩嫩的色彩，满院子的地上仿佛铺了一层锦绣，美得不可思议。祖母就说今年又是一个五谷丰登年了。小小人儿听祖母说着好年景的到来，嬉闹中开始向往满树结果的

《 蜻 蜓 枝 头 立 》

———

30cm×24cm

油画布

2020 年

童话般的秋天了，那心随自然节气行走的童年就这么惬意地一路
溜达着前行。

夏夜，屋内闷热，祖母会提前在大杏树下铺上一个巨大的凉
席，七大姑八大姨地从大人到孩子都出来了，聚在大凉席上，或
躺下或坐着，在晚风的丝丝清凉中乘着凉听着故事。

秋天，大杏树结了满树的果子，住对面的二姑过来帮忙，祖
母让我们一起扯着一个很大的粗布床单子，铺在树下。二姑爬上
树身去，用一根细长的竹竿，朝着远处枝头上繁茂的果子敲打了
起来。在噼里啪啦的阵阵热闹声中，果子纷纷落下。祖母会把这
丰收的喜悦分享给亲朋好友，还托人带给在城里工作的父母。

在老家四季的轮回中，这棵杏树几乎覆盖住整个后院，遮天
蔽日护卫着我那儿时的乐园。岁月的痕迹藏在大杏树后来被伐后
的那一圈一圈的年轮里，祖母说大杏树太老了，伐了可以重新发
芽呢，看世间万事祖母总是那么乐观。上大学的第一年，八十多
岁的祖母去世了。假期我回到乡下，二姑说这老杏树也随着祖母
的离去不肯结果子了。也许那棵老树在漫长的岁月里活成树精了
吧，好像知道它护佑的孩子们已长大离开，知道老祖母安详离去，
它完成了使命可以安心歇息了。

童年时光里，我是一个爱看天空发呆的孩子，在自家后院门
口的墙根坐着，一边玩着野草，一边思念涌动起来，心里念着城
里的父母。忽然远远的路上真的出现父亲的身影和声音啦，刹那
间世界就好像变得一片美好而明亮，有如神降临一样带着光芒。
与祖父母在一起，总是暖暖的感觉，父亲回乡下更让老屋门楣都
熠熠生辉了，这种幸福与兴奋会牵引着我前院后院地到处跑，感
觉周围满是爱与光芒。团聚中，时光就格外地快。转眼间到了父

亲回城的时候，祖母准备好丰盛的土特产，父亲在宽阔的前庭给自行车打气准备返校，而我却感觉到了揪心地疼。任凭父亲怎么哄我去玩，甚至给我几毛钱买糖果去，我的视线就是一刻也不会离开他。因为我想着自己也许可以阻止他返回的计划哦。祖父母好言好语，父亲看着中午的日头开始偏西了，便硬下心来一脚跨上自行车。我好像自有神灵相助一般，奔出院门，快得像是田间地头的小兔子一样。父亲自行车骑出去那么远了，看见哇哇大哭的小孩子还在以拼命三郎的姿态追赶着他的两个大轮子，终于停了下来。我就是这么一个让大人们毫无办法的情感浓烈黏人的小孩儿。看着我涕泗横流的可怜模样，父亲心疼说不走了。我破涕为笑，坐在自行车后座上回到了家，祖父母疼爱着我，也责怪我不该这么不懂事的。我每次以为自己胜利了，等到我笑着回到后院自顾自玩耍去了，不知道什么时候，父亲又悄悄骑上自行车回城里去了。

乡村的夏夜，最喜爱的消夏活动是跟着祖父走到村头，去看那些古老的皮影戏。有一次看的是霸王别姬的故事，小孩子并不懂得皮影戏是如何演出的，后来在后台发现扮演刘邦、项羽的竟然都是那个瘦小的说书老人家，就对那光影中的英雄少了几许崇拜。此后对很多事情，都一看到底地少年老成起来。

北方的房梁很高，家里的大门二门常年敞开着。春天来了，大门二门上忽然飞来一群南下归来的燕子。燕子优雅地展翅侧身飞进两道门，停在高高堂屋的内房梁上。燕子飞进来时，我们正在桌子上吃饭呢。祖母一直善待周围的各种生灵，看到燕归来，就高兴地说只有人丁兴旺的人家，南燕才会如期归来呢。这些似曾相识的燕子们归来了，也带给老屋春天里扑面而来的欢快气息。

小孩们拍着手兴奋地看着燕子们进进出出漂亮潇洒飞翔展翅的姿态。屋外房顶上一群麻雀也凑热闹似的叽叽喳喳叫着，猫咪对着麻雀"喵喵"地流着口水，然后徒劳无功地返回屋内吃孩子们的剩饭去了。

童年记忆中的春天就随着燕子归来开始了。

门前的桃树李树开花了，后院的杏树也开花了。大风吹过来，这些花儿就漫天飞舞，我和妹妹在院子里撒着欢儿，享受这春天里老天赏给大地的彩衣，闻着花香，合着春天里的节拍兴奋地自由起舞。祖母看着孩子们随风狂舞的样子，慈祥地笑了。然后看着院子前后满地彩色的花儿，祖母说，赶紧的，把这些花儿拾起来，拿去喂小猪仔。北方的院子前面家家都有猪圈，祖母家也养了两头猪。在祖母慈爱的吩咐声中，我和妹妹比着赛把花儿一簸箕一簸箕地运送到喂猪的石槽中，因为祖母说落地的花儿是猪的美食儿哦。那猪在美餐一顿春日的百花宴后，满足地哼哼唧唧，对着主人示意着它们的快乐。

邻家孩子们成群结队地找伴儿玩，等凑齐了就一起玩老鹰抓小鸡。祖父坐在门前老槐树下的青石板上，和邻家老伙计一起抽旱烟。祖母在门前地上洒上水，这样小孩子们玩闹时就不会使得尘土到处飞扬。祖父一边看着孩子们，一边享受着和老伙计抽旱烟的滋味。孩子们明朗的笑声一直穿越那老槐树的树梢直冲云霄而去。

祖父是第一个教会我写"杏"字的人。快要上学前，有一次想要吃杏，祖父就说："知道怎么写杏字吗？"然后就用树杈一笔一画地在地上画了一个偌大的"杏"字。"会写第一个字，以后上学就会写其他字了。"祖父鼓励我。

乡下静静的时光长廊里，各种自然生灵的美好陪伴着我成长的每一步，也赐给童年无比欢乐的生活印记，老屋内外是祖母浓浓的爱意包围着岁月之河的温馨感觉。记忆中，黄昏的最后一缕霞光从高高的屋顶天窗穿越进来，周围出奇地宁静，好像能听到时光流转的嘀嗒声音。那种无忧无虑的时光，让人仿佛处在一个无限的时间和空间里，一切都是那么舒展而空灵。

后来离开自由舒展的宁静乡下进城上学，特别思念在祖父母身边的安静日子，也很少再有从前那种心静如水的感觉了——城市生活中，出门牵着姐姐的手闭着眼睛走路会遇到电线杆子碰了头。进出哪里都有太多的人和车子，好像所有的人都忙着不得闲。

一根甜杆儿

村里冬家有一个与我同岁的女儿小梅，还有一个小几岁的儿子。依稀记得小梅梳着长长的辫子，有张圆圆的脸。我俩和她虎头虎脑的小弟弟在这村庄里成天跑来跑去地玩闹。

一天黄昏，前院的堂姐慌慌张张地回家告诉祖母，冬家的男人不小心撞上了高压线被电死了，她得去安慰和她同龄的女子冬，说完就前脚赶后脚地走了。冬的丈夫是村里公认的好人，年轻健壮又憨厚勤劳，那一天午后一个忽然而至的口渴的信号不经意地将他带入了命运的深渊，也将那一家子正在感受人生幸福的人全部推向命运的厄运之门。冬的丈夫，那么一个憨厚朴实的人，手指刚刚掰了那根甜杆儿，就听到看管公家地的人远远地叫他的名字，那个年代的人是很害怕被扣上偷盗公共财产大帽子的。那一刻，冬的丈夫慌了神，向后倒退了几步。生产队机井盖边上的电线不识时务地横在那里，冬年轻的丈夫被绊倒后又被电流击中，再也没有爬起来。后

面呵斥的人傻了眼，赶紧跑回村里找人。年轻的冬被这突如其来的
噩耗打击懵了，村里人都听到了那悲惨的哭嚎声。

一个知了柔软地鸣叫的夏天，一个犹如地球抖了几抖的悲剧
来临的黄昏，就这样定格在我童年的记忆里了。在祖母家里，堂
姐特别体贴入微地安慰冬，深谙人生不易的祖母说冬的丈夫不该
害怕那个看管地头的人，人口渴了就该吃个瓜瓣根甜杆儿，这些
算不得错误，也没有什么关系啊。

一根甜杆儿一句话，就这样彻底地改变了一个家庭。冬的婆
婆受此打击，骤然衰老了很多。儿子走后，因为缺乏劳力，婆婆
迫不得已很快给儿媳妇冬招了一个强壮的上门女婿。那男人整日
里沉默无语。从前的幸福远去了，可能因为思念忽然离去的前夫，
冬的身体一天比一天差劲，去县城医院检查后说是肝癌。不久冬
去世了，这个入赘的男人又娶了一房老婆，据说冬的女儿后来被
后爹后妈找关系卖到了远处村庄一户人家。从此我暑假回村子里，
再也没有见过那个名字叫小梅的女孩儿。没过几年，冬的婆婆也
孤独终老了，冬的儿子害怕被后爹后妈虐待，由远处的姑姑接走
了。渐渐地无人再提起冬那一家人了。

生活的本味　　祖母是大家庭里德高望重的母亲，亲切和蔼，
明白世道不易又有智慧，所以远房亲戚与近邻都爱
找她叙旧聊家常，祖母一边手上忙着活计，一边将
一些老话大道理说给大家听。小孩子们听不懂，只是喜欢那种氛
围，爱听大人唠家常，就当是听故事了。

祖母勤俭慈爱地经营着那个偌大的家，细心照看着这一群因

为父母在城里忙碌而无暇照顾的小孩儿。静谧的黎明,祖母是最早起来的人,一大早开始家里家外地操持。祖母真是了不起,她把一个大家庭经营得头头是道,灶房干干净净,堂屋亮亮堂堂。

祖父在黎明的身影永远如钟表一样准时出现在炕头下面的清末太师椅上,很享受那种老时钟般稳稳当当的感觉。他一边有滋有味抽着他从不离手的旱烟袋,一边在炉火上沏一壶浓浓的陕西自产的砖茶,烟香与茶香飘在空气中。

我和小我一岁的妹妹总在祖母忙碌的身影旁醒来,暖暖的被窝里也会钻出夜里我和妹妹曾争抢的灰色柔软的小猫。祖母听到动静会"喵喵"地叫小猫去灶头,猫咪快乐敏捷地一跳就蹿进了灶房,细心的祖母总是把硬馒头嚼碎了放到猫罐中喂它。我帮着忙碌的祖母拉风箱,那一张一合的节奏声就像是童谣一般的美妙,炉膛里的火苗随着我的拉动兴奋地窜出更多火焰。

北方大地并不富裕,在祖父母身边的日子却过得有滋有味。童年,走在乡间小路上,我和小妹手牵手,哼着那首儿歌,"月亮爷爷明晃晃,照在地上亮堂堂",挨家挨户地串门找小伙伴玩。一直到大人都开始催促小孩快回家,才没逛够似的回到老屋子。祖父经常坐在门口的青石板上,和哪家串门的老伙计聊着天呢。两个老爷子冒着烟慈爱地看着小孩儿,再逗逗我们像皮球一样圆滚滚的小肚皮。祖母还在厨房忙碌,小孩儿一回家就上厨房。那个装着白馍馍的小篮子就挂在我们够得着的地方,就算被祖母挂得高一些,我们也有办法爬上一个明式的椅子,照样取到香香的白馍馍。我和小妹各分一半,夹上油泼辣子,就有滋有味吃起来,真是不到饭点不知祖母煮的饭是那么香。

裹着清末女子小脚的祖母大半辈子围绕着一大群儿孙转,也一辈子围绕着灶房那方寸之地忙碌，将那一亩三分地经营得活色生香，拥有四季变换的各种滋味。每个瓜果飘香的季节，因北方炕相连灶房，就会由灶房内飘过来蒸熟了的果子味道，我和妹妹急不可耐地扑进灶房，去品尝那一季的大红枣子或者烤好的红薯。乡下的红薯多到每家都有红薯窖，外面墙上的大标语是："下定决心，排除万难，一定把红薯吃完。"长大了才明白，上一代人对红薯都吃得过敏了。记忆中红薯个子大得都可以用一个独轮车推着。往后的日子，再也没见过那么大的红薯了。

夜晚，祖母拿着针线开始做活，祖父在一旁笑眯眯地抽着旱烟，周围宁静得让人觉得有根针掉了都会听得见。那种祥和宁静大概是生命的底蕴吧。祖母常常说人需要宁静，后来读书了才知道宁静是个很优雅的词。祖母虽然错过了新式学堂，可是经常会有古言古语的很书卷气的词冒出来。

看见祖母做针线活，我和妹妹也争相地做点刚刚学会的手工，织点毛线头，做个布沙包。"懒人串长线，长线解不开"，这是祖母最爱说的一句话，也经历了岁月的检验，生活中的长线果真如此：容易打结不易打开。

祖父母聊天的时候，我在炕头和妹妹一边玩耍着或者翻动着还不太看得懂的、父亲留在家里的书籍，一边留着耳朵听大人们闲谈。祖母说起使用洋货后生活中日用品名称的诸多变化，比如火柴被叫作洋火，肥皂叫洋碱，还有洋瓷缸子等从前很时髦的词语。祖父母聊天的内容被懵懂年幼的耳朵全听进去了，乡村的日子里，我们远离市井尘嚣，却也一样感受着祖辈记忆中的民国时期到新社会的诸多生活变迁。老家有一个祖传的西洋来的摆钟，那精美绝伦的华丽外表常让我和妹妹在钟表前驻足，它就像是一个有魔力的神秘大玩具一样，令我俩着迷。有一天，那稀罕的老摆钟终于走不动了，从此它像完成了历史使命一般永久沉默。祖母说没人会修理这么稀奇少见的老物件，就把它放在杂货架子上。好奇的我常常抚摸捣鼓那钟表背后复杂的精密机械部件，期望能触动哪个神秘机关，给祖父母一个大大惊喜呢——当然那只是小孩子萌萌的幻想而已。

在远离喧嚣的童年里，在自然宁静的生活画面里，很多的时光跟随着那西洋摆钟的嘀嗒声，慢慢地向前溜达着。小孩们一刻也不停地进进出出玩闹，从日出闹腾到日落。人生之初的日子里，天天都好像很容易找到各种快乐。

杨树下，我和妹妹在路边搜寻着脚下野花中的"仙草"，因为那童话故事会告诉小孩儿各种长生不老仙草的传说。光着脚丫子走来走去，也不怕脚下有一种叫"狗娃刺"的植物，这种紧紧贴着地面生长的植物身上长着倒刺呢，每次出门祖母都叮嘱我们别被刺着了。而我就喜欢光着脚感受土地的温暖，也爱闻着那种来自泥土的自然芬芳的气息。有一次太阳当头，冒着一身汗的我们从路边采了一捧不知名的黄色野花回到了家。祖父看到我们满身大汗归来，笑着问，到哪儿去找长生不老的仙草啦，不到饭点不知道回家的哦。我拿着收获的一捧野花给祖父看，祖父惊喜地说，是黄芪啊，好东西。一旁的祖母听了，走过来也说这么好的中草药，拿到窗外晒一晒可以入药了。那天祖父对我大加夸奖的记忆特别地深刻，我很骄傲自己在习以为常的采花玩耍中居然可以采到中药了呢。

故园外面有一棵巨大的皂角树。祖母会采摘根深叶茂的老树上结出的皂角，来清洗和滋养我和妹妹柔软细嫩的头发丝，皂角的清香一直存留在人生之初的记忆里。很多年后在我生活的北京，

《 梦 之 花 》

——

30cm×20cm

卡纸画

2020 年

我陪朋友去了一个有机绿色日用精品展，看到这普通得不能再普通的皂角居然跻身其中，被喜欢有机产品的城里人所青睐。我恍然发觉，原来在那流失的童年里，祖母的家常洗漱用品都是如今都市人追捧的高端绿色珍品了。为了那份清香，我毫不犹豫买下了一盒。

冬日，屋外了无生机，屋内却是热热闹闹，一堆人闲坐炕头。祖母在秋天里已经把许多好吃的柿子藏在麦堆子里了。每当远亲近客来了，祖母就会拿出来几个软软的柿子，再拌上砂糖般利利落落的干炒面，制作出一份不错的甜点。也许因为那年月没有多少外物的缘故吧，自家树上柿子的味道就觉得是冬天里天下第一美味了。

陕西的地方戏是秦腔，那些经典的历史故事经常在民间的秦腔舞台上演出。祖母说王宝钏为了等待打仗远征的丈夫归来，独守了寒窑十八年。我问祖母，她不会觉得太冷吗。陕西的冬天干冷极了，手脚经常会被冻伤。祖母就说人在任何情况下不能嫌贫爱富，得活得有股子正气，才会像王宝钏那样迎来十八年后的幸福。听祖母说戏曲中的人物，且如此喜欢那个王宝钏，我倒觉得王宝钏太可怜了，寒窑中至少要穿多少棉衣才会挺住冬天干冷的空气。不过祖母提到王宝钏时那种赞赏的语气，让我知道故事中的女子不一般。当时清脆好嗓门的秦腔名角余巧云最受老百姓喜欢。祖母说这个人年轻好看，唱得又好听，谁不喜欢啊。看来祖母那一辈人也追星呢。

人在旅途中，时常会想起纯真年代里祖母言传身教的清新美好，回味生活中本来的纯纯味道。祖母让童年过得无忧无虑，也把生活中的点滴小智慧教给了我们，让我们小小年纪就意识到知识的重要，纯朴的道理让我们一生受益无穷。恍然觉得原来这人生中的许多岁月都过得如此值得，往昔岁月的芳华已浸润在生命里。人生的本质就是简朴，因为曾经拥有过简单快乐的生活，体会到人生的本味，爱才会久远恒长，人生才会走了更远的路。大道至简，一路畅行。

家之魂　　　古曰"清明时节雨纷纷"，也是奇妙的巧合吧，那地处热带的岛国竟然在我酣畅的睡梦里淅淅沥沥下了一场黎明之雨。当太阳的第一道光芒照进屋内，跑出去看到屋外露台一片湿漉漉的飞雨飘过的景象。

表妹恰巧从老家发来了一张二十年前清明节在老家祖宅前的合影，往事随风而至。祖父母陪着的童年如影相随地在心灵深处回想起来，又让我在异国风情中想起曾经的家园，想起生命里犹如史诗般贯穿了清末、民国与新中国的家族里灵魂一般的人物：祖母。

祖母生于民国初年。曾祖父行伍出身，所以更早老家是陕西三原县，祖父同辈同窗中有国民党元老于右任老先生的两个女儿。祖母最为可惜的是二八芳龄嫁给祖父时，正是新学教育兴起之时，开明的曾祖父想让儿媳妇也像当时年少的祖父一样进入新式学堂接受教育，可是阴差阳错祖母未能如愿，大概曾祖母觉得她应该帮着持家过日子吧。祖母和左邻右舍一起做针线活时，会感叹自己曾有这么一个难得的上学机会，可惜错过了。

每个大家庭都有一个灵魂式人物，儿时大家庭的灵魂就是祖母，而她常年不离手的针线活盒子里就装着家族的那部史诗呢。

少年不识愁滋味。童年在每日游戏玩耍中度过，对外面世界的了解也是从祖父母的聊天中开始的。祖母坐在炕头，手上忙乎着一个家庭的小活计，祖父抽着旱烟，吧嗒吧嗒，烟火星一闪一闪，时光流转中带着一份安然自在。每次都看到针线盒里有一本笔记本，祖母在做活的闲暇之余不时抚摸一下，好像那本书是她的心头肉一般。儿时的心里带着很多好奇，因为祖母不让我们随便动她针线盒。

　　一天，在夏日老屋老槐花树下和邻居家的婶婶一起缝针线活的时候，祖母聊着家常突然抹起了眼泪，手中抚摸着那本小小的对小孩儿说来神秘感十足的本子。邻居们很少听到祖母说伤心话，温言劝慰中大人们一起叹气。年幼的我才知道那本书原来是在兰州部队上不幸牺牲的三叔的遗物。从有记忆开始，三叔就是整个家族的荣光，老屋门口那块光荣革命烈属的牌匾是三叔在部队牺牲了自己换来的。我从未见过三叔本人，只见过一张英俊潇洒身穿军服的三叔照片。照片上的年轻人和父亲长得很像，也让我们常常幻想着假如三叔活着，会不会也已结婚生子，也会有几个像我们一样淘气可爱的小孩子让祖母看着，也会跟我们每日一起开心地玩耍呢。祖母常年抚摸着的那本子，原来是她深爱的小儿子的化身。此时忆起这些细节，觉察到祖母人生中的那份不易，只是她很少表现出内心深藏的情感而已。针线盒里日记本的触摸，是她在痛失小儿子后的岁月里默默守望、怀念心中爱儿的时刻，手中针线活也许是祖母情感寄托和疗伤的独特方式。

　　明清式样的老屋分前后院落，前院的左右厢房里住着大堂姐一家子，走上一个高高的台阶就是祖父母住的正房。这种住宅，一直都让人感觉真好。乡下大家庭里男孩们长大了就各自分家独立，但是又距离彼此不太远。大伯常年勤劳而沉默地日出而作，日落而息。我一哭闹，大伯就说猫獾来了，吓得我立马止住了哭泣，内心也不知道是害怕大伯还是害怕那个从未见过面的传说中的猫獾呢。大堂姐和二堂姐是一对双胞胎，亲热地招呼着我们，她们经常一同现身让我猜一猜谁是谁。她们长得太像了，我从来都分不清她们彼此之间谁是谁啊。

祖父母有三个英俊的儿子和两个乖巧的女儿，曾祖父的军旅基因让三个孙子中的两个跟随着时代的脚步从军。老大，就是我的大伯，早年的从军记就是国民党时期的所谓拉壮丁而已，这段身不由己的历史阴影，给老实厚道的大伯打上了生命中最沉重的一笔记号，一生郁郁不得志。幺子，就是家里墙面照片上那永远英俊潇洒的三叔，生逢其时地参加了新中国的中国人民解放军，又在部队上参加西北剿匪的战斗中光荣牺牲了，老祖屋的门框上从此挂上了烈属牌匾。在波澜壮阔的时代浪潮里，无人可以逃离这地球上永远都在上演的瞬息变化，祖父母像 20 世纪许多中国父母一样，为国家贡献了自己挚爱的儿子。祖母确实伟大而不平凡，她一声不吭地接受了现实，小心翼翼将突然失去小儿子的彻底的心碎和思念永远收藏在针线盒里。

在城里工作的父亲，是祖父母的二儿子。好学儒雅的父亲少年时赴外地求学，中学就读于咸林中学，大学考上了安康大学，毕业后在陕西革命摇篮赤水中学做老师，并在外成家立业。高大英俊的父亲，长相继承了祖辈军旅基因的风采，内里又像极了贤惠的祖母，还长着一头祖母那般的自然波浪卷发，脾气谦和又孝敬老人，故而一直是祖父母的最爱和晚年所有的骄傲。

祖母身上传承着祖辈的厚重文化，她疼惜所有的子孙，为他们日夜操劳。前院里的大伯被生活压制的沉重喘息声仿佛秋后的碾子一样日夜不停地碾过祖母的心，祖母会在做了好吃的时候想起给辛苦的大伯留一份。大伯因为那段身不由己的经历，"文革"时被乡村小学停止了教师职务，回乡务农了。祖母从来不当面提起大伯的心头伤疤，这是对世事有着深刻见解的一位母亲的天然的大气包容与理解。有一次祖母心疼地看着大儿子操劳过度的背影跟邻居大婶悄声说，孝儒（大伯名）生不逢时，空有一肚子学问啊。大伯在曾祖父活着时候在国民党统治时期的三原县接受过教育，文化程度已然足以配当乡村教师。阴差阳错的命运就是如此捉弄人，一个儒雅老实的人一辈子背着沉重的历史包袱踽踽独行，好在明了事理的祖母呵护着大伯。童年的我们似乎未曾听到过祖母的任何抱怨，虽然在生活一路向前偶尔喘息的间隙里，祖母内心也会发出一声轻微的叹息。从来不抱怨生活，在人生的潮起潮落中包容一切，守住当下的安好，这是童年里祖母言传身教给我的人生第一个简单而不凡的道理。回忆里浮现出亲切无比的祖母，她额头阳光般美好细密的皱纹里藏着笑对生活的包容与坦荡。

　　静好的岁月里，期待着逢年过节时家族内走亲串巷的团聚。祖母的兄弟姊妹多，祖母是家中老大，娘家在我们居住的村子几里路外的郑家村。一到村头，第一家是大老舅，之后依次排到五老舅家。我们发现中间少了一个三老舅，就经常问祖母，三老舅去哪里了。祖母说，三老舅年少时候参军，后来就不知所踪。那时候也开始知道一些故事书上提到的历史，我和妹妹就经常编故事。在小孩可爱的想象中，也许三老舅跟随国民党的部队撤去台湾了吧，没准哪一天三老舅会突然出现在故乡的亲人们面前，让大家喜出望外。我们把自己编出来的故事兴奋地讲给祖母听，她眼中也会流露出一丝期盼中的情愫，笑呵呵地说，也许吧，当祖国统一时，你们的三老舅就回家了。我们开始相信，也许三老舅真的去了台湾，而非失踪或在战斗中丧生了。

我们进城生活，听说西安路小学对面古衣巷子里同学的邻居与台湾老兵联系上了。放假回乡下，我兴奋地告诉祖母确实有人失踪很多年后又回来啦。她年迈的老眼中闪过一丝泪花，说假如三老舅活着，也早该有音信了呀，到现在还没有，那可能真的人不在了。祖母就这么理智而坚强地看待人世间的无常与变迁。她自有一套朴素的生活智慧看待一切。

我们一个一个地长大了，祖父母的前院后院一下子空落落地萧条了。暮年的祖父情感好像特别脆弱容易流泪，每次见我们假期结束回城里，就止不住地抓着我们的小手，一边塞糖果一边哽咽着让我们多回家看看。祖母却总是一贯坚强乐观，她把隔壁婶婶的小闺女当成了我们的化身，经常招呼她过来玩，留着好吃的糖果给她。慢慢地祖父也喜欢家里有邻家的小可爱进进出出的身影，生活的河流在一次又一次的聚散浪花里向前流淌。中国传统母亲性格上那种天然的识大体、对生活的朴素乐观与理智，都体现在祖母身上了。我爱我的祖母，每一个兄弟姐妹都同样深爱着祖母，有祖父母陪着，我们的童年没有缺失爱，只是拥有了更深沉的隔辈的父母爱。

到了上学的年纪，母亲说我们的户籍也得迁往城市了。祖母尊重母亲的决定，依依不舍地看着我们连人带户籍一起离开了老屋。如今人到中年，可以想象和理解当时祖父母内心深处的那种失落感。一到假期，我便喜欢返回乡下，陪伴的日子总是溜走得特别快。祖母总是如数家珍地念叨着读书的种种好处，说着读书不为把官做只为做个明白人的古训。听到别人表扬我们时，祖母脸上总带着惊喜看着我们。私下里跟我们说，你们的母亲希望你们回城好好上学，也许将来可以成龙成凤呢。她对未来生活赞美诗一般的描述，激励着我们在人生之初就怀抱梦想，并暗暗下决心为之奋斗。虽然那时候北方的大部分地区很多家庭会重男轻女，可能是受民国初期新学思潮的影响吧，祖母和左邻右舍的农家人不一样，她内心深处接受男女平等的信念。后来众多的子孙中，很多男孩女孩都有了很好的职业发展，这得益于这个时代，也得益于祖母朴素的生活智慧。

回父母身边

爱在人生的每一个阶段会留下它的明显的痕迹。儿时的爱，来自祖父母和父母，与亲人在一起的时间欢快却短暂，一晃就过去了。如今祖父母早已作古，父亲也是在我少年时早早离世，那些随着时光远远地散落天涯的爱就像盛开后败落了的花儿，依旧带着淡淡幽香的鲜活色彩，一直陪伴在身边。我小心收藏着，放进记忆的篮子里，童年的爱一路上伴着我走天涯。

父亲每次带我回乡下，到了渭河边，因为没有桥就要走水路。一群过河的人站在平平的船头，自行车都放在船板上。河水中忽然冒出一个头来，原来有人顶着大太阳在水里游泳呢，我觉得特别好玩，一路上都看着他追着船游。

在我入学前，父亲专门托人捎信给老家的木匠，按照他的设计图给我做一张小书桌。过了些时日，老家来信说书桌已做好，可以来取了。周末父亲抽空"自驾"回了趟乡下。我人小可以坐在自行车的前梁上，父亲把小书桌捆在后座上，一路哼着欢快的歌，在路人问候和羡慕的目光里，穿越几十里漫长的乡村小路，把小书桌带回了城里。前几年回老家，不经意间瞥见楼下柴房里还放着那张已经成了老物件的小书桌。仔细瞅瞅后来加长了的无缝拼接的桌腿，父亲的细心也曾让小书桌随着我一起长高了。

回城生活了，我只会渭河平原的家乡话，城里上学都是说普通话。这时身为教师的母亲就开始显出了教书育人的本领。她一遍又一遍地教授儿歌和简单的唐诗。我至今记得有一首儿歌，大概是幼儿园里分苹果，你一个我一个，不争不抢小宝贝，阿姨夸我好宝宝之类的简单的话。我没有上过幼儿园，就在母亲教了几首儿歌后进了西安路小学。母亲对我一生的影响从上学阶段开始就发挥出来了。一笔一画写字的日子是快乐的，有了哥哥姐姐的日子生活变得不一样了。我身体瘦弱，每次吃饭母亲会多给些菜和鸡蛋，因她觉得在城里生活的哥哥姐姐伙食一直还好。

20世纪70年代末，小城日子平淡简单，生活物资匮乏。日子在母亲精打细算里缓缓向前。学校门口有一家饭馆，每次附近居民要排长队凭着粮票打米饭，每个人限量供给。每次打饭，母亲先去排队，过会儿再派我去排队，大概饭馆的人对小孩儿也不太在意，这样打完饭拿回去就够全家人当晚餐了。每天母亲备课，我就在小书桌上做作业，她总能及时看到什么问题卡住了我，在一边指点。随着中美关系正常化，80年代初中央人民广播电台开始在中午播放英语教学节目。母亲身先士卒带领我们每日跟着广播学习英文。每个家庭里都有一个把方向盘的人，在我家这个角色就是母亲。后来我们果然如祖母所预言的那样，个个鲤鱼跃龙门了，哥哥参加了刚刚恢复的高考，上了大学，成为我们的榜样，姐姐、我和妹妹也都先后考上了大学。小城生活中虽然有各种压力与不易，但父母从来不曾放弃在学业方面对我们的培养。少年时光我们去过最远的地方就是省城西安啦，可是父母让我们认识到世界还很大，经常说人外有人，天外有天，耳听六路，眼观八方，让我们明白世界的边缘可以在一个人为理想努力的路途中不断延伸。家中两代母亲都有着不平凡之处，母亲们是家族史上的诗歌，是家庭的灵魂。

小城比起祖父母居住的乡下，总是有那么多的大街小巷可以转悠。老城区沿街有许多民国时期的老建筑。每天上学走过那条街，会看到桥头边上老屋内的小学同学王小莉依旧趴在小桌子上，在黎明的天光下匆忙赶写作业。我一直羡慕她住在那样老格调的屋子。小小年纪里，每日用脚步丈量着小城马路上学校与家的距离，也看着平静的小城在四季交错中的各种变化。冬日里，最温暖的记忆是父亲带我去桥头的老羊肉泡馍馆，品尝一碗冒着热气和香气四溢的老羊汤。

母亲在小学和中学之间变换着工作，孩子们亦跟随着体验小城不同区域的风貌。本来就不大的小城里，好像每个人都互相认识似的。小学四年级，终于去了老城区的育红小学。有一日放学路上，在学校附近经过一个红色砖瓦楼房，转弯处遇上老家的邻居阿姨，她笑呵呵地站在路边等着我呢。按照老家的风俗，我叫她"娘"。娘说别人送了一只从渭河里抓到的鳖，她不会吃，让我带回家去给我父亲补补身体，因为娘知道陕南水边长大的母亲擅长烹饪。于是我就牵着一根绳子把那结实健壮的活鳖一路溜达着带回了家。很多小同学一路上跟着，都觉得溜达一只鳖真是太好玩了呀。我很轻松地完成了送鳖任务。在那个物质匮乏的年月，此等大补的鳖汤何其珍贵。

老城区的菜铺子是我放学必经之路，母亲工作忙起来就给我一毛钱，让我顺便带点菜回家。进到菜铺子，胖胖的桂花姨总是笑眯眯地给我的小书包塞满了当季的蔬菜。回到家，母亲说一毛钱怎么买回来这么多的菜，我一脸骄傲地说见到桂花姨了，她心疼我呗。想想自己七八岁时候，还挺招人喜爱的，没有传说中的这个年龄段小孩鸡嫌狗不爱的感觉。

我的个头渐渐长高了，小城也在悄然变迁中。桥头王小莉家的老屋不知道啥时候就拆掉了，老羊肉泡馍馆和附近的牛奶厂也已不知去向，菜铺子的桂花姨早已经退休，遇见我母亲还会问起我呢。

书香的诱惑

老城区桥头不远处就是小城最大的书店——新华书店。每逢周末，我都会跟着母亲从居住的西安路小学宿舍回老城区的家。路过书店，母亲时常带我进去看一看有什么新书。学龄前，我的个头还没有柜台高呢，隔着柜台玻璃看到琳琅满目的书，觉得眼睛都不够用了。有一次趴在那玻璃上，看到一本儿童读物的封面是小朋友拿着喷壶劳动的画面，心里莫名地喜欢，可是母亲身上没带钱，就站在柜台那里很久，想象书里面可能的故事内容。大概那是人生中第一次真正"逛"书店，记忆反而特别深刻，以至于很多年后，书店里阿姨的面容和那本书常常萦绕在脑海中，在梦中都好像记得那阿姨说，小朋友怎么就一直盯着看封面上的画呀。

人生中很多的机缘巧合，让我早早与书报相遇。上学后，母亲开始订《儿童文学》和《少年文艺》，还有《少年报》。母亲天生具备独立思考能力，她一直很坚定地觉得好书很珍贵，当年常常念叨起她最为得意的一件有关书的往事："文化大革命"中，学校很多书因为流行的"读书无用论"而遭到了被焚烧的命运，母亲火中取栗一般从正被毁烧的书箱中取出几本带彩色插图的读物，很多年后读起来仍觉得弥足珍贵。学前时光里，母亲就把当年收藏的那些图画书拿出来，让我自己在家翻看。一本色彩艳丽的带有春夏秋冬图片的读物很是吸引我，慢慢地翻看，耳濡目染中被书中壮丽的山河景色所陶醉和吸引。回想起来那本书可能是最早带给我强烈画面感的艺术启蒙书籍了。依稀记得自己沉醉于图画书中艳丽花开的春天，色彩斑斓的秋色，好像总是看不够似的。母亲早上趁着教学课间休息的空当回来，嘱咐我看好蜂窝煤炉子上的烤馍片，也不忘夸我会读书识字了。孩子的天性就是爱听好话，得到表扬就得意，我一边翻书，一边看着馒头片慢慢变黄。闻着香喷喷的烤馍片，边看书边吃起来，忘记了自己还担任着为姐姐看护烤馍片的光荣任务。那些快乐悠闲的学前时光好像心思除了玩耍，竟然全部集中在书上了。小学三年级时，跟着母亲转学到了北塘小学。有一次去上美术课，我顺手拿出一本家中收藏的美术书，坐在课堂上临摹。美术老师看到了，脸露喜色，向我借了那本书。回到家，父母都问我那本书怎么没带回家，我如实相告。过了一段时间，母亲见那本书没还回来，就在一天的晚饭后带着我去了美术老师家。年轻的女老师头上梳着乌黑的长发辫子，看到我们来了热情张罗。因为是同事，互相比较熟悉，寒暄几句，母亲就委婉地说起那本书。女老师起身将一个箱柜盖子打开，小心翼翼地取出那本美术书。母亲解释说那是她"文革"时期收藏起来的。美术老师也说很少看到那样的好书，所以借了过来。在图书资源稀缺的那个年代，老师们都渴望得到好书呀。

十三四岁时，我曾经有过一个"空之屋"，那是家里在老城区的房子。父母当时在城区工作，每天傍晚大人小孩都回到母亲教书的城关中学。我那时忽然喜欢了独处，想找一个地方安静地看书，有一次放学路过时就进了那屋子。除了简单的几样旧家具，屋内地上堆着很多书，因为很久没有人回去，落了不少尘埃。走进屋子，自己仿佛掉进了被世界遗忘的时间隧道里。从那天起，每天放学时我都会去那屋内，沉浸在那些落了不少尘埃的书籍里，忘记身边的一切。直到天色已晚，肚子咕咕叫了，才想起该回到家人那边了。每个人一生中都有一个"空之屋"的梦，那里纯净不被打扰，可以在一个人的空间里自由自在。记忆中独自一人在昏暗的老屋内看书，与自己的心灵独处，感受静谧无声，那种独特的感觉像是一种奇缘。后来高中时厚积薄发，学业突飞猛进，让母亲的同事们很好奇，经常问我有什么学业秘诀，也有孩子来找我讨论学习经验，我都会认真地分享一下。

那间曾经存在过的空屋子，我快遗忘了，直到有天读到林清玄写到的空之屋的少年梦，才忽然想起来，原来少年时自己也有那样独立思考的空间。

一

酸与红
石玫
榴瑰

刚回城里那会儿，觉得自己浑身上下都不适应，满口家乡话，而小城里到处都讲着我听不大懂的普通话。带着乡下追夕阳的快乐，我亦很想在渭城遇见不一样的风景。母亲在西安路小学意气风发，当着最高年级的班主任，一天到晚忙乎得不可开交。家当时就安置在西安路小学里，整天一堆大个子的学生围着我母亲从上课到放学，不过倒也难得地比乡下热闹。那是一段无忧的学龄前生活，我每天跳皮筋，找小伙伴玩"东南西北中"的叠纸。有一天，不记得是跟哪个小伙伴了，反正小孩儿自己作主上了街，穿越了小城市的一条马路，路过东风电影院，又过了小桥，到了老城区一个铺着青砖地、瓦房整齐排列的地方，那是记忆里第一次见到大户人家的感觉。那时候社会治安良好，外面来的小朋友也好像没有人过问，我们轻而易举就进去了。沿着蜿蜒的青砖小路，不知不觉中见到一处花园，顺着小路就走入了花园内一个古松环绕的空旷地方，大概是花园休息区吧。两个小人激动不已，蹑手蹑脚在那里流连忘返。小伙伴颇有几分得意地告诉我，这个花园里长着玫瑰花，咱们要不去采一朵吧。那时我只见过苜蓿花和祖母家的杏花桃花，还从未见过玫瑰花呢。我看见带着刺的绿色树枝上有几个花骨朵，就稀里糊涂摘下一根花枝。两个小孩像干了坏事一样藏着掖着刺痛自己肌肤的花枝，溜出那个神秘的花园。

回到家，大人们都在忙碌着，也没看出我已经溜达了大半个城回来了。应了母亲毫无疑问的问话后，转身找了一个空瓶子，把那个传说中美丽的玫瑰花枝放了进去。第二天，换了水，到学校操场玩耍后回到家，惊异地发现这花瓶上居然开出了一朵绚丽的玫瑰。这偶遇的第一朵带刺的玫瑰，是我和母校瑞泉中学最早的缘分吧。

我还在小学的时候，有一年我们跟着母亲住进了瑞泉中学。这里除了我曾经贸然和小伙伴闯入的古松环绕的中心花园外，教师公寓外面处处可见绿色的植物丛和石榴树。女孩子中就数我喜欢攀高，那一排一排清砖瓦房后面的石榴树花开花谢，当满树挂上了青涩的果子，我和小伙伴爬上树将果实收为囊中之物，尝一口酸得掉牙。操场附近那一排平房离那石榴树最近。教外语的贾老师发现了树上的小孩子，告诉我们等果子熟了才好吃。我们从此就被贾老师一直记得这一段囧事。若干年以后，贾老师去美国探视女儿，我正好在美国读书，再提到那爬树摘果子的旧事，都开怀大笑。贾教师还说，是谁教出来这么淘气的孩子。

校园地下的防空洞，是那个没有空调年代绝佳的夏日乘凉宝地哦。我家住的那一排公寓正好就在地道口边上，去那里乘凉如出门一样方便。地道门是开着的，大概那时防美帝的意识比较强，国防意识深入人心，一旦有紧急情况可以方便进出吧。中美建交后，那些地道就像是一道错过的旧日风景，落入了历史的尘埃之中。偶然盖新房子挖地基的时候，人们才会想起那些地道的存在。

校园生物展示室后面的山塬，那时候还有上山的通道，春天爬上去，会看到不一样的风景。那里是我曾经的登高天文台，可以远眺渭河平原的广袤，也可以看到居民家种植的整齐的花木，非常养眼，和校园不在一个高度，就呈现出别样的风光。

记忆中最美的情景就是小学毕业前，母亲给我扎上小辫子。我背上小书包，一蹦一跳沿着山塬上的小路去育红小学。沿途看到高大的梧桐树下落了不少桐花，捡起一个桐花，小蜜蜂一般嘬一下花心，甜丝丝的感觉，像极了那和煦春风里的快乐鸟儿。

那时特别爱玩，学业也不费劲，常常得百分。尤其是五年级的时候，作文突飞猛进。有一次放学回到瑞泉中学，父亲正和其他老师们在院子里下棋对弈，那时候也没有那么讲究，老师们找个门口的大石头当棋桌下棋。父亲远远地就看见我，让我从书包里拿一张纸。我随手往书包里一抓就拿出一张足够大的考试卷子，觉得这么大的纸片正好让父亲用来坐下。试卷上是红色的一百分，一旁的老师们看见了，都夸我有出息，父亲心里也有几分骄傲。从此以后，每次经过下棋的地方，那些老师们都会亲切地与我寒暄，还让我品尝老家送来的玉米、大枣。

我当时只是个中学学校里教师的孩子，还不够资格去中学藏书丰富的图书馆借书。图书馆那头发灰白、性情和善的徐老师好像知道我的心里想什么似的，有一次我外面玩的时候，他走出来叫我等一下，一会儿就从书架上拿出来一打《格林童话》之类适合我的书，说拿去读吧。我好像没有跟他说过我想借书呀。这些聪慧的长者怎么都能看透一个孩子内心的想法呢？

一天看到邻居张校长家的大哥哥在图书馆值班，我就壮胆走进去，像个大孩子一样在那里借本书坐下，装模作样看了一个小时，心满意足地回家，告诉母亲我去图书馆读书了。母亲很高兴，口头表扬了我。母亲看我爱读书，就去图书馆借了一本《爱迪生传》给我，为此我曾经对科学发明很着迷，特别想在哪里找到一个新发明，也让一群小伙伴跟着我一起玩耍。这大概是书籍带给一个孩子的魅力，一本好书，会有意无意间培养出我们探索世界的精神。

二

小学毕业那年，我坐在这个心仪已久的校园参加了小升初的考试，并且如愿以偿。那个人生第一次怦然心动与玫瑰相遇的地方，开启了无法言说的美好缘分，记忆中的第一朵玫瑰花瓣似乎在岁月里依旧散发着缕缕清香。

《 惊 喜 》
———

50cm×60cm

油画布

2020 年

瑞泉中学真是一个藏龙卧虎之地，当时有来自五湖四海的教师，都是有思想有见地的人才，教学很有一套。最难能可贵的是他们对任何事情都有着独立的看法，不从众，历经世事还可保持独立思考的能力，真的是可圈可点。这些经历丰富的教师让课堂变得丰富多彩。

外语老师陈百锁开创的阅读量越大越能学好英语的泛读法，让我们离开了单纯的课本，去英语文学中寻找英文的语感。那时候觉得很新奇。翻开一本英文小说认不得多少英文单词，但是确实带来了量变到质变的学习效果。我不怕看英文大部头书，胆量就是这个时候练出来的。后来去美国加州读硕士，英文功底颇厚的印度同学中途退出，另觅出路。而我一个最不被美国教授看好的中国学生，居然在难度颇高的专业上顺利混到毕业，这也得益于最初学习英文时知难而上的教学方法的培养。

历史老师崔光勤总是抑扬顿挫地讲历史，她投入的感情和标准的普通话让历史课非常有戏剧性和故事感，一堂好课就在讲述者的陶醉和学生的欣赏着迷中度过。我没有忘记她对圆明园被八国联军火烧的愤怒；对不平等条约《马关条约》签订，主权被割让的痛楚，崔老师的课让我们觉得历史课也可以生动传情。

音乐老师张仲蓬的音乐课欢快动听，还记得《六弦琴快弹起来，蓝天白云跟我来》那首歌。他在代其他教师的课时，也会发挥一个音乐人的想象力。有一堂课讲到文明古国的文化，他声情并茂地说，也许有一天你们中间哪个有机会去这些古老的国家，一定告诉张老师一声。真可谓励志在于年少，未来有这么多未知等着我们去探索呢。数年之后，我跟先生去文明古国印度，参观"玄奘纪念馆"时，还想起了张老师当年激情澎湃的课堂，彼时很想告诉张老师，我实现了您的预言。

那些爱才的老师们还曾经激发出文采飞扬的好文章。魏计道老师最爱讲授的是《阿房宫赋》那一段，他很可惜这个古老的建筑物被烧，就想象人类的科技也许有一天可以带着我们追回古代的遗迹，课堂下的我听得热血沸腾，真的愿意相信未来科技的超级无敌。若干年后看了不少美国大片后，觉得那时的老师真是牛人，那么多年前已经有了超前的科幻意识。

物理课上儒雅的樊老师总是在炎炎夏日推销他的心理降温法，一句心静自然凉，至今仍记忆犹新。出国留学期间回家省亲，偶然遇到，他得知多名同学在外留学，很有感触，也颇为欣慰。他鼓励我们争取在美国拿到最高的博士学位再回国贡献社会。而我抱憾只是读了硕士就等不及归来，真不知道一路读到博士得付出多少努力。

曾经开启我人生智慧之门的母校，留下一段段曾经鲜活的少年时代的往事。

如今蓦然回首，才发觉师生之间的友情和温暖不会随着岁月而流逝。那段记忆深刻如同清晰的路标一样，让我一路前行，不忘初衷：爱生活，爱读书，爱探索。

最懂我的人

小学最喜欢我的班主任马老师经常说："真理往往掌握在少数人手中。"我从此就记住了这句话。这个世界，能懂得你内心节拍的就是极少的人。儿时，最能懂我的人是父亲。

在灿烂如花的年纪谁都爱做梦。放学回家在日记扉页写下一行字：我向往那美好的未来。父亲看见了，笑眯眯地对我说："美好的未来需要你去好好努力才会实现呀。"听完父亲亲切的鼓励，我知道自己该为未来付出努力，从此学业进步很快，这离不开父亲随时随地的开导与引领。中学开始上晚自习，父亲会悄悄关注我在教室里的学习是否认真，好几次悄悄遛弯到窗外向教室里观望，其实每次都被眼尖的我早发现了，调皮的我就假装特别认真学习，回家后父亲表扬我学习全神贯注，让我暗自得意了很久，也为自己的小聪明而美滋滋的。

每一个父亲心里也许都有一个属于自己的完美小情人，而那人就是最亲爱的女儿。父亲兴致来了会带上自己的孩子上东风电影院看电影，有一次去看电影《女篮五号》，散场后父亲拉着我的手往回走，开始畅聊遥远的未来。那一晚，有一颗流星划过了老城上方的夜幕，估计那场景也是父亲心目中珍爱的亲子时光。父亲带着智慧的深深的爱在日后回味起来真是很神奇。不知怎的，父亲笑呵呵地说，等你长大了，如果去海外留洋继续学业那就好啊。一老一少在街头的灯影下，拖着一长一短的影子，开始梦见未来，那美好的留洋的事，那一刻我坚信自己总有一天会实现，可实际上那时候我们除了省会城市西安，哪里也没有去过呢。父亲描绘的未来，无疑是我年少时学海无涯苦作舟的日子里内心动力的来源。儿时的情人节就是父爱如山的画面。

父亲不止一次和我们谈起他曾经的梦想是上中国人民大学。父亲高中时候是班干部，管过不少调皮捣蛋的同学，那几个调皮同学在高考前找父亲的麻烦，扰乱了他上考场的情绪，父亲分心后高考成绩不理想，只能上省内的院校。我替父亲惋惜，想象着自己能去到那时像侠女一样挺身而出，为父亲打抱不平、主持公道，赶跑和训斥那帮捣蛋的坏小子。父亲的高中时期是背着馒头去上古老而有名气的陕西咸林中学，常常就着咸菜吃馒头，也经常饿肚子，又因为个子高所以显得特别纤纤瘦弱。有几回他的馒头被那帮坏小子全部偷走，他饿着肚子，实在饿得不行了，也去摸了一回别人的馒头吃，回家被祖母狠狠地打了一顿。父亲说起这些往事，会自嘲地笑一笑，而我和妹妹很心疼他中学时忍饥挨饿，也觉得祖母不该打他，毕竟是因为他的馒头先被偷光了没得吃了。

小小年纪知道父亲少年求学的不易和艰辛，也暗自下决心要让父母以后为我们而骄傲，长大后一定努力成才好好孝敬他们。小城里长年累月的生活打磨着曾经高大英俊的父亲，也许因为曾祖父是行伍出身，父亲兄弟几个都长得高大而英气。

回城上学的那一年，住在西安路小学门口的同学看到父亲骑车带着我在街上过，第二天上学时羡慕地问我，那骑车的人真帅，是你哥吗？看着小同学仰慕的目光，我骄傲地说那是我爸呀。那一年是 1976 年，我亲爱的父亲当时还不到 40 岁呢，儒雅又英俊，他笔直高大的身材如玉树一般，每日勤劳工作，为我们的家遮风挡雨。

想起父亲曾经身体力行的那句人生格言："劳动是创造幸福生活的源泉"。老城区育红小学的旁边是一家牛奶厂。在学校放假的日子，在牛奶厂上班的邻居阿姨说，厂子收集给牛吃的青草，可以换取新鲜的牛奶。于是乎，父亲就鼓励姐姐带着我还有几个小伙伴在夏日清晨提着篮子去河水清澈见底的沈河边拔青草。然后一帮小伙伴再去牛奶厂排队，按照各自采到的青草分量换回一瓶瓶新鲜的牛奶。每次劳动后回家，父亲就表扬，并且说劳动创造了幸福的生活。

在小城慢生活的年代，街头巷尾处处透着浓厚的生活气息。父亲会带我去老城区桥头附近的藕粉店和羊肉泡馍馆，品尝那些美味小吃。街边上有一个修鞋的师傅，每次看到我父亲出现，这个天生小儿麻痹的师傅就和他聊自己的生活。父亲后来跟我们说起这个街边修鞋匠的不易人生。这个街邻从小患了小儿麻痹，最后总算是和一个表亲结了婚，好歹有了一个家。他见到父亲就念叨自己的人生，大概知道像父亲这样的读书人能听得懂，亦会体谅他人生中那份内心深处的凄凉吧。有一次父亲回家说起修鞋师傅一辈子都没进过电影院，我们听了都特别同情这个路边上谋生的人。20世纪70年代，小城的人都很淳朴，父亲跟电影院工作的朋友念叨起这件事，据说那个同样好心肠的叔叔就让那位辛苦的修鞋人进了东风电影院，看了期待许久的平生首场电影。

平易近人的父亲身边总有朋友。听说"文革"时，为了躲避突发的社会上的武斗，父亲不得已在大学同学彭叔的家中躲避了很久，也成就了他和彭叔终生的友谊。那些真诚而纯朴的友谊至今都余音绕梁。

前不久母亲来电话说，父亲当年住院时认识的忘年交宋叔最近还打电话问候，说想起了父亲，择日想来和母亲叙叙旧。当年父亲身体不好住院时，宋叔刚刚毕业，在地区医院还是个实习大夫呢。当时有几个年轻人很喜欢与父亲交往，经常上门看望父亲。那些有趣的聊天，如今想起来可称得上是记忆中一群知识分子的小小文艺沙龙了。记得聊天话题颇有些天南海北，从各种书籍，类似《红楼梦》与《水浒传》中的人物分析，到年轻的宋叔恋爱对象的选择，以及遥远人生和社会的发展方向等。喜欢读书的父亲极有远见地谈到遥远的日后社会的种种可能的潮流。我至今都认为父亲对未来是特别有预见性的，他说四个现代化实现后，人一入家门就有各种为人设置的自动化服务，如今这些都不是梦了。尤其佩服他为上大学的哥哥选择了药学专业，为姐姐选择了自动化专业，也是电脑专业的前身，这些都远远超出了当时小城里很多人的见识。年轻人那么喜欢来拜访我家，估计是在这个书香之家，父亲的谈吐很有魅力，常常让小小的屋内谈笑风生。他甚至设想了退休后的美好生活，父亲口中的退休计划，居然还包括随着儿女搬到了大北京之类的话题。宋叔笑着说，等自己退了休，会拄着拐杖去遥远的大北京找父亲相聚。父亲的梦想在我们身上延续着，当年也许就是因为他们的玩笑话，我在高考志愿书上第一个就填写了北京的大学。

父亲孝敬祖父母，对周围的普通人怀有同情心，对孩子们言传身教，对世道很有一番自己的见解。他大学毕业后先教书，后来转入市内化工局工作。办公室年轻的同事们喜欢跟他聊天。从清华校园毕业的二十几岁的伍叔叔、雷叔叔经常带着糖果上门做客。每次这些书生气十足的客人上门，见到小孩们都喜欢逗个乐。父亲总说清瘦的伍叔叔是出身寒门的蜡梅花，日后会有大成就。果然随着时光流逝，伍叔叔和雷叔叔日后都成了造福一方的父母官。父亲的好人缘常让我想起"人格魅力"这个词。

梦衣裳

少年时最喜欢的一件玫瑰红 T 恤衫是父亲用所有零花钱买的。12 岁那一年，刚上初中。在操场上玩耍时，高个子教体育的宋老师说这孩子投篮准确度好，我就这么加入了学校的篮球队。我一直都觉得体育课最让人愉快，大广播播放的运动会音乐最动听。也许骨子里流淌着的激情和运动天生就是很匹配的。每天放学后，几个年龄相仿的女孩子在宋老师指导下练习篮球。一段时间后，宋老师说学校篮球队得有队服，国家女子体操服样式很漂亮，建议我们一人买一件。那件衣服 V 字形领口上有一圈白色的边，很是清丽雅致。豆蔻年华的女孩子真正开始有了爱美之心，回家就告诉父母要买新队服的事。

　　每逢开学前，父母为了四个孩子筹备学费都得费一番心思呢。任何额外的开销，都会让拿着微薄工资和粮票生活的小知识分子之家犯难。夜晚我在灯光下写作业，父母目光关注着我，低声细语讨论着如何能买到那件我青睐有加的国家体操队的玫瑰红队服。心中隐隐觉得不安，因为给他们紧张的经济增加了一项额外开支。安静夜色中，闹钟嘀嘀嗒嗒走着，时间就在这种微妙的感觉中一分一秒地流逝。记得那时作业本上写的柳体字刚劲有力，父亲常常骄傲提起。有一次生病在家休息，班主任拿着我的作业本让整个年级的同学们轮番参考和传阅。这件事让父母很骄傲，父亲对我寄予了厚望的慈爱目光常常会盯着我学习的样子。

　　那天晚上我困倦了，见父母还没准备好明天的服装费，心里紧张了一下，洗洗脚就躺下睡了，眼角留着难过时留下的泪痕。隔壁房间灯影模糊，也听不清父亲和母亲那边嘀嘀咕咕商讨什么。迷糊中进入了梦乡，我的小队友们都穿着漂亮的体操服英姿飒爽奔跑在操场上。好朋友小红最靓丽，那个因为老师全年级展示我的作业而对我顿生嫉妒的小花同学也穿着漂亮的队服向我炫耀。在梦中，内心深处平日积累的周边环境中不同人带给我的各种感受都格外强烈。我可不想让那个好嫉妒的小花同学看见就我一个人没有队服站在一边，好像低她一头似的。这个学习优秀的女孩，一直以一种要强和竞争的形象出现在我少年时光里，骨子里似乎有一股只许自己独秀，不让别人优秀的霸气。我的种种担心都在梦中呢，不知道慈爱的父亲怎么会知道我的各种小心思，第二天一睁眼，惊喜发现一大堆零钱放在我书包上。我兴奋地向父母保证，到校后第一时间把这钱交给老师。楼下小红又在高声叫我上学了，我"嗯"了一声，背起书包跑下楼。

不久宋老师分发了玫瑰红队服。为了区分各自的服装，大家分别在白色的领边上绣上了各自的名字，亚群，亚亚，亚红，还有红红。看着这一串好玩的名字宋老师笑了，说你们都是姊妹花啊，连名字都起得这么紧凑热闹。那件珍贵的衣服我特别喜欢，也深深地被父亲连夜想办法、只是为了让我笑着去上学的舐犊之情感动。站在同龄的队友们行列中，我觉得自己的人生也会随着这个国家体操队服装增添无限的魅力和希望。

后来到了北京，行李中带着父亲上学读书时用的棕榈箱，箱子里放着这件饱含父爱的可爱的玫瑰红衣裳。神奇的是这件体操服很有弹性，十二岁的队服，到了大学还可以穿着。无独有偶，好朋友红红说她也一直保留着那件美丽的衣裳，有时也会穿呢。后来拥有那件梦衣裳的女孩们都来到北京读大学了，亚亚上了北大，长着圆圆脸大眼睛的亚红在北京中医大学，而我在北外。红红初中毕业后去读了西工大的少年航校班，在那里认识了读博士的老公。那些少年时代风花雪月的各种感觉一晃而过。我在美国时，亚亚也去了美国读书，亚红从北京中医大学去了日本，成了在当地颇受欢迎的美容医师。红红后来随着博士老公到北京定居了。少年往事随风而去，彼此已经长大成人，各自安好，每个人都将少女时期那件带着梦想的体操服珍藏在心里。

我从美国留学回来后，收拾衣服时特意把父亲给我的包括体操服在内的两件衣服放在一起。可是在装修新房子时，油漆工告诉先生说需要旧衣服，准备擦多余的油漆，当初心中最爱的衣服不小心就被家人从衣柜中拿去了。当我看到那件玫瑰红的衣服上沾满了奶昔般的白漆时，差点叫了出来。那种舍不得的心疼感觉，周围的人都看到了，谁想到顺手拿着的旧衣服包含着如此深情而浓烈的对父亲的怀念。那件美丽的衣裳已看尽了一个少年成长的全部里程，它完成了使命，成了记忆里最美的梦衣裳。

家书与邮票

20世纪80年代初，小城沐浴着改革开放的春风，文化生活逐渐丰富起来。刚上初中第一年，同学中开始流行集邮了。

父亲关注着我的每一个新的发展空间。他第一时间把家中的老信件一件一件地找出来，把上面的邮票都清理下来。有一段时间，几乎每天我都有新的邮票拿到同学中间分享一番，让同学们羡慕不已。我说我爸把家里压箱底的信件都拿出来啦，大家哄然大笑，说怪不得这些邮票罕见又品种多呢。

父亲在厨房中抱着一大摞老信件，每次剪下一张邮票，就把信封投进火灶头里烧了。父亲看我若有所思，一边裁剪着信封，一边说那封信是大姨从新疆寄过来的，内容大概是担心我们的生活用品不够，她将把表姐表哥们不用的物品寄过来。那些年读书真的会被命运关照，大姨去参军，后来嫁给了在新疆工作的大姨父，记忆中大姨父是非常斯文优雅的。记得大姨经常大包小包地从新疆往家里邮寄东西，在一堆衣服中有一双当时少见稀罕的高跟凉鞋，我懵懵懂懂穿上那一双很大的高跟鞋，踢踏踢踏摇摇晃晃走起来，让一家人都笑翻了。

父亲拿起另一封信放进火灶头里，说那封信来自外婆家，大概是当时外婆身体不好，思念母亲让小姨写的吧。我记忆中的外婆，声音绵软，小脚是裹出来的，个头比祖母高，性格是那种旧时大家庭里闺中不闻窗外事的柔弱胆小女子感觉。外婆来过城里，大堂姐骑车带她出街，结果外婆一看到前面有其他车子抢路就"哎呀、哎呀"害怕了，大堂姐也在"哎呀、哎呀"声中把自行车骑得东倒西歪，一下撞上了墙。事后大堂姐提起当年的往事，还心有余悸，说最害怕外婆坐车时担心的样子，让她这个平日骑车还算稳当的人，也被带偏了车轮子。她说，此后也不敢带着外婆出街了。在短暂的相处时光里，外婆总是轻声细语地说，孩子们真听话，学习都好。

父亲一口气烧了很多家信，当时大概觉得可惜，就把信中有意思的内容跟我叙述了不少。

那份凝聚着父爱的集邮册，带着岁月的温暖一直跟随着我流转。细思起来，这本厚厚的集邮册也是一部当年的家书，收藏着多少家中的陈年往事和远亲好友相互惦记的心声呢。

一

如山的爱

曾几何时，父亲的自行车后面坐着年轻的母亲，前面横梁上坐着我和年幼的妹妹，一路欢声笑语穿过老城的街头，同学们都好羡慕我。父亲慢慢地苍老了，父亲中学同学来家里做客，大概在省城大学舒适而惬意的教授生涯很滋养人吧，我忽然悲哀地发现他的同学都那么年轻，而我曾经身姿矫健的一米八高的父亲在生活的打磨中已经显出沧桑，脸色憔悴，失去了从前的那种玉树临风的伟岸。我莫名惊讶，原来小城生活如此让人操心啊。

1984 年的隆冬，天寒地冻。表姐行色匆匆地赶到自习室里找到了我。那时哥哥和姐姐在省城读大学，家里负担很大，母亲因父亲生病住院心力交瘁，我赶到父亲身边，母亲在一旁流泪，父亲已经到了弥留之际，好像他看到了我，口中念叨着生命中最后的话语。我被告知，父亲的肝血管突然破裂，只有一种静脉止血针可以阻止这生命的流失。而小县城物资匮乏，当地最大的地区医院没有这药，需要到很远的省城医院才有可能找到。清贫的家境让人去省城调配急救的药品是一个很难的事情。亲友和临床的病友用同情的眼光瞅着我和年幼的妹妹，无言以对，这就是沧桑而无奈的人生。

那一年隆冬，在对急救药品的艰难寻找中，在对残酷现实无法原谅的痛彻心扉的绝望等待里，我永远地失去了父亲。霎时间我的天空失去了那道一直指引方向的彩虹，幸亏母亲还以与生俱来的坚强意志支撑着这个家，在风雨飘摇中一路前行。感念父爱如山，让我的童年有个幸福的港湾，如今父亲设计的美好的未来都一一实现了，可是您在哪里呢，父亲！我们曾经一起坚信的未来已经走来了，天国里的父亲，您看到了吗？父亲，人生一路，父爱如山，我们因为拥有您的爱是多么的幸运啊！遗憾的是在我们共同设计的美好未来，只有我独自面对茫茫天涯路抒发对您永不停止的思念。

晨光中，内心仿佛听到生命圆舞曲里一首熟悉而美妙的爱的旋律再次回响在秋日天空。外表儒雅而随和的父亲，对生活和家人充满爱意，学识渊博让他散发出幽兰一般的诗意。童年在外面疯玩一天，听到父亲叫我们回家的声音，就像幸福港湾里一声声亲切的号角吹起。高大伟岸的父亲有一种遮风挡雨的安全感。人生路上，父爱的光芒在天空如祥瑞彩云一样映照着我的世界。父亲爽朗的笑声会驱散心头的乌云，父亲拍拍肩头会扫除世间的劳顿与纤尘。父亲，也许真如《浮生六记》所描写的，人离去后还会有灵魂徘徊在上空吧。寻找父爱的心情中，依稀仿佛看到在世间的某个地方，父亲在无声时空中，默默守望着我们。秋日寒凉风中，父爱是秋意里温暖的一缕阳光。隔着岁月的山河，父爱如中秋夜盈盈一地无处不在的明月光。拥有父亲的日子，世界是美好的，拥有回忆的日子，世界充满怀旧的美。父爱，伴着我的生命，延续着世间的美好。

二

父亲走后，我一夜之间长大了，明白了人世间的人情冷暖与各种真假难辨的人情世故。父母的那点工资无法供养同时上大学的哥哥姐姐，曾经借了几笔钱。父亲刚刚离去，母亲还在悲痛中，就有那种只认利不认情的亲戚上门催账来了。母亲坚强地一一应对，告诉他们一分钱也不会少了他们。两年后哥哥大学毕业，母亲一一上门还清。

母亲在困难中越发坚毅和明事理，这可能与她从小被当作男

《 心 雨 》

———

60cm×50cm

油画布

2020 年

孩子养有关。外爷是旧式的乡绅，家里接连生了两个女儿，让这个田产丰厚的乡绅多了一份为家族传宗接代的儿子情结，于是乎，母亲童年就是一副女公子的打扮。外爷很爱自己的女儿们，大姨和母亲都进了学堂，得到了大多数旧时女子不曾享受到的良好教育。母亲记忆中的童年里，常以女公子的做派跟着长工坐着马车去那大片大片的山上收租子。说是收租子，母亲说，其实就是象征性地走一遍，让小孩子去田间地头行走一圈，体验旧时代的江湖生活。母亲说外爷是开明乡绅，对于读书识字看得比金子重要，相信那句古老的"书中自有黄金屋，书中自有颜如玉"的智慧。在我童年时光，母亲反复地对我提起这些话。外爷最终得了大舅二舅两个儿子，也算是如愿以偿。可是大姨和母亲儿时锦衣玉食的生活，在两个弟弟出生后，随着新社会潮流而烟消云散，旧日家族的繁华成了传说。二舅和小姨常说自己出身地主家庭，却是一天地主家的福也没享受过，白白背了一个地主家的大帽子。儿时看家中的照片，大姨美得跟画中人一样。大姨和母亲都是外爷心中的骄傲。

母亲上了安康大学，在那里遇到了儒雅的父亲，毕业后双双去了汉中洋县中学。母亲说自己很幸运，外爷对于他的女公子们如男孩子一样用心培养，所以她和大姨日后都有能力帮助那些弟妹们。小姨在母亲的帮助下进了城，曾经做过一段时间的幼儿园老师，孩子们也有了良好的教育机会。母亲的帮衬让小姨从外爷的地主身份阴影中走了出来，如今安稳地照看外孙。

大概因为女公子的气概吧，母亲在关键时候都很有决断力，颇有些指点江山的男儿气派。母亲士气十足积极向上的精神鼓舞着我们一路向前走来。母亲的班主任做派真是做到了家，在家中也是班主任的感觉。母亲是一个特别认真的人，教书育人全凭着真心，那些学子在几十年的人生流转中仍怀着感激的心情回头来看望母亲。我想时光是对一个人最好的评语了。母亲的精气神里秉承了外爷乡绅文青的那一面，也同样带着一丝外爷大家公子的脾气。历经生活变迁，洗尽纤尘，母亲身上原本温柔细腻的一面也慢慢流淌进悠然的日子里了。印象中，母亲最开心的时候就是陪着父亲去东风电影院看一场老版本的越剧经典电影《红楼梦》，听一听那柔情似水的黄梅戏。不知是否受了母亲的影响，那时听到秦川大地上的秦腔就有想哭的感觉，觉得秦腔让人内心无端生出凄凄的苍凉感。来到缺水干旱的渭城，母亲怀念汉中安康一带温润的江南般的和风细雨。受到母亲思乡情怀的影响，从小就觉得那个记忆里没有任何痕迹的汉中平原是个好地方吧。世上的人谁不说自己的家乡好呢。母亲的怀乡情结很深，有一次风尘仆仆地回了趟故乡，回来时大舅二舅托母亲带回一袋鱼米之乡的大米，那一颗颗饱满的新米粒真是惊艳到了我。随着年龄增长，我渐渐理解了母亲一生戚然思念故乡的情怀。教学生涯，让母亲桃李满天下，同样也让自己的孩子们一路走到了天涯海角，母亲很有福气。母亲的外祖母，就是我的曾外祖母，下炕头走路时摔倒了，以九十六岁的高龄辞世。我们都觉得曾外祖母一定会是百岁老寿星，假如没有那一跤的话。

"人美在心灵，鸟美在羽毛"，这是母亲在月光下和同事一边聊天一边安慰身边刚到城市不久有些不自信的我说的。这话透出一个母亲无穷的智慧，曾经极大安慰了我的整个少年时期。童年的我，长着高高凸起的额头，还有稍微突出的后脑勺，让爱女心切的父母常常发愁，我每天晚上总是尽力地平躺着睡，好像这样子就可以让后脑勺平整，也好安慰父母的担心。一起玩的小伙伴们个个都是平头，让我特别羡慕。但是，父亲坚信女大会十八变，

第
一
章

060

说日后我会越长越好看的。我的高额头在读书中日渐显出其内涵不可小觑呢，儿时憨厚模样里藏着的机智聪明也让大人们越来越喜欢我的高额头。小女孩慢慢地出落得有些清清秀秀了，让眼巴巴盼望着孩子们成长的父母长长舒了一口气。一句无意的话，像是一颗深埋在心里的种子，在岁月里悄然发芽并成长壮大。如今再回看，这颗心灵在成长中一直以心灵之美大于一切来评判世界，它不拘泥于世俗，亦会因心灵所念与世俗抗争。

母亲对于读书的情怀，男女平等的根深蒂固的观念，以及她乐观豁达和对于大事情的决断力，都点点滴滴地滋养我们曾经的生活，支撑着少年时的梦想，也鼓励着我们展翅高飞，才会有如今的人生模样。写下这些文字时，恰逢举国同庆的日子，又值中秋佳节，还是老母亲的生日，三个很重要的日子竟然重叠在同一天了。谨以此祝福八旬老母亲和七十一岁祖国母亲生日快乐。

三

冥冥之中，高中毕业后如愿以偿地来到了北京的高校，也是如山的父爱所望。

窗外寒风凛冽，一到冬天我就是这样惧怕严寒。小时候，北方那干冷清冽的天气常常让我手脚都冻裂了，每年过冬都带着伤和痛。我真希望自己是一只会冬眠的熊。只有春天来了，我的体内才重新焕发出活力来。上学后读了地理，才知道最南方是一年四季都很暖和的地方，于是乎开始心向往之了。寒冬腊月，我默默发誓将来一定要离开严冬的北方，去一个温暖如春的地方。高中还没有毕业，我从招生简章上知道福建厦门大学，就梦想将来去那个温暖如春的地方，争取考进那个美丽的大学。

可是真到了高考时候，周围的人都说着北京的大学如何地好。大概陕西地区每年的各科状元都爱去北京的院校，我那一年是陕西地区外语类的状元，于是乎当时的北京外国语学院就成了所有的人都默认最佳的选择，而且北京也有着父亲年轻时所向往的大学。

我报考的时候好像还恍恍惚惚的。有一天，在老城区的桥头向阳的院子里听收音机里讲故事，忽然听到楼下有人喊我的名字，说是高考的通知书到了。我一溜烟跑下楼去，从骑自行车的邮递员阿姨手中接过那个牛皮纸信封，看着信封底部印着"北京外国语学院"的红色字体，好像做梦一样的感觉。我考上北京的大学，这个消息像所有的小城故事一样迅速穿过小城的大街小巷。老城区街头开杂货店的同学父母听说了，眼神里满是羡慕，说这孩子运气真好啊。那一天我跟着姐姐骑自行车穿过小城，心里被那种梦想即将从这里起飞的欢悦感充斥着，姐姐说都听见我扑通扑通的心跳声了。高考的捷讯，几乎让我忘记了北方的严寒，忘记了曾经梦想过的温暖如春的南方城市。

少年时光荏苒，一路寻梦，大学来到了爱读书的父亲曾经梦想过的城市——北京，正好的年纪里遇到了他，一起相伴走过了北漂岁月。去了美国旧金山，上了青藏高原，探秘了古印度天竺。青春岁月，幸运地从相遇那一刻的简单中启程，随缘随遇，如影相随，简单亦会渐变为经典。

第二章 ✳

遇见

坐着绿皮火车到北京

高中毕业那一年，和发小宝琴一起拍照留念。时光真快，和我一起去照相馆的发小如今在大洋彼岸已经是个小有名气的移民律师和三个孩子的母亲。她说从前的老照片，青涩得都分不清彼此，她先生也认不出来哪个是她，哪个是我。

第一次坐上绿皮火车，第一次远离家乡，一路上和同学唱着《我爱北京天安门》，心中充满了对北京读书生活的向往。火车路过卢沟桥，让一直存在于想象中的伟大首都和历史名城终于来到了眼前。

北京站外面接待新生的北外标志像是一个亲切的接头语，一面鲜艳的院旗在微风中飘扬。服务在接待站前的学校老师们讲着亲切的北京话，心情顿时有了着落。第一眼看到的北京站，感觉干净清洁，远没有想象中的人山人海。第一次遇见西方面孔，脸上都带着对走近神秘东方的好奇。北京的第一次遇见是美好的，建筑物漂亮、现代又大气。一进校园，那种时尚潮流感觉就迎面而来。恰逢夏日雨天，细雨蒙蒙的校园小巧玲珑而精致，很有些喜出望外。入住女生楼的一层拐角处，就此开始了对北京的探索。那时候，被命运急流幸运地冲刷到首都的我，怎能想象到将来的生活会有怎样的故事呢。

初来北京的夏天明媚而灿烂。遇到的第一个辅导员是大学刚刚毕业的江南水乡的美女，穿着清雅的连衣裙笑盈盈站在我们新生集训的队伍前面问候大家，还问新同学有什么爱好呀。那时候没想到乡音很浓的何老师还是以后人生路途上一个难得的亦师亦友的闺蜜。

热情似火而有规律的军训开始了，那整整一个月穿着军装的军旅生活，有几件事情很值得事后回味。人生中的唯一一次军训中，渐渐学会了独立的生活和良好的整理习惯。每当趴在地面上训练时候，头顶夏日的太阳，身边的小扬州就低声吟诵徐志摩的《再别康桥》，顿时阳光的暴晒被那诗意的情致所取代。趴在小扬州身边的我，遥望离香山有一段距离的隐约可见的城市轮廓，听着徐志摩那灵动的诗歌，好享受那一刻。

军训中人人必须过的难关就是真枪实弹的打靶射击，那一刻我被在耳畔穿越的凌厉的子弹声音震慑住了，未发一枪人却已崩溃害怕。小扬州的诗歌也不起作用，辅导员和大队长在一旁苦口婆心地说打枪很安全之类的话，可我就是对枪声有种说不出来的心理障碍。教练员大概放弃了无效的劝说，说旁边男生有人第一次打枪就砰砰地打了几个十环，这一招很有效果。我终于鼓起勇气扣动了扳机。

诗意中的军训生活并不枯燥，"你我相逢在黑暗的海上，你不必诧异也无须惊喜……"。那时命运之神好像已经开始指引方向了。那个大学期间只听别人说起、从未见面认识的五十环男生后来却成了我的先生，而我是那个不敢开枪的女生。

在北京的第一个冬天，我得了很严重的带状疱疹，校医院的医生都吓了一跳。一入冬季，北京的暖气是从前故乡所没有的，我反而特别不适应。后来去高年级宿舍串门，学俄语的大眼睛学姐看到我难受的样子，就给了我一个牛黄解毒丸，吃了居然就好了。毕业时听说学姐和她帅气十足的未婚夫一起去厦门大学执教去了。我恍然忆起初中时光我曾经向往的那个有着鼓浪屿的南方城市。很多的梦想都在人生匆匆而过中遗失在路边，可是多年后的某一天，又会记起这个很久以前的梦。

人心惶惶的毕业季

青春年少时，那些落花有意、流水无情的往事都如烟远去。如今再回望，凡能够寻觅到了属于自己幸福的那些幸运者，绝对是发乎心动而后行动者，而非那些被表象上横流的物欲所左右者。当年校园里选择相信爱情与感觉的人不在少数，可是曾经的一往情深在理想与现实的迷茫中往往过早凋零，在生活的急流中散去了。如今的落寞神情里暗藏的是往事不可追的懊恼。激流湍急的大时代冲刷着青春岁月的流沙，人们大概很快就忘记谁是谁了。

北京电影学院的男孩阿申，是常常光顾女生宿舍楼的一枚青涩而深情的学子，炎炎夏日里，经常遇见他举着大西瓜来看望昔日同学，两人出双入对，很幸福的模样。伊人有着美妙的淑女范，仿佛是从西洋画里走出来的。随着毕业的来临，傍晚女生宿舍电话亭子边排起了长队。伊人每天都煲电话粥，那些冗长的越洋电话不知是打给谁的，情意满满全是英文的嗯啊的调调。聪敏深解人情世故的女子，已经在为自己铺垫前程，而此刻仍清贫的他是无力撑起伊人那一片高远的天空。青春校园里，从来不缺人间的烟火味道。很多人背好马鞍，准备启程。

多年后，见到事业有成的阿申，笑谈青春往事，男儿坚强的本色里也不免露出了当年青春里留下的情伤痕迹。他说毕业后的那几年，心里茫然若失，始终无法安抚内心深处的那份不安和无法找到的归属感。不过，正因为曾经体验过青春的那些痛，所以更加懂得自己，也成全了他日后创作出一部接一部洞悉人情世故的优秀电视剧。心之所处的状态，若能保持安详沉稳，此乃人生的所求。青春之旅，就是在茫茫人海中找到前生今世缺失了的心灵另一半。回望青春路上，又曾有几人何其幸运地遇见？

那个夏天，女生宿舍楼外面的蝉鸣声格外响亮，好像在向这一群在青春路上迷茫的花季少女们说千万别走错了路。女生们整日忙忙碌碌，无人解此风情。

图书馆前那片绿地上，多少多情的男孩们，抱着吉他，一首接一首，如醉如痴地弹唱着老狼的《同桌的你》、齐秦的《太阳雨》和崔健的《一无所有》，磁性高昂的歌声久久回荡在校园里。

人心惶惶的毕业季里，身边发生了很多事。

江南女子思思带上男友阿木经常出双入对在眼前晃来晃去，他们毕业时说好了一起去南方城市打拼。

隔壁那个开朗的女生一直都与一个阳光的男孩交往，突然间怎么又喜欢上了另一个男生了呢？初恋男友伤心欲绝，为了爱情早就选择北京作为落脚地，可是所爱之人像小鸟一样去寻找更大的林子了。

男生楼里，阿洪提前半年就确定了工作，准备到女友母亲工作的地方当一名教书匠，可是与他相恋多时的女友孤身去了国外，似乎没有再回头的意思，他带着一丝伤感到单位报到。阿洪真是有运气也有才气。毕业后我们去他所在的学院，聊天中总是听他意气风发地讲起教学上的趣事和学子们对他这个老师的崇拜眼神。他很快又遇见一份令他踏实的情感，开始了新的生活。

一

刚刚毕业不久，我还在等待工作，去大山子看望已进入外交事业的同学。不知道是如约而至还是偶然，我们第一次见到对方，仿佛是截然不同的正负引力场般，迅速拉近了彼此隔着的人生距离。

那次之后，他去我同窗男同学宿舍串门，看到了一张也许比我本人显得更清秀的大学证件照，他就跟人要。黑白照那么简单没有任何修饰，好像有人拥有慧眼一双可以看到你是谁。那时候这个内向且带点忧郁类型的南方男孩，说话都是带着南方口音。不知道是不是欣赏我身上北方人自带的那种直率和简单，以及小小的侠女似的慷慨感觉。第一次我们约好去了北外后面的魏公村吃馄饨，反正是我先大方付了钱。那一顿馄饨吃得很香，他注视我的那种神情，让我觉得眼前这个男孩很温暖的感觉。事后他告诉我，他觉得我和很多女孩不一样，让他最意外的是我对钱的那种不在意的潇洒，也不问他家和他的各种问题，他很喜欢这种随意简单的个性。是啊，眼前清瘦的男孩，腼腆而温和，但有些忧郁的眼神好像让我这个北方小侠女好奇了。其实那时候第一眼觉得这个男孩好土气的，土气中稍带些类似儿时父亲身上曾有的儒雅之气，让我隐隐约约有些好感。

那年北方的寒冷中，一个温暖的人，还有那份发自内心的欣赏，好像就让年轻的我觉得足够好了。春节回到家，开始有清秀的钢笔字写的来信了。当老师的母亲偷偷看了来信，还记下地址，背着我就和这个素未谋面的他交流了。我母亲后来告诉我，看到他的字就很喜欢他了，正是古话说的，字如其人。那一代老知识分子就是这么分辨一个人的优劣。她无非是想鼓励这个年轻人多多关照她的女儿，还把我回京的行程都提前告诉了他。那次我从渭城回北京，因为没有购买到直达北京的票，就乘火车先到天津，再乘长途车回北京。他自己赶到天津想接我，又没有事先告知，也没有办法联络，白跑了一趟。

20世纪80年代末期，很多流行东西都进入了大学校园。学子们特别梦想出国，各色各样的哲学思潮在校园里以大课的授课方式让学生与哲学这道题相遇，引发对人生的思考。遇到我时他说，原本以为人生实苦，忽然发现人生不同的味道。盐城自古以来就出文人才子，我总觉得那边的人都长得差不多，后来参加他的同学聚会，都是清一色我印象中的江南才俊模样。对身边这个眼中带着一丝忧郁的男孩，当时真心的有一份怜惜的感觉，喜欢他的儒雅，心疼他的那一丝忧郁，总觉得自己与生俱来的那股侠义之气可以护着他似的。当年要好的闺蜜们各种看法都有，有的好意提醒我，假如一个人不可以给予你好的物质条件而谈爱，那是空谈，根本就没有幸福的将来可言。闺蜜们有的正与中关村的小老板们约会，也有的通过别人介绍出国结婚，也有的坚守传统爱情阵地。

北外东院后门外，是一条透着浓浓生活气息的蜿蜒小街，延吉冷面馆、情调酒吧、理发店、各类杂货铺与魏公村书店一起拥挤在街面，空气中飘着诱人的新疆烤羊肉串的香味。

我们去了一家装饰豪华以外国品牌命名的酒吧，也是唯一一次走进那间颇有情调的小酒吧。点了杯彩色饮料坐下，呢喃细语中不经意抬头看到酒吧老板那英俊的脸上带着一丝窥视的目光，心中一个寒战，那种目光让我想起了森林里的狐狸和狼。看着身边的他，那种温暖踏实的感觉，忽然觉得这个男孩让远离父母庇护的我，好有安全感啊。若干年后，在美国留学时，从北外学妹口中得知，这个老板果然是一只潜伏在森林边的狼，等着天真无邪的小红帽们经过时落入陷阱呢。曾有学子落入他布下的情网，而后情绪失控被送入精神病院。青春的路上，一直都期盼童话的故事，可是往往现实中遭遇到是以童话面目出现的陷阱。

二

也许每个人骨子里的灵性都来源于生养自己的土地吧。第一次去先生老家见了他的父母，发现苏北平原真的是一块贫瘠之地。当地人说他们是清末状元张謇的同乡，在状元带领下来到当时盛产海盐的盐碱之地垦荒植棉。曾经的盐碱地早已成为良田。他家门前是一条泥土小道，阴雨天踩在上面就是一脚跟的泥巴。人们在状元规划的田字格地里辛勤劳作，百年如此延续，虽然可以休养生息，却也是沧海变桑田，人生实属不易的感觉。

老人们日出而作、日落而息。东方微微泛白，他们像上了闹钟似的准时起床，父亲下地忙着锄草，母亲在隔壁的灶上忙碌，从田头新采摘下来的青菜葱绿诱人。土灶的炉膛里干柴燃烧，袅袅青烟从屋上升起来。

老屋居于田地的中心，屋后是池塘，田地四周河沟环绕，形成很好的排水系统，遵循了古法。这无边的一马平川之地，多年来风调雨顺，百姓安逸。

夜色中，月朗星稀，抬头可以望见天空中的七星勺把。晚归的村民扛着农具，路见行人，很热情地打招呼。能听见细细的河水在夜色中流淌浅吟。萤火虫在芦苇丛里快乐地飞来飞去，不知名的虫子和着蛙声在鸣叫。

门前那条河上有一座红砖小桥，桥身两侧各有两个桥洞，桥身中央刻着"东方红"三个水泥字，看着很有些年月了。

那小桥是先生小时候与小伙伴钻桥洞玩耍的地方。还在集体生活的年代，河两岸长着大片的芦苇，清澈的河水潺潺流动。芦苇开花的季节，也正是小伙伴们下河摸鱼、在芦苇荡里找鸟巢的时候。

十一岁时，他开始学自行车，兴致很高。一个没有月亮的夜晚，推着车在小桥上行走，脚下没有站稳，连人带车从桥上落入河水里。他在慌乱中自己游了上来，幸亏车子没有直接砸在身上。

上了岸，就听见路边有人喊，谁呀谁呀？原来他跌下桥去的时候，一对夫妇刚好骑车经过，听到了水面上的动静，就赶紧下车看个究竟。

有了孩子，我们又回了几次乡下。先生的中学同窗在城里过着有滋有味的生活，怕我们不习惯乡下的简陋，好心劝说，乡下蚊虫多，天气闷热又没有空调，晚上就住在城里，白天再回乡下吧。可是我们还是喜欢一家人在一起的感觉。

县城里的生活在各种梦想和欲望的驱动下变得越发热闹，道路越建越宽。老家门前那条泥巴小道，终于铺成了平整的水泥路。带着童年记忆的"东方红"砖桥变成水泥桥了。

父母已经年过八旬，还坚持留了几分地，闲时上地头摸一摸，这份对土地的依恋是不会改变的。父亲身子日见佝偻，耳朵背了，眼神却比年轻人还好。母亲身板硬朗，推着独轮车一口气把上百

《 草 长 莺 飞 》

————

40cm×30cm

油画布

2021 年

斤的物件运到大路上。母亲小时候得过眼病，因此落下了毛病，大概是长期习惯于用耳朵听的缘故，大老远从声音里就能辨别出是哪个乡邻串门来了。

与当地人聊天很有意思，把年轻人外出务工叫"寻铜钱"。年轻人向往城市的生活，都外出"寻铜钱"了，剩下老一辈人还留守在这片土地上。未来的田字格中，还会有这样小河环绕着的老屋吗？

蜂窝煤与玫瑰香

毕业后有些时日没有工作，母亲也跟着着急，四处托人。终于在中关村一家民营科技企业找了份工作，在北京落了脚。听着齐秦《外面的世界》的校园生活渐渐远去了。

工作后，就想着在单位附近找一个单间。单位里技术员老唐推荐说八一中学里的四合院内住着很合适，也安全。管财务的北京小姑娘陪着我去看房，路上说真庆幸自己是北京人，不用找房子住。我觉得也是啊，北京出生的人自然生来有房住。进了八一中学大门，往里走上不远，路右边就是一个四合院，里面住着三户人家。出租房屋的是从学校退休的后勤员工，老家在天津，平时来学校也就领个工资、办点杂事。看到刚刚毕业的我来看房，很高兴就出租了一间屋子。那房子窗户很大，素白的墙壁，因为在四合院内，感觉挺安全的。住进去后不久，我挂上了常春藤色窗帘，墙上挂上了先生喜爱的少女荡秋千的画，添了桌椅板凳。房东不知道从哪里找了一个竹席面的老式床榻放了进来，就看着舒舒服服像一个家了。

　　四合院紧邻着乐家花园。后来知道这花园原来是清朝时期建的亲王花园，有 300 年历史了。周边的居民都说，清末慈禧太后当年从故宫去颐和园，会在这花园里歇歇脚呢。那时候除了颐和园外，平时并不常见到的太湖石假山，在那个落寞的亲王花园里比比皆是。花园年久失修，杂草丛生，看着有些荒芜，几户人家零零散散住在花园里。往花园里走，顿时觉得曲径通幽颇有江南园林的意境，荒芜之地却仍有不少天然的野趣。毕竟是一块风水宝地，当年的回廊亭榭依在，还有不少雅致的石桌石凳，可以坐下小憩。现在回想起来，那张床榻也许是从花园流落至民间的宝物呢。那时还不懂得欣赏，亦不喜欢老旧的物件。入住四合院不久，就硬是买了一个时尚新式的沙发床，把老床榻请了出去。房东见了，就直摇头，说你们年轻人不懂，这竹席子床榻可是好东西，冬暖夏凉着呢。果然我们前脚把老床塌搬出去，马上就被识货的人麻利儿乐呵呵取走了。当年能租到那间有后花园风景的平房，我觉得很是幸运。

　　夜色下的京城生活很是诱人，附近的海淀剧场经常有音乐会、电影等活动。海淀镇上的夜市街很是热闹，麻辣小龙虾生意红火。海淀图书馆前面摆着一些地摊，卖各种手串、项链等新奇小东西。我看上了一串大象头骨材质项链，摆摊的看着像附近大学的学生，他说这项链是从泰国进的新货，说了很多好话。戴着项链回到四合院，心里美滋滋的，那项链的串绳不知怎么回事儿突然断了，珠子撒落一地。拿着一把散珠赶紧回去退，那年轻人也不曾想会是这样，看着很懊恼的样子。

　　我有一辆让人羡慕的凤凰自行车，每天骑着单车欢快地上下班。有天晚上，去海淀剧场看了一场电影，散场出来，就找不见了自行车，懊恼中步行回了家。第二天，走在八一中学外面的那条街上，一个农民工模样的胖青年骑车从身旁经过，那自行车太熟悉了，我大喊一声，车子是我的，你从哪里拿来的，我要叫警察了！这一招真管用，那胖青年可能是被突然的叫声吓了一跳，忙不迭地下了车，把车扔在一旁，嘴上说不关他的事，老乡给的，人就溜走了。我推着失而复得的自行车，暗自庆幸，觉得好巧哦。

北京的街道是自行车的天下。丢自行车的事也是不时发生，购车后就得及时去登记，在车梁上打上钢印呢。先生的一个小小梦想就是拥有一辆帅气时尚的山地车。几年之后，我们已经搬家至方庄了，他和单位年轻人一起参加团购，购买了一辆红色可变速山地车。他兴奋地展示骑车的技巧，每日蹬着山地车上下班。开心日子没过一周，早上出了门，一会儿就蔫头耷脑回来了，说停在楼下的山地车不见了，昨晚忘记了把车搬进楼里。他像买到心爱玩具的小朋友，还没过瘾就弄丢了东西，垂头丧气中坐车上班去了。我后来打电话到单位，接电话的同事说发现他最近有些不开心哦，笑着问我是不是因为丢车的事埋怨了他。我说丢车已经是损失了，如果再埋怨就是双重损失啦。

每日紧张的工作后，最盼望的是下班后时光了。每次回到八一中学，进入校门看到不远处朝着路边的那个窗户里透出温暖的灯光，就知道他比我先到了家。欣喜雀跃中一路小跑，知道他在蜂窝煤炉子上做着晚饭等着我，带着轻快欢乐的脚步走入四合院内，奔向那简单得不能再简单的家。墙壁上挂着不知道他从哪里淘来的那张画，画面上是一个灵动少女穿着长裙，披着一头飘逸的长发在风中荡秋千，女孩四周是一片鸟语花香。他说那女孩很像我，现在想起来，我的一动一静皆是他眼中最美的风景了。

《 流 动 的 时 光 》

————

30cm×40cm

油画布

2020 年

北京瓜果季节，他每次下班路上都会买回来一些我最爱吃的北京特产玫瑰香葡萄，这个透着玫瑰花香的特殊的甜美味道，是青春岁月里爱情留在记忆中的滋味。至今在每一个秋天的瓜果季节，我都会不由自主怀念玫瑰香葡萄的味道。赶上葡萄上市，买回来好多玫瑰香葡萄，一颗一颗慢慢品尝，那是在简单清贫日子里最初的爱的记忆。

时光流转中，身边一直都是这个让我有安全感的他，生活好像一进屋就与外面的世界隔开了。虽然清贫度日，因为身边有真心疼爱的人，有温暖伴随，生活在任何地方都能感受到甘露。

四合院邻家姐姐

四合院里住着云姐姐夫妇一家和云姐姐的婆婆家。此刻静下心，美丽的云姐姐浮现在那花开月正圆的青春岁月中。

刚刚搬进四合院，从隔壁房间轻快地走出来一个短发清丽的邻家姐姐。清雅的她就像是阳光下的荷花，从水上漂浮而来，给人如花似玉的感觉。她与我和帮忙搬东西的同事热情地打招呼，自我介绍是四合院里对面老奶奶的二儿媳妇，以后我们有啥事都可以找她。看到云姐姐第一眼就让人想到古代画中的人，那美的眉眼和神韵让人眼前一亮。女同事事后说，没想到这四合院里竟然住着那么一个美人。

云姐姐是一个两岁小孩的母亲。刚开始布置家的时候，我跟同事去东四，在隆福寺外面商铺的一个布店里，选了一幅那个年龄喜欢的翠绿色窗帘布。回到四合院，迫不及待地准备挂窗帘，这时云姐姐敲门进来，一边夸我的窗帘感觉很春天，一边帮我往马路一侧的窗户上挂窗帘。我们忙完了，坐下来欣赏这简单的美丽窗景，云姐姐说我很有创意，让一间原本空空的屋子填上了青春的颜色。我又顺手把上学时的一些照片放到桌上，其中一张的背景是北外风景中最好的晨读园。看到这些照片，云姐姐脸上露出一丝不易察觉的伤感表情，令我有些不解。在日复一日的相处中，慢慢了解了云姐姐谜一样的人生故事。她成长于家境优越、衣食无忧的部队大院，命运赐给她与生俱来的美，也曾赐给了各种机会。她曾在北外电教厅工作，单纯、美貌、心地善良的她，周围自然有很多追求者。她原本可以有更好的生活选择，但是她总觉得自己没有接受过很好的教育，在突然出现的众多选择面前反而心里发慌，她选择了一个家境清贫的人结婚，但婚后生活并不如她期待的那样美好。

云姐姐和我聊天总是很开心，也羡慕我身材苗条。有一天我和先生准备去北外，与他的一位留校的学长用晚餐。云姐姐知道后，从她出闺阁之前的青春系列服装里挑出一件黑色丝绸绣花大披肩和一双长筒靴子借给我。刚刚工作囊中羞涩的我也终于穿上了高端时尚的行头。云姐姐眼光独到，那双黑色的西班牙长筒靴子果然让我心情大好。那天学长喝着小酒，心情愉悦，又夸学弟有眼光找到一个赏心悦目的女友。我俩席地而坐，听着学长海阔天空侃大山吹牛。学长其实是一个很有思想的人，那天他讲了一个佛教故事，大意是说，男人和女人虽然生活在一起，但彼此的心里都有一个只属于自己的私密空间。假如把对方当成一个泥人，把泥人打开，就会发现里面藏着一个人，再打开一层还有一个人。学长大概是在感慨世间真爱难得，隐隐觉得学长的爱情不太顺利，才会无端地讲了那么一个故事。

那是我第一次见到学长，因为对学长讲的故事很是费解，让我印象深刻极了。这个关于尘世间恋爱中痴男怨女的故事，对于正处于甜蜜爱恋中的我们来说，当时只当是茶余饭后的闲话而已。学长却感慨说，恋人之间彼此能碰到真心，那种概率很渺茫啊。学长本人就是抱着这样一种出世的心态生活在尘世里。他那轰轰烈烈的爱情一路上真都是过眼烟云的感觉。女朋友来一个走一个也罢了，学长在婚姻里也是一路的红灯，离了两次婚，也有两个孩子。后来他离开校园后事业方面也是起起伏伏，他所认定的真心难得的尘世终于彻底让他心灰意冷。据学长的同学讲，十多年前学长已皈依佛门，成了释迦牟尼的弟子，开始云游各地，目前在缅甸为僧，法号贤谷。想起学长曾经招待我们时，亲自动手做的苏北家乡菜似乎还依旧留在味觉中呢，可是斯人已经远离尘世，在佛界里躲避这活色生香的人间烟火味道，谁能想到他当年讲的那个故事竟然一语成谶了呢。

我们一起品尝了学长的家乡饭，出门告辞的那一刻，发现放在门前的那双长筒女靴不知道什么时候神秘失踪了，楼道里静悄悄的也不见人影。学长感觉很过意不去，赶紧临时找了一双鞋救急。

善解人意的云姐姐知道了事情原委，安慰说，这世道的好东西放在门外总是会招贼的，没事儿。说好的呢，以后你们出国见了世面，别忘记带一双回来哈。

与云姐姐一起去很高端的北京友谊商店。云姐姐曾经是这个店的常客，她熟门熟路地领着我走进琳琅满目的友谊商店里，很多指定的物品得有外汇券才可以买到。那些挂杆上的时装美丽高贵典雅，还有少年时期梦想的高级丝绸披肩。她说那种披肩配上我那一头飘逸的长发一定美极了。我试了试，好像镜子里另一美人看着我。云姐姐说很适合我的风格，可惜太贵了，还是先好好挣钱，再买回家吧。我们俩都笑了起来。云姐姐又带我去厨房用品看看。我一眼就喜欢上了一款带着黄色口袋的拼花围裙，穿上很可爱，于是买下了。云姐姐说我今后一定会拥有一个偌大的房子，到时要穿上这美丽的围裙接待她。

青春飞扬的日子里，云姐姐的美和清纯让很多当年见过面的人都念念不忘，经常有人带她逛友谊商店。只要她对柜台上的物品多看几眼，对方就毫不犹豫买下来。在北外时，有个美国专家一见到她就喜欢上了，每次从美国来北京都会带礼物给她，并提出来带她一起出国。那个专家有三个儿子，都受到良好的教育。虽然对方很有诚意，可是美国在那么遥远太平洋的彼岸，生长在北京的她对离开北京到一个陌生地方生活感到莫名地心慌慌。

当年还有个日本男孩子也喜欢她，给她带来日本的香水和化妆品，在云姐姐婉拒后还继续带礼物回来看她。她说起年轻时候的往事，从语气里我能觉察出她内心深处的一丝悔意。

后来云姐姐离开了外语学院，去了中关村大街的一家公司。那公司老板对云姐姐一见倾心，双手奉上高端的上海手表，以及外汇券买来的时尚服饰，对云姐姐苦苦追求，最后都是徒劳。

那些如梦似幻的青春日子一晃而过。云姐姐感叹往事如烟，茫然若失。她嫁作人妻后很快体会到了现实生活的艰辛和不易。

大概人们对生命中路过的美景，遇到的好人，都会一直心心相念吧。我带着新买的围裙和住进大房子的梦想回到四合院，心里一直在琢磨云姐姐的幸福到底是在哪里走丢了呢。

我们后来从四合院搬到了方庄青年公寓，去了旧金山，我和云姐姐只能时断时续地联系。在先生去西藏的那一年，得知云姐姐生病住院了，我们去医院看望。她还是那个真性情的人，不过似乎并不清楚自己已得了淋巴癌而且是晚期，安慰我们说自己很快要出院了，还感叹我们总是去那么远的地方，什么时候都难得见上一面。不料，这竟然会是最后一次见面。

胡东
同堂
子

一

　　先生老家的乡亲做了几双精美的小孩绣花鞋，希望我们帮着在北京卖，贴补一下生活。我们就托朋友把这手工绣花鞋摆放在北京饭店里的古董店里。20世纪90年代初，来中国的欧美人和日本人都喜欢逛一逛古董店。那古董店出售十二生肖等挂件、丝绸、景泰蓝、青花瓷器和各种字画，仿制品居多。那几双绣花鞋像是古董店固定摆设一样，一直无人问津。想着乡亲还惦记着绣花鞋，先生后来回老家时就自己掏腰包给了老人家一些钱，算是还了一个心愿。我们把绣花鞋拿回家，一直放在钢琴上面，几年后搬家时，送给了一个刚刚出生的小宝贝。民间的绣花鞋很多，记忆中那位老人家的绣花鞋特别美，绣花针脚秀气无比。我未曾见过面的老人家也许期望着她的绣花手艺能带来一份额外的收入，可惜传统手艺总是抵不过都市潮流的变化，绣花流行的年代已经过去，这透着乡村气味的绣花鞋不再是都市人所爱。

　　先生参加单位军训结束后，住进了东堂子胡同的集体宿舍。胡同里有很多四合院，宿舍对面是大门永远紧闭着的蔡元培的故居，宿舍就在二楼，三个人一间。一楼是女生们，很多曾经住在北外五号楼的同学又能见面了，如同搬进了另一个校园宿舍。那时我已经租了八一中学四合院的平房，北京二环路刚刚建成通车，先生经常骑着自行车，往返于中关村与朝阳门之间。正是精力旺盛的年纪，一路骑得飞快，四十分钟就到达目的地。我见他每周要上几次夜班，下夜班后显得很累很辛苦的样子，很多时候我们会在东堂子胡同见面。大学同宿舍的老乡歆歆在一楼拐角处的宿舍成了我晚归时的客床。

每当畅想未来时，先生觉得两个人在同单位工作该是最好的选择。可是我太了解自己了，童年在田野间奔跑的那份惬意让我向往更宽广的大世界，对他说生活不该是一种模式，也许在不同的轨道上，看到不同风景的人生会更有意思。现在都觉得这话有道理。

那年月，集体宿舍走廊里有一部公用电话，每次找人就打到二楼的电话分机，然后再叫人，这样就认识了他的同事子虚。每次我打电话过去的时候，有人接听了就大声叫着名字接电话。因为姓氏相同、名字发音又相近，就听岔了，有好几次子虚自己从宿舍小跑着出来，激动地接起电话。

子虚毕业后到北京工作，因为家里经济困难，子虚常为自己无力照顾体弱多病的母亲而深深自责，一狠心决定辞职下海。但是办理辞职手续并没有想象得那么顺利，新单位又坚持要见到档案才肯接收，这让子虚陷入了前不着村后不着店的窘境。没了经济收入，刚离开校门没有多久的子虚想不出还有别的谋生手段，就准备先学个实用的手艺，心想这样怎么也能临时糊口度日吧！那时，东堂子胡同西口有个掌鞋师傅，子虚因为不好意思说出口，又担心掌鞋师傅不愿意培养一个"竞争对手"，好多天就不远不近蹲地上看师傅掌鞋。很多年之后，子虚说起这段向掌鞋师傅"偷"

艺的经历，仍觉得心酸。前几年，子虚在一个小区门口撞见一个长得白净二十来岁的掌鞋师傅，触景生情，录了一段掌鞋师傅的劳动视频作为自己青春的纪念。

在那段煎熬的日子里，相恋多年的女友又突然离他而去。男儿有泪不轻弹，对过往的伤心事不愿多谈，自知底子薄留不住芳心，表示理解女友的选择，强忍住了泪水往肚里咽。那段时间，每当看到我俩，还会说起离他而去的女友。他笑着说，分手后，他还是希望女友会打来电话，即使知道是我打的电话，他也乐意出来接一下。我想这大概是因为心里那份情还在，宁可帮忙多接几次电话，也不可错失一次吧。也因为这段特别的小插曲，我们和子虚的友谊一直维系着都将近三十年了。我们有机会还会见个面，一起吃个饭，谈谈往事和当下的一些话题，他总是充满热情，我知道他心里面把我们当成青春年代爱情的纪念碑了。他看重朋友之间的那份情谊，当年我手术住院的时候，他几次去医院和家里看望我，看看能帮助做些什么，是个难得的真性情人。他最初理想是做个外交人，被迫经商后，也是念念不忘初心，后来果真当上了邻国一个著名旅游小岛的民间大使，我们还为此小聚庆祝了一下。前几年他又当选总部设在瑞士的一个国际组织的主席，成为第一个在此国际组织中任职的中国人，大家都为他感到骄傲。我也暗暗猜想，他曾经最在意的那位女友，也许会在一个偶然的时间，在国际新闻里看到多年后的他突然宝剑出鞘呢。也许正因为错过了彼此，反而造就了子虚一路上的进步和不一样的精彩。

二

在中关村那家民营企业的工作，是我毕业留在北京后找的第一份工作。这里最吃香的还是理工男，而我只能做点翻译和文件整理工作。

后来听说东堂子胡同附近的一家美资企业办事处在招人，就找上门去，得到一个试用的机会。在前台上了几天班，一天，接到一个前雇员艾兰的电话，她说她新的工作地点在西直门一带，如果有人找她请一定把新地址和电话号码告诉对方。几周后，我给这个中文不错的美国人打了个电话，毛遂自荐，对方说办事处需要一个负责办公室的文职人员，然后就约好了在建国门饭店面试。我精心准备一番，面试顺利地通过了。艾兰深蓝色的眼睛透着和善，当场就签了合同，约好了两周后来办事处正式上班。一切来得那么痛快，让我从内心里喜欢上这个初次见面的美国女老板。

艾兰三十来岁，美国旧金山人，来中国后第一件事是去首都经贸大学习汉语，后来被东堂子胡同附近的那家美国企业办事处聘为地区销售经理。美国知名的前五百强企业"碧迪"，是一家百年老字号医疗企业，那个时期正在进入中国市场，在北京设立了办事处，不久在苏州工业园里投资设厂。艾兰出任第一任北京办事处的总代理。瘦高的艾兰特别喜欢长跑运动，经常去圆明园跑步。她说她美国家庭几代人都是登山爱好者，祖父九十岁了还和儿孙辈一起爬山呢，这一则趣闻被美国当地报纸报道过。

在外企找到一份工作，是当时许多年轻人梦寐以求的目标，生活的色调一下子明朗了起来。

中国的医疗设备市场方兴未艾，办事处忙着参加各种国际产品展览会。国贸的展厅里经常人头攒动，有时候人多到需要排队递名片。

展会上，一个英文不怎么利落的韩国年轻人看到我时眼睛一亮，很开心地笑着拿出名片递给我，还约着去展厅边上喝咖啡。对方好像第一次来中国，他的长相是现在流行的韩剧里那种细长眼睛的英俊模样，看那真诚的样子，我就坐了下来，权当是商务英语对话练习。对方谈话中透着刚刚到中国的那份好奇与激动，介绍自己在韩国的简历，哪个大学毕业，哪个公司任职等情况。现在想想怎么像是被面试呢，他还特地强调此次中国之行需要和中国人多多沟通了解，说回去后能否保持通信，要了我的北京地址。当时就觉得挺好玩的，随手留了东堂子胡同先生集体宿舍的地址。回去见到先生，说起此番经历，他说挺好的呀，可以找个笔友练习提高一下英文。那时候，北京的英文角和外国笔友正流行呢。后来渐渐地就忘了这事。

东堂子胡同宿舍的传达室，住着姓谢的看门人。每有来信都认真地转给大家。先生后来收到一封笔记清秀的韩国英文信件，就拿回家和我一起读，信中都是寻常话，异邦的风土人情。我们也认真回复了一封信。过了大概半年时间，韩国人来信说了他准备下月再来中国，还说跟家人一起来，看那意思，韩国家庭希望见到我并且准备上门提亲了。我们面面相觑，这个一面之缘的韩国男孩凭什么就说到终身大事上了。先生看着我认真地说：考虑一下吧，很多人都期待这样的机会呢，我不介意你做出来的选择，因为我给不了你一份理想的生活，跟着我太辛苦了。身边的这个男孩当生活有岔路道口出现，他完全地把自己至深的爱藏起来，全盘替我考虑将来。看他这么说，我知道在他的生命中我的幸福的分量了，他甚至可以忘记自己的幸福。我说，我不知道未来怎样，可是我觉得待在你身边那份踏实是无人能给予的。我很快就回信给那个韩国男孩，告诉他我已经订婚了。此后韩国男孩未再来过信，而我偶然也会问先生那个韩国人会不会很伤心啊，他则一笑了之。

回忆似花瓣，散落一地芳华。感谢那段路过的青春和路过的美好。大概女孩子在面临人生中的重要选择时，或多或少都会有感觉恍惚的那一刻吧。结婚后，偶遇到人生的阴雨天气，为一地鸡毛的狼狈叹气时，他会逗我说是不是后悔当年，没让你去韩国，韩国男人可是很有些大男子主义的，指不定你会受气呢。那时候我就会破涕为笑，和好如初了。

人生与谁同行，这是发乎心底最真实的声音。生活中又有多少人听懂了自己内心深处的声音呢，奔波的人生路上，多少人随着时代的波浪不由自主地逐流而已。

三

曾有一年的大年夜，与朋友一家相约夜游长安街头。在朦胧夜色里悄然入住胡同小巷里的特色民宿——大人小孩都很期待的都市里的古老一角。午夜时分走过街头小巷，发现百姓昔日的生活痕迹还在这儿保存着，胡同里家家户户依旧守夜迎新年，偶尔撞见小孩们手持烟花在胡同里兴奋地奔跑，也有零星的鞭炮声从街头角落里传来。走走停停，不知不觉中走出了胡同，霓虹灯在高楼大厦上闪烁，仿佛在提醒我们，它们才是这个时代的地标。

看着曾经熟识的胡同名，而附近全新的高楼大厦让我们曾经的记
忆断了档。这熟悉又陌生的都市街头让人恍惚，忽闻先生在不远
处激动地呼喊我，原来曾经的东堂子胡同单身宿舍楼依旧守望在
那年夜中。赶紧一路小跑过去，看到那似曾相识的街头门面房还
是老家肉饼店。一脚踏进了胡同，左手边曾经小写的"蔡元培故
居"几个字如今换成了大大的牌匾，故居已是被珍藏的都市一景，
右边的街面还是原来的样子。旧日单身宿舍楼依旧在夜幕里悠悠
诉说曾经的过往，这里是青春岁月里温暖的港湾，那紧紧关闭的
大门仍依稀可辨，就像再也回不去的那一段青春岁月，真庆幸它
还在这午夜的街头矗立，还坚守在这城市的一角，提示着过去的
生活。

　　二十余年后的除夕夜，在日新月异的都市，不经意间偶遇过
去漂泊的一段岁月和曾经深藏的一段青春记忆。在午夜的街头匆
匆与之相遇，不期而遇是最好的相见。

　　又有谁有这运气在大年夜里与自己的青春偶遇在街头呢？

找上门来的猫咪

　　进入碧迪的北京办事处工作后，生活渐渐稳定。
我俩赶在他一次上完夜班之后去领了结婚证，两家
父母都不在身边，没有仪式，各自拿着喜糖到单位
向同事们广而告之。

　　不久，我们从八一中学的四合院搬家到方庄的青年公寓，这
是我们在北京经营的第一个真正的家。刚刚搬进公寓时，这个带
着阳台的大开间还是个毛坯房，两个小时候玩过泥巴的人就自己
动手铺起了地砖。我选了一款深红色石英地砖，觉得花钱不多又

不失贵族气质，颇为得意。为了压得住这气场，又去附近的一家仿古家具店买了一款镶嵌着彩色石鸟古色古香的屏风和一个柜子。第一回觉得在属于自己的家里看到了劳动的成果。对门的大哥大姐看着我们大热天里自己动手做出了不少活，惊讶不已，还心疼地不停端茶送水给流汗劳动的年轻人。

1995年夏天，生活又打开了一扇门，先生被派往旧金山总领馆工作，我计划年底去探亲。

这时候，小猫咪露西很合时宜地走进我的生活，让独自留守北京的日子少了些寂寞。那时我每天往返于方庄与西直门上下班，路上经常碰见附近居民楼的一个年轻人。那青年看着年龄和我们相仿，有一回在电梯里遇上了，人家热情搭话，一聊知道他姓郭，也在一家外企工作。小郭就介绍他家人与我认识，他父母张阿姨郭叔叔特别热情，我们聊得很投机。那一对和蔼可亲的父母年轻时随着十八军进藏，对西藏很有感情。张阿姨经常来我这边串门，也邀请我去她家吃饭，得知我妈也姓张，是一家人，她就说我是他们家的另外一个女儿。那一年张阿姨他们退休生活刚刚开始，家里子女亲戚多，特别热闹。

小郭的表妹从河南来张阿姨家，我陪她一起到我家坐坐。路上一只不知主人是谁的猫咪跟上了我们，还一块儿进了电梯呢。表妹劝我说，猫是追着你来的，和你很有缘分，说不准是你前世的家人呢，就留下它吧。我决定留下这只小猫后，她就开始给猫洗澡，又麻利儿地给猫吹风。这样一个毛茸茸干净的棕黄色小猫让我心生欢喜。我给小猫起了一个名字"露西"，那时很流行也好听的名字。张阿姨给露西缝制了一个猫袋子，说出门带着猫很方便哦。有时我用那个袋子装着猫咪坐出租进城逛街，猫咪很温暖，乖巧，听话。同事来串门，小猫会伸出小爪子逗女生玩，女生越是尖叫，它越来劲地逗人家呢。先生的小兄弟来串门，它就改玩法了，开始玩鞋带，人家走动，它就追着鞋，左右跳得很开心。在我们聊天时，那只通人性的猫就卧在沙发上紧挨着我。后来一位女同事晚上住我家，那个大开间的隔断就是玻璃门窗，小猫露西会自己推窗户，逗人家玩。幸福的周末，露西和我一起睡懒觉，一起晒太阳。很快小猫咪就变得肥嘟嘟的，张阿姨做的那只袋子快要装不下了。

日子过得很快，转眼到了1996年元旦，我准备去旧金山探亲了。一个叫向阳的女画家知道我要给露西找个人家，主动说要收留露西。向阳长着一张方方正正的脸，一头极具艺术家气质的飘逸长发，她是一个极爱猫的人。那一日向阳兴致勃勃来方庄领猫咪。可是露西钻进床底下不肯露脸，我们大概低估了猫的智商，几个女人白忙活了半天，后来邻居来帮忙才抓住露西。那只猫突然发出悲悲切切像人一样的哭声，好像知道自己要被送人了。向阳看我心疼难过的样子，安慰说，露西去她家会慢慢适应的。猫咪平日那么温顺乖巧，没想到在与主人分开的那一刻哭得那么撕心裂肺。我因为那种孩子般绝望的哭声，对露西心怀愧疚了很久。后来我想，也许小猫对艺术家缺乏安全感吧，所以才哭得那么令人肝肠寸断呀。

刚到旧金山的日子，我惦记着露西，跟画家通过几次国际长途，期待着回国时候再把露西领回家呢。有一天，一个自称是向阳朋友的人打电话说来旧金山旅游，有意来我家里坐坐。我们住的公寓不大，但窗户宽敞，望出去不远处是华裔设计师贝聿铭设计的圣玛丽安娜大教堂。那大教堂紧挨着吉里大街，有一个开阔的广场。教堂顶部外形如同皇冠，走进去可以见到屋顶泛着光晕的彩色玻璃，玻璃吊灯恢宏大气，仿佛是崖壁上的瀑布，更像是教徒心中通达苍穹之路。虽然内部构架简单，却令人感受到一份肃穆的美。

那天向阳的朋友来我家，她身后跟着一个德国籍老公，说是飞机机械技术人员。我心心念念想着我的小猫露西，自然要问问向阳的近况，还有她和我的露西相处是否愉快。对方一开始有些犹豫，后来才道出露西的结局。向阳是一个北漂族，平时靠卖些画谋生，日子过得漂浮不定。有一次画家外出数日，回到家就发现露西不见了。听到这悲催的事情，我对当初决定把露西寄养在流浪画家那里颇感后悔。后来慢慢也明白，其实宠物的命运与主人的生活是很有关联的。她告诉我，向阳的画卖得不好，居无定所，性格又清高孤傲，不肯向世俗低头去找一份安稳的工作。最后找了一个喜欢艺术的意大利男孩结婚去了国外。那一顿饭吃得五味杂陈，不知道露西离家出走后是否又成了流浪猫，亦对画家为了生活奔波而长吁短叹。

在旧金山，看到很多露宿街头无家可归的人，我就会想起独自在家时光曾经陪伴过我的可爱露西，却因为我的出国被托付于生活不稳定的北漂族而又流浪街头。

多年以后，我又领养了一个聪明的折耳小猫"多多"，与儿子作伴，带给我们很多快乐。这个幸福的多多，恰好在对的时间来到了对的地方，吃着猫粮，睡着猫窝，与露西相比，过着不可相提并论的猫生，猫猫们也是同类不同命呀。

第三章 *

山城里

红旗下

旧金山，无论现在还是从前，每当无意间瞥见它熟悉的身影，想起我在这座城市遇到的好事、难事和热心相助的人们，心中就会难以平静。这座山城容纳了原始森林和无敌海色山景，移民文化和硅谷科技创新文化相互激荡，赋予了这座城市内在的活力与魅力，是一个当时很多年轻人去实现梦想的地方。来到旧金山，那生命里的阳光与活力会不由自主地被激活，走在规划有序的大街小道上，脚步变得格外轻盈。常年绿意浓浓的山城，让行人目光所及之处，无一处不美，无一处不精致。这里承载了我二十多岁时的青春梦想，承载了我临近三十岁的人生奋斗。走在熟悉的通往海滨的吉里大街上，仿佛隐约可见曾经有过的欢乐与泪水。这座城让我有着太多想倾诉的人生故事。

一

吉里大街

先生每日上班的院子，位于吉里大街。

据说这里从前是美军的一个营地。山城气候宜人，庭院里常年绿意浓浓，绿油油的剑兰、芦荟长得很繁茂。掐一片芦荟的叶子，那爆出的汁液就流得满手都是。有人说芦荟是治疗皮肤晒伤的天然药物而且特别好养活，从此我喜欢在家里养几盆既可净化空气又可疗伤的芦荟。院子里有一棵昙花，大伙都期待着昙花一现的神奇时刻。有一天傍晚，在屋里听到外面有人说昙花开了，一溜烟小跑出去，看见那神奇的花儿在静静绽放，赶紧与花儿一起拍照留影。第二天早上再去看时，花朵儿早已经凋谢了。

庭院中间是一个鱼池。闲暇时，大伙儿来到庭院，沿着鱼池边转圈散步。从事教育的王参赞夫妇待我很好，他们看我的眼神就像是看着自己的女儿一样开心喜悦，还夸我和先生很有夫妻缘，大概相爱的人会越长越像吧。每次绕着鱼池子散步，他会问问我在社区成人学校学习英文情况，了解一下美国教育体系的方方面面。

那几个比我大几岁负责侨务的年轻人喜欢跟我玩笑，说你家那位怎么整天就像是一台工作机器呀什么的。那时候一听到别人说先生的不是，我就会立马维护他，随口说那叫成熟，也叫心无旁骛，不反击他们心里就堵得过不去。

同龄人宪波有才爱读书，一肚子的英文活字典。我们曾经一同读老舍的英文版小说，我的英文问题仿佛永远都难不倒他。可能是家中有人研究植物的缘故，他这个方面的知识也特别丰富，对各种稀罕植物的英文名字，比如胖大海，他都是脱口而出。

侨乡来的老梁每天教我几句广东话，常常称我俩是靓妹靓仔。后来我去唐人街时也现学现卖几句从老梁处学来的广东话，那些祖籍广东的商家就另眼相看了，大概觉得乡音亲切一下子拉近了彼此距离，原来在每个背井离乡的人心里，都有着故乡的影子，即使在当时这个被许多人视为天堂的美国。

老刘是个风趣幽默的文化人，在集体活动场合时不时来个段子或者一道脑筋急转弯，很能活跃气氛。有一次放映电影《活着》，这个原型来自陕西的电影情节，让我想到了20世纪70年代乡村的种种艰难民生，普通农民生活中的不幸，背后似乎都有莫名的不可抗拒的命运在操纵，个人命运受控于大时代背景。看完电影后就和老刘聊了起来。我告诉他童年时遇到的村里冬家的故事，男主人善良勤劳，当过村干部，有一次因为口渴偷吃甜杆儿，突然听到有人喊他而引发了命案，不幸的事接二连三降落在这个家庭，让人生出无限的感慨。我说这个一句话引发的悲剧，比电影《活着》还让人悲伤掉泪呢。老刘认真地看着我，说你应该把这个故事写下来呀。

老史来自南京，性格是那种随和的吧，脸上常带着微笑。因为姓史，大伙平时都叫他"大史"，权当作是群众推荐的"大使"吧，老史本人也乐呵呵地接受了。

在春节晚会上，各家轮流上台表演准备的节目。轮到我们家出场了，我先讲了一个陕西笑话，那时陕西话很流行——有一个叫王木墩的，此人说的方言逗乐了全国人民。我的地道陕西方言笑话当然逗乐了大伙。然后，我和先生一起上台合唱了一首刚学的美国民谣"Oh My Darling, Clementine"，那首民谣歌词简单，好听又明快。可是先生不善于唱歌，一开口就带跑了节奏，我们都快唱不下去啦。结果在这个快乐的节日里，我们给大伙献上了一首五音不全的歌。前面的陕西笑话逗乐了大伙，随后唱歌跑调的囧事更让大家乐开了花，气氛也好像没有那么冷场了。至今都还记得大史在台下笑得前仰后合的模样。那些曾经让人开心一笑的点点滴滴，就这样不经意间记住了。

每个人都有自己的梦。从天津借调过来的小胖每日低头在食堂做饭，心里也在设计着自己的未来呢。他会对着周末从家摊上淘来的那些稀奇古怪的灯具发呆，忽然又会心发笑。小胖准备回国后就结婚成家，他看到这些精心收集来的心仪物品，大概想象着自己带上这些物品回国，在家乡人的羡慕眼光中开始了美好生活。聊天时候，小胖会问我在北京生活的各种各样问题，也许是天津人喜欢串门探访亲戚，他好奇地问，你们父母都不在北京，那周末都怎么过的呀？我说去逛公园呀。小胖笑了，开始想象自己未来的小家日子。天津人爱说笑话，小胖在地下餐厅里忙进忙出，在端盘子的间隙也不忘打个趣。他开玩笑说，你家先生只知道工作挣钱又对你那么好，假如你带着所有的钱离开了，这一定会对他造成致命的一击哈。听着这些同龄人其实并无什么恶意的玩笑话，我明白自己手中掌握着生活的方向盘，但一定是朝着彼此之间爱的未来而行驶。

　　在连绵不息的雨季开始的一天，不知何故我俩发生了争吵，先生不肯服软哄我，我一气之下真想一走了之。心情像天气一样阴郁沮丧，我在细雨连绵的街头徘徊了好久，也不见他出来找我，觉得自己处在被遗忘的孤独寂寞之中，雨水和泪水模糊了旧金山街景。坐在街头的公交车站长椅上，想到平日里他对我所有的宽容与爱，就觉得自己一走了之的想法可笑至极，渐渐地心情平静下来了，又自己原路返回。他还在办公室里忙活，我说我差一点被你气走了，可是一想到这会让你受到多少委屈，也让平日里开玩笑的人看热闹，我就回来了。他刚才显然也在不安的等待中，一把拉着我说，良心发现了，回来就很好呀。

　　会讲粤语的阿黎平时看着身体很结实的，有一天突然听说要提前回国治病，在国内医院就查出得了癌症。后来他的病情越来越重，没多久就去世了。阿黎正值壮年，怎么突然得了重症呀。之前，一位快退休的同事得了同样的病，虽然自己感觉身体不舒服，也没有引起重视。两个人所在的办公室恰巧紧挨着，大家议论中颇感惋惜。

阿黎英年早逝，留下年幼的儿子和下岗在家的妻子。阿黎夫人对人很好，还教过我如何熨烫西服西裤。

那一年我回国时，特地给阿黎妻子打了电话，她说阿黎家族中几代人都很健康，从没得过癌症。还说癌症疼起来最要命，连骨缝里都是钻心地疼。她说着说着就开始哽咽流泪。第一次觉得在海外生活原来如此暗藏风险。那些被不幸命运击中的家庭，只能依赖时间的流逝来慢慢抚平内心深处的伤悲。

二

20世纪90年代从国内到美国的人，都会惊讶于美国物质上的极大丰富，在北京昂贵的进口产品，在这里便宜得出乎意料。

在美国逛商场竟然是从初到旧金山的第一天开始的。那天晚上碰巧就跟着一群家属去了位于市场大街的梅西百货公司。那些琳琅满目的货物摆放得格外清雅而不俗。我看中一件草绿色的圣诞风格的绒衣外套，花了三十多美元买了下来。一同逛商场的同事很吃惊，又夸我家那位对我喜好的东西这么慷慨。

那个年代外企的福利和待遇都很好。来美国之前，碧迪安排了员工去中国的香港和泰国旅游。那时境外所见以为是到了购物天堂了，而旧金山购物环境则更上一层楼，来自世界各地的货物像小溪一般汇流在这个时尚的山城，极大地满足人们的购物需求。初到山城，我对逛街饶有兴趣。口袋里的钱也没多少，我大概是喜欢逛街所带来的那份新鲜感吧，逛街重在逛，图个心情愉悦。

旧金山的"家摊文化"是另类的人文风景。美国家庭喜欢在自家门口摆摊，将不需要的书籍、收音机、电器等常见的居家小物品摆出来卖。临近周末，社区里会提前张贴出小海报广而告之。我在家摊上惊喜地买到了《简·爱》《呼啸山庄》等许多原装的名著，就此开始了颇为艰难的英文原著的阅读。

美国人似乎不喜欢储藏老物件。我曾在家摊上看上了一个标价五美元的小幅中国画。家摊的主人实话实说地介绍说这幅画是他父母传下来的，是一幅艺术品。我就觉得这是个传家宝，画的是"两个黄鹂鸣翠柳"的古诗歌意境，后来才知道那是毕业于国立杭州艺专、旧金山湾区挺有名气的寒溪画室的主人刘业昭的真迹呢。也有开画廊的朋友想买下，怎么舍得哦。多年以后我依然想起旧金山的家摊文化和它带来的淘宝的惊喜。那位百岁高龄画家后来开车撞在电线杆上不幸离世了，先生看到报道时跟我说，怎么就没找个人照顾老画家呢。

三

周末集体去金门大桥附近海上的天使岛，了解早期华人移民历史。天使岛的历史绝非像名字听起来那么美好，这里曾是早期华人到美国必须经过的一道鬼门关。一行人从渔人码头乘船出发，半个小时后到了海湾中间的一个岛屿。

天使岛最初是一个关押重刑犯的地方，19世纪末美国国会出台了《排华法案》，使得华人移民美国日益艰难。之后岛上设立了移民拘留所，所有入境的华人一律在此接受背景调查，很多人因为说不清自己的情况被拘留数月甚至数年。岛上移民曾经住过的窄窄的铁床，看着就觉得极像囚犯的铁笼。房间墙面上是一行行思念亲人的中文打油诗，隔着岁月依然会让人心酸。

大食堂的饭好像不太经饿。看着早期到旧金山的广东一带移民的辛酸血泪史，不知不觉就到了中午时分，大家都觉得饿了，特别想补充点食物能量。岛上走一圈，除了荒草萋萋中那些历史存留下来的建筑外，并无人烟的痕迹。有人开玩笑说，移民的辛苦生活特别能激发饥饿感，回去吃自助火锅自然最合适，立刻得到大家的支持。

乘船回到旧金山，几个人一起直奔四川天辣子火锅。人还没到餐馆，饥饿的感觉好像因为想象着无数的美味马上就缓解了不少。旧金山海鲜多，有许多经营海鲜美食的火锅店，这一家餐馆生意尤其好，自助午餐也就几美元，有时还得排队等桌位。那时工资少，主动到外面下馆子还不常见呢，感觉饿了去吃火锅，吃得又多又香。一群饥肠辘辘的人点了一桌子的烧烤和涮锅，饱食一顿后打道回府。中途忽然感觉车身有点晃悠，司机停车查看后笑了，说你们吃得有点多，得走着回去了。原来车胎被路面钉子扎了。后来每每想起那一顿美餐后的经历，就觉得集体生活真是简单又快乐。

四

加州这个处处阳光、森林和绿地的沃土，却隐藏着个致命隐患，森林大火经常发生，所以美国人的防火意识亦深入到生活的角角落落。

有一次先生和同事出差途中就遇上了森林的火蛇，听起来很有些冒险刺激。在返回的路上，远远地看到前方山上的森林里冒出了浓浓白烟，随着车的奔跑，感觉那道白烟越来越近了。在山路的一个拐弯处，发觉那道远远看到的白烟此刻已经变成了熊熊大火，如愤怒的森林之魔一样吐着烈焰。同车一行人看着火势凶猛停止了说笑，好奇心已经被亲临现场的恐惧替代了，森林大火的红光投射在车窗玻璃上。前面的车辆明显慢了下来，两边的警察拿着喇叭在说着什么，似乎随时准备封锁道路了。正在犹豫着是否停下来看看情况，车子开始加速，嗖嗖地，跟着前面几辆车一起迅速穿过那道浓烟。车上的人事后回忆说，当时感觉火苗似乎都舔到玻璃上了。回头看那片大火好像已经蹿上了公路，再也没有看见其他车跟上来。

当地报纸上说，那一次的火势很大，着火的地区被大火封了两天两夜，飞机一直从高空播撒灭火粉。大家庆幸安全逃离了火区，也第一次亲眼看见森林大火的威力。

他乡遇
北京医生

印象中，在美国就医贵，因此出国前带了些常用药备着。得了伤风感冒之类的小毛病，一般服些常用药就扛过去了。先生有一次胃病犯了，吃了三九胃泰之类的胃药，却不见好转。他觉得是小毛病，就一直拖着没去医院。

那时候，他每天抽烟越来越多，我刚到旧金山时，他身边的同事就告状说他抽烟一天一包。有人说抽烟当然会引起胃酸增多，我建议他少抽烟，他照做了，一个月后果然就戒了烟。别人都说戒烟很难，他靠着意志力竟然戒掉了烟瘾，我那时候感动了好久，觉得爱可以让彼此之间都变得完美一些，也让我对未来的生活更加深信不疑。

可是，烟戒了之后，胃疼依旧。

同事介绍了唐人街的一家名叫"东北医疗中心"的医院。走进医院，走廊里看到许多熟悉的华人医生穿着白大褂匆匆走过，好像回到了北京的感觉。在外科就诊时，一位来自北京的姓徐的女医生很认真地给他听诊，做了检查，说是病菌引起的。原来不是胃酸过多引起的，怪不得服的那些胃药都不管用。徐医生开了些药，后来又安排去医院复查，胃疼就消失了。

一来二去，就认识了这个徐医生，她还邀请我们到她家做客。徐医生曾经在北京医院工作，她说北京医院就是为外交系统服务的，在国外见到外交官，就觉得特别亲近。大概人在异乡，怎能不思念故国。这些华人朋友待我们如兄弟姐妹一般。徐医生大约五十多岁，举止优雅，白皙的面孔上总带着微笑，很和善地对待每一个就诊的人，潜意识里我觉得她年轻时一定是个美人。

从北京来的我们自然能引起她回味青春年华，她曾经在我国对越自卫反击战时随部队到前线救死扶伤，看到过战争中人性的残忍与狡诈。她说，很多年轻的战士第一次上战场，对手狡诈多端，女兵经常赤身裸体地出没，而我们年轻战士的传统观念是不近女色，看到后就下意识地捂住眼睛，因此丢了性命。

她带我去了一次培训班，学习当时流行的恰恰舞。在欢快旋律中，我很快就学会了。据说舞厅分布在旧金山的很多角落，摩登时尚一族经常在夜色里踩着山城的节奏，在优美的旋律中舞动出生命的动感。山城如同其依山傍水的地理位置一样浪漫。徐医

《 花 样 年 华 》

————

50cm×60cm

油画布

2020 年

生说，许多家庭主妇们喜欢跳舞，她见到一个日本女子每晚必出来跳舞，跳舞让她产后身材恢复得特别好，原来跳舞的人都是热爱生活也爱自己的人群。我看先生整天工作，想教他学习一下，天生不善歌舞的他背诵着那些口诀，一步一数的憨厚劲头真让人忍不住地想笑。

徐医生夫妇住在独栋小楼里，像旧金山很多的家庭一样，小楼的门前后院都长着许多漂亮的花草。她的摄影技术不错，听说我们没有照过婚纱照，就在她家后花园里给我们照了一组照片，二十多年过去了，至今看起来还很好。她笑称自己的青春都献给了祖国边防，而我们的青春刚刚开始，看到我们就觉得青春真美好。

借钱的黑人兄弟

街道上抢劫的事情时有耳闻。大伙总是相互提醒外出要注意安全，不要去人少的偏僻地方。有人传授了一条经验，外出时身上一定要备好20美元零钱，遇到抢劫时不要抗争，要主动奉上美元，破财消灾。厨师小陈夫妇遇到过抢劫。爱美的小陈夫人有一次穿着艳丽的衣服到外面溜达，回来时正准备从侧门进入，被直接抢走了手上的小包。小陈夫人从此吸取了教训，再也不挂着高级包逛街了。小陈闲暇时喜欢骑着自行车一路拍风景。他正在对着美景拍照时，忽然被两个大个子黑人一前一后夹击了，后面的人将小陈拦腰抱起。小陈说自己一下子都蒙了，那人力气大，他根本动弹不得，眼睁睁地看着前面的人将其脖子上挂着的相机取走。

遭遇抢劫的经历让两人得了"抢劫后遗症"，从此路上遇见黑皮肤的就有些神情紧张。当时闲聊时还听说了一个笑话，说是几个人一起外出，路上遇见了黑人兄弟，有人随口说了一句不敬的话提醒同行的人。那路过的黑人兄弟突然讲起了中文，对那个人说，"我不是鬼"，然后飘然而去。

虽说同事们传授了许多经验，自己碰上了就把这一切抛在一边了。周末，先生陪着我去市政府大楼边上的市政图书馆还书。记忆中的旧金山总是阳光灿烂，市政广场上鸽子一群一群的，很多人在那里晒太阳，一派和平景象。我们俩边走边说话，穿过斑马线的时候，我眼睛的余光发现前面有个人贼一样猫着身，这人吃了豹子胆，身边有护花使者呢，他咋想的？正在纳闷，那个结实矮小的黑人一个箭步冲过来，我肩上挂着的新皮包瞬间就被扯断了背带，那青年一溜烟地向我们来时经过的市政广场方向跑去。我明白遭遇抢劫了，先生大声喊了一嗓子，朝着那人追了过去。我快被吓死了，就在后面紧跟着。街对面停着一辆车，车窗玻璃都已放下，原来是来接应黑旋风的。我看见那人跑到车边上把我的包扔进去了，可能是因为我们紧追不舍，黑旋风感觉来不及坐上车，临时改变主意撒开脚丫子朝着人多的市场街跑去了。我见车窗开着，就奋不顾身半个身体扑上前车窗了。也是天公作美，前面十字路口红灯正亮着，司机动不了车。估计也是第一次见识过这种场面吧，那表情一看就是被我的英雄气概吓坏了，磕磕巴巴地说不认识刚才那黑旋风，他开车路过这里而已。这时，一位好心的中年白人大叔走过来，把我的包从对面的车窗取了出来。我拿到失而复得的包包，看见先生还在广场上奋勇追赶飞贼，赶紧呼唤他停下来。

几个步行的美国人看到这一幕，特别热心肠地停下了，他们斥责抢包的黑人不道德，让我赶紧打电话报案。一位从广场走过来的高个子女人，脸上带着歉意的表情两手一摊，表示自己两手空空，只能眼睁睁地看着那人从身旁跑过去。那个开车的黑人居然绕着广场周边一圈后又回来，还假装没事儿一样问我没事儿吧，说他也不知道发生了什么事，不认识那个抢包的兄弟。旁边的行人对这人的解释都带着点将信将疑的态度。一位美国人悄悄地对我说，他已经记下了车牌号，抢包的黑人与这个开车的肯定是一伙，因为害怕被人记下车牌号报警，所以才折返回来探听虚实。

后来说起这事，先生说其实根本追不上黑旋风，那是个大长腿，跑得飞快，也只能在后面喊喊，吓唬一下。真替那些不走正道的年轻人可惜，这些强壮的青年怎么就没有把自己的优势用在正道上呢？大概从小受好人好事的教育，还有小人书上见义勇为抓坏人的各种英雄故事的影响，我们当时的第一反应就是奋起直追。事后觉得当时确实太冒险了，也不符合美国人的常规做法。回到家立即报案，第二天一个胖胖的警察叔叔上门记录案情，他语重心长地提醒我们引以为戒，美国民众可以合法持枪，遭抢劫时要先报案，保护自己的安全最重要，抓人是警察的事，以后再遇抢劫万万不可再追了。

那一段带点青涩的青春里，这有惊无险的经历算是一个特别插曲，感觉年轻时对很多事都是无知者无畏，也为自己追逐街头抢劫者而毫发未损的经历感到庆幸。自那以后上街就会小心地前后看看有没有尾巴跟着，所幸的是没有再遇上旧金山图书馆门前那么鲁莽的黑旋风了。

20世纪90年代关于黑人的印象好像都来自书本，所以到了美国，对这群随处可遇可见的人有一种特别的好奇和关注。从总

领馆出发沿着埃迪街穿过两三个街口就到了租住的公寓。这里是
美国政府在历史上废奴运动很多年以后带着曾经贩卖奴隶的历史
内疚感给黑人后裔们改善民生的福利居所。这个社区黑人比较多，
每天可以看到街头的黑人兄弟晒太阳、看云朵。晚上黑人开始夜
生活，有时一觉醒来，还听到街头传来叫喊声和音乐声。自从有
了上回被抢的经历，我对这片街区心存芥蒂，外出时对周边环境
很警觉。有一回走在回公寓的路上，迎面看到一个人远远地走来，
我下意识地绕到对面人行道，只听到那人站在街对面开始不停嚷
嚷，大概是责问我为何要绕着他走啊。

　　我们当时住在埃迪街公寓的 13 楼，下班后在家里准备晚餐，
这时听到敲门声，开门见是一个瘦高个黑人，心中有些纳闷。他
解释说，他住在这个楼里，手头缺钱，想问问能否借 20 美元。他
看我们有些疑惑，又说，他没钱支付预订了的比萨，下周救济金
到了，会还给我们。我们颇感惊讶，因为一直觉得美国人与中国
人不一样，他们缺钱了会向银行借，不会私底下向别人借钱。想
着这邻居手上缺钱付比萨，应该帮助一下吧。几天后，这黑人邻
居果真上门还了钱，心里觉得这人还不错，挺守信用的。

　　然而这借钱的事并未结束，黑人邻居隔一段时间就来敲门，每
次都解释说手头没钱买比萨，救济金到了就还。这样的事情发生
三四次后，终于在他再次上门时，我们以委婉的口气明确告诉他，
你的信用不错，但你知道，我们不是开银行的，今天是最后一次。
其实，我很担心这哥们哪一天会在我先生在外出差时突然来敲门借
钱，这会让我觉得不安全。果然黑人邻居好久不来敲门了。有一次
大概手头实在太紧了吧，他又敲起了门。看来约法三章也只能管一
阵子，我再次告诉他这是最后一次，他连连点头称是，拿着 20 美

元千恩万谢地去了，此后就感觉未再见他来敲门了。

不过有一次下楼外出，记得电梯内站着好几个人，其中有这个瘦高个的黑人邻居，大家因为借钱的事都成了老熟人啦，我们客气地与他打了个招呼，黑哥们也照例致以问候。我们走出了电梯，那黑人兄弟跟了上来。"夫人，"他很有礼貌地说，"能不能借我 20 美元？"

与美国人接触多了，知道他们刷信用卡过日子，平时没有存钱的习惯。这位黑人邻居估计连信用也没有了，才不得不借钱度日。在接触过的黑人当中，有些人衣着讲究很有气质，肤色发亮很好看。一次领事馆举行春节招待会，结束后我拿了一些春卷、饺子等给门口路边的黑人。他们竖起大拇指用英文说，红色中国真好。

在海沃德大学也有不少黑人同学，他们性情乐观，给人阳光灿烂的感觉。每次遇见黑人学生，他们会主动热情打招呼。在语言实验室，有个黑人男生告诉我们，他灿烂的笑容让广告公司看上了，然后他就现场表演给我们看，果然那种笑容特别有感染力。我的福特车出了状况，黑人同学热心地帮助检查，说刹车片也许有问题，应该换了。

马丁·路德·金掷地有声的那场讲演《我有一个梦》，让美国人的灵魂清醒了，开启了美国少数裔族追求种族平等的梦想。

然而在 2020 年，美国发生了因为区区的 20 美元而死于非命的弗洛伊德事件，这微不足道的小钱竟然让饥饿的人丧了命。命贱如此，多么凄凉的美国梦。我想假如再去美国，再遇见缺零钱的黑人邻居，一定会继续借钱给他们。他们的生活也许会因为那么简单的一顿比萨而变得不同。

陪读的日子
学妹的

1996 年国庆节期间，我们参加旧金山湾区华人留学生的庆祝活动，当时国内很火的乡村剧《辘轳·女人和井》的演员刘丽丽客串主持人，在异国他乡能亲眼见到很接地气的电视剧里的人，让我觉得亲切无比。一台大型的文艺活动内容丰富多彩，留学生们表演了歌舞和小品，登台献艺的人中有关贵敏等不少在国内很有名气的歌唱家，感觉原来旧金山湾区是一个人才济济、藏龙卧虎之地啊。歌唱家关贵敏唱完歌后，面对观众热烈的掌声说了一句逗乐了全场观众、也戳到很多人泪点子的话，那情景我至今都记得很清晰呢。他说，在中国，除了唱歌啥也不用干，但是在美国除了不用唱歌啥都得干。当时去美国生活好像人人都向往之，可是美国生活的压力让出道打拼的人都觉得不容易，很多人不得不在现实面前放下身段地位，从零开启异国他乡的人生。那段幽默风趣的话说过后，台下的人感同身受，又一次和歌者的内心一起共鸣了。

热闹的演出间隙，我偶然一回头，看到了后面几排人群中有一个当年北外女生楼里熟悉的面孔，她边上坐着一位文质彬彬的男生。我们不约而同地发现了彼此，起身打招呼。许久不见的校友在隔着太平洋的异国他乡不经意间相遇，我们都觉得好开心。偶遇的女生是日语系昔日系花小野，如今在山城相遇，她依旧大大方方，依然有着从前的那种美丽。只是水灵灵的眼睛中也透着面对美国生活的一丝困惑与迷茫。

与昔日校园故人不期而遇，我们相谈甚欢，很多额外的话题都如泉水一般喷涌而出。北外日语系毕业生在社会上很吃香，大学期间她接了很多翻译活，加上她长得特别像当年很流行的日本电影《追捕》中的真优美，她的翻译工作特别受日本人接纳，因而荷包一直鼓鼓的，可以慷慨地为自己购买喜欢的东西。大学毕业后，在美国留学的哥哥把博士同学介绍给她，两人一见钟情，很快决定来美国结婚生活了。理工男的简单真实让她觉得很放松，心里特别踏实，但是现实婚姻中的相伴却没有当初来美国时设想的那般浪漫，两人在伯克利大学校园旁边的斗室中蜗居。她看到周围人都在忙忙碌碌为了将来而打拼，而陪读生的身份让她觉得自己无所事事，很尴尬，好在博士十分理解她的苦衷，体恤她的失落心情。我也挺能理解她的感受，这让我们那一段日子经常走动。

1997年香港回归祖国，华人大本营旧金山的中国气氛更浓了。我们也是在那一年搬家住进了埃迪街带着开放式厨房的公寓。13楼巨大的落地窗让人心情舒畅，楼下就是西韦夫超市，每天下班时间从窗户里就会看到先生回家的身影，几个同事一路说笑着往回走，居住环境的改善让大家心情大好。

小野来旧金山时，我们在开放式厨房里切磋厨艺，她教我做西式烤蛋糕和中式葱花饼。我们一边聊着生活与梦想，一边做着美食。她说喜欢这种场景，让她想起儿时一家人围在桌子边热闹的氛围。人生唯爱与美食不可辜负也。漫长岁月里，点亮未来的是激励自己的人生理想，而让自己充实快乐的是每天为心爱的人做可口的美食。她说从前在家自己就是一个十指不染阳春水的被宠爱的孩子，到了美国懂得了很多，从买每一样物品到一日三餐都亲力亲为了。先生读博士很辛苦，她会竭尽全力让生活好起来。她谦虚地说自己的英文基础也就是26个英文字母，大概陪读的日子太漫长了，她竟然也考虑参加托福考试了。她的想法很有些打动我。

　　小野住在伯克利大学附近的公寓，这是一间厅卧一体、进门就看见全部家当的学生公寓，另有一个小小的储藏室。这个社区因为挨着大学，房子虽小，租金却不便宜。她说公寓楼周围没有停车的地方，治安也不是很好，假如出门忘记关上窗户就肯定会丢东西，好在物业管理很好，经常会提示注意安全。

　　小野从北外毕业之后继续为日本公司翻译资料，获得不少日元报酬。她说，当初来美国时，按照日元折美元比价，相当于数万美元的存款数字着实让读博士的先生吓了一跳。憨厚朴实的博士认为那是她辛苦工作挣来的私房钱，生活再困难，都坚持花自己的奖学金，因此她的私房钱就一直未动。可是滑稽的是，美元此后一路走高，日币严重贬值，这笔钱后来缩水了一半都不止。这辛苦的攒钱经历，让我听了感慨万分。资本运行的规律如此违背人的初衷，博士看到一路贬值的日元也心疼地劝她先兑换成硬通货美元为安，但他依然坚持不动用她账户上的钱。经济上损失了很多，可是心理上感觉真好，守护甜蜜的内心，珍惜彼此之间纯洁的情感，清苦的陪读生活也食之如甘饴。

　　看到她在那么一个方寸之地认真经营家庭，我内心颇受触动。小野对自己家庭和人生有着清醒的看法。她认为人年轻时一定要努力为将来做规划，最好在青年时期就找到可以到老年都幸福的生活方向。她最大的梦想是成功拥有一个富裕的老年生活。那时候我根本没有那么远的想法，初闻其言，觉得匪夷所思，竟然有二十几岁的人就开始筹划一个遥远的老年人生。当时美国流行"享受当下，活在当下"的说法呢。她对自己的想法是那么认真不容置疑，让我深思了好久。多数人都以当下的和眼前的利益来考量，而有人会跨越到遥远的将来去看待漫长的一生所需，从当下做起一步一步实现自己的理想。

那次回到旧金山，我脑海里不时想起小野奇特的人生梦想，也开始大胆地想象自己和家庭今后应该拥有一个什么样的晚年生活。我若有所思地告诉先生，人生最大的收获将是拥有一个富裕健康的晚年。他睁大眼睛，说你现在思考的神态怎么就像一个老人啦。我们四目相对片刻，一起笑了起来。

那些匆忙着的青春时光中，遇到过的朋友，彼此之间的共鸣终会产生长久的影响。人生像是登山赶路，路上遇到过的那些有趣有想法的人，会潜移默化地引导自己朝着哪座山向着哪条路前行。小野学习英文的那股子劲头，尤其是她从背诵英文单词开启的托福之旅，着实感染了我，让我心中原本朦胧的想法变得清晰了起来。

从埃迪街的公寓窗口望出去，社区一大片五颜六色屋顶和不远处华裔建筑师贝聿铭设计的皇冠顶大教堂尽收眼底。偶尔有路过山城的同学来公寓做客，也羡慕这好风景。有一次，小野的博士老公开着那辆五百美元的老旧雪铁龙来到公寓楼下接她回家，当时在杨百翰大学读博士的同学宝琴就跟着下楼来搭个顺风车。宝琴打开后车门上车，不料一辆公交车正好拐弯进站，车门在剐蹭下瞬间变了形。小车一下子就成了肇事车辆。公交车上下来一个壮壮的女司机查看情况，彼此面面相觑，各自都是无辜又惊讶的表情，女司机示意叫警察来现场裁判吧。

那是一个三十多岁表情严肃的男性华裔警官，他听了博士对事故的叙述，表示了同情，但仍认为博士停车接人时候正碰上公交车进站，也算是违反了不得侵占公交车道的交通规则。华裔警官说你们赶紧找地方修车吧，同时大笔一挥给了博士一个特别扎心的罚单。那留学清贫的日子里，任何额外的一笔花销都会让学子忧心忡忡。我在旁边据理力争，告诉警官公交车可以先鸣笛让小车走开，所以这个罚单开得不公平。博士也请警官给出侵占公共交通道路的具体定义，一脸惊讶与无奈的警官看着众人不服气的样子，也意识到自己开的这个罚单打击了这一群初到美国的年轻人，熟悉的黑眼睛里流露出一丝同情。他规劝大家尽快找地去修车吧，然后开着警车一溜烟儿走了。公交车司机也带着抱歉的神情驾车而去，只留下我们几个人在一地鸡毛中默默相对。那气氛真的像是干枯的夏日急需要甘霖一般，多么希望奇迹再现让这个残缺的车门与尴尬的场面从眼前迅速消失。

博士凑合着开着漏风车子穿越海湾大桥回伯克利。宝琴因为自己搭车出了这么一档事，心里觉得过意不去，主动提出承担修车费用。小野坚决地婉拒了宝琴的同理心和友情赞助。后来，博士开车出门时见到一辆车门和车身颜色不同的车辆，上前了解得知在二手车市场可以找到零部件。博士就去了二手车市场更换了一个别样颜色的车门。奇怪的是他们并没有收到那个华裔警官的罚单，估计同情心使然吧。总之车门事件有了一个皆大欢喜结局。

做个最好的自己

站在院内，四周被林立的高楼包围得紧紧地，抬头好像怎么也望不出去。我总觉得在那些高楼大厦的房间里，有双眼睛注视着院内的一举一动，心头会感觉一阵阵莫名其妙的远离被注视的冲动。

院外，宽宽的吉里大街一直延伸到海边一号公路，每天车辆川流不息，人一出大门就会与身边的车流相遇，那车流像是一个时代的洪流，激情四溢。

　　山城里的纸醉金迷和灯红酒绿俯拾皆是。爱丽斯大街上的脱衣舞夜总会夜夜笙歌，搔首弄姿的女郎在门口招引着过路人的眼神。冬季的寒风里，妖娆性感的俄罗斯女郎忙着招揽生意，让人想到解放前上海的午夜外滩红唇舞娘在舞场的人流欲望中寻找猎物的旧日光景。街上游荡的寂寞灵魂路过此地难免会被这片刻香艳冲击到，这个国度的文化时时考验着人性深处脆弱的一面，不知道会有什么人迷迷糊糊走入资本主义的温柔陷阱？

　　先生每天在办公室忙碌。周末他过来读当地的报纸，我就陪着出来，阅读那些似懂非懂的原装英文书籍。人已经从初到美国的兴奋安静了下来，觉得更加需要精神上的食粮。回头想想，在海外的日子，能有这么长时间陪他在一起，这是唯一的一次。很多时候因为各种羁绊不能如愿。

　　那一段岁月，真是黄金一般的珍贵。看着外面世界的灿烂骄阳，看着他每日忙进忙出，我仿佛觉得自己的世界愈发得狭小。小野从一个单词一个单词开始学习英文，其意志力着实对我这个学小语种的毕业生触动很大。心里想着不能就这么年纪轻轻让时间悄悄从身边溜走了。

　　人生就是看你有多长远的目光，你就会慢慢找到属于自己的那条道路。我喜爱着他的事业，并为此自豪，我甚至梦想有一天能成为他的得力助手。

　　年富力强的老胡，来旧金山工作已经好几年了。他开玩笑说自己这个任期从三十多岁干到了四十多岁，家中老母都想念他啦。老胡喜欢与年轻人一起打牌打乒乓球，远远地就能听到他豪爽的带着山东口音的说话声。我第一次去旧金山探亲，老胡也去机场接了我。老胡常说，"人过三十不学艺"，又说"艺多不压身"。每次遇见我，他总是语重心长像老大哥一样鼓励我多学习。这类古训挺激励人的，督促我每日读书充实自己。老胡后来持节出使，我们为他高兴之余又肃然起敬，给他写信的时候就称呼胡大使。老胡看着这称呼觉得太生分了，回信时还特意嘱咐以后还是继续称呼他"老胡"为好。

山城的街道很多是缓缓的坡路，很适合步行。市政府的图书馆有免费开放的电脑上网服务，在埃迪街的社区成人学校也提供免费的英文课和电脑课，城市教育设施齐备，很鼓励人发力，尤其当你心里有一种向上的念头和心无旁骛的专注。

在社区成人学校，很多人都喜欢流行歌后贝特·米德勒的那首激越高昂的歌"Wind Beneath My Wings"。那歌就像是可以带着我飞越丛林似的，让少年时就梦想飞翔的心，乘着乐曲的激越浪花又一次向着自由的天空飞翔了。我用空白磁带录制了这首歌，每当情绪不好的时候，就听着米德勒的歌声感动自己。内心深处总有一跃冲天的激情与梦想，它仿佛随着歌声的起伏跌宕而灵动。儿时小小的梦想家，少年时飞翔的梦，青春时期来到了一个很鼓励人梦想的地方。我觉得米德勒的歌声具有鼓舞人的神奇力量，让我内心的飞翔梦又醒了，我很想飞得更高。日子在平淡中度过，内心在追寻飞越的旋律和梦想。

在旧金山大学校园内参加托福考试，考官在考场门口检查证件。看到我出示的红皮护照，考官脸色一沉，说没见过这款证件，不让进考场。我准备了好久的考试啊，那一刻情绪快要崩溃了。冷静了下来，我告诉考官，为参加考试我已经准备了很长时间，这对我的人生很重要。那美国人听了，又拿出名单看了一会儿，还是说不在许可的清单中。我说，您的清单里也没有说不能用这类证件呀。他顿了片刻，一挥手就放我进了考场。那一张好不容易争取到的答卷，我答得特别认真，反正是用了洪荒之力。后来看到了考试成绩，心情好激动，命运就是那么奇妙，仅仅凭着兴致向前使劲跟上一步，就撬开了阻挡在前方路上的挡路石，生活的一缕阳光会打破所有的沉闷。

1998 年夏天，美国总统克林顿访问中国，一些旧金山的美国企业也跟随着总统代表团访华，前往中国淘金。当年，我回北京休假，拿着签证走出来，站在排队的长蛇阵边上，看着从门里出来的一个个学子的脸色就知道结果。拿了全额奖学金的武大女生出来时哭得像泪人似的，我安慰了她几句。

这么多年过去，很多情况也都变了，很少再看见在美国使馆门前头天晚上就开始的长蛇阵和那一场场决定命运的面试。中国人出国就像是逛超市，人家都敞开他家大门欢迎你了，谁还在乎这个签证呢。

先生收拾行李，即将回北京了。他喜欢自己所做的事，也鼓励我追求自己的梦想。在心情起伏不定中慢慢地冷静下来，开始安排日后的事情。

抽空去了二手车行，恳切地跟那个中年白人老板说需要一辆性能绝对安全结实的二手车，但是手头有点紧，价格不能超过三千美元。那人很健谈，似乎对亚洲人很有好感，一边带着我们看车，一边讲他的车行历史。我们看中了一辆看着很结实的黑色福特车。那时候稍微好一点的二手车一般在四五千美元，老板看着我们一片诚心，决定成人之美。办理了购车手续，我小心翼翼地驾着这辆福特车打道回府，在旧金山一个街口却闯了红灯，被拦了下来，一个警察走过来。先生下车解释说初次上路的原因等等，警察居然很有人情味地放了我一马，临走前还善意提醒要安全驾驶，因为海湾大桥上刚刚发生了一起严重交通事故。

下楼去西韦夫超市，阳光下，恍恍惚惚机械地走在熟悉的小道上，心里想着一个人在外留学，一路上会遇见怎样的困难，我有些茫然若失，像是即将离开枝干的蒲公英一般，不知未来的自己会飘向何处。

一个彬彬有礼的白人男士好奇地追上来："你看上去怎么那么悲伤啊，你没事吧？"

"我很好，没事儿，谢谢您。"我勉强笑了一下。

这是加州人的人情味，即使不认识，路过时会主动热情打个招呼，那人看见我那副模样估计有点担心，就关心一下吧。

人生中每当遇到生活突变，周围总有古道热肠的人伸出援手，鼓舞自己前行。

我相信在美国留学，只是为了成为最好的我，也是我在年轻时得到的最好的历练。

时代的变化，家庭的殷实，让现在的出国留学变成了稀松平常的事。几年前带着儿子重访旧地，去渔人码头品尝美味无比的大螃蟹，加州阳光下，未经世事的少年人最是开心，哪知道我当年吃螃蟹的那般滋味。只是希望儿子这一代人向着阳光一路走下去，追逐梦想就好。

每一代人有自己的内心纠结，这是生活的常态。人只有能够抵挡住看不见但强大的世俗诱惑，好像才会让生活的方向更加遵从自己内心的意愿。也许正是那些意想不到的挑战成就了不同寻常的人生，因此林语堂说："不完美，才是最完美的人生。"

《 月 夜 》

————

30cm×30cm

油画布

2020 年

第四章 ✳

美国留学
那些事

一

同窗
由美子

　　冬季的湾区，经常雾蒙蒙的，海上吹来的浓雾会突然间漫过山头，沿着山坡铺天盖地涌下来。低空的云朵似乎伸手可及，在海风吹拂下疾驰，变幻出各种令人遐想的图案。

　　大学校园坐落在海沃德山坡上，此处可以俯视像长龙一样趴在海湾上的大桥，这是我上学必经的圣马蒂奥—海沃德大桥，它将旧金山与东湾的海沃德市联通起来。

　　语言交流学专业的研究生基本上是清一色的美国人。计算机专业很流行，毕业后也容易在硅谷找到一份体面的工作。可是一位在美国留过学的朋友说，中国未来最需要的是沟通交流，大概这句话让我动心了吧。语言交流学涉及古希腊亚里士多德、柏拉图到美国社会流行的各种辩论，口语和写作要求特别高，让小语种背景的我颇感艰难。如果重新选择，我也许会选择设计或者其他更适合我内心审美观的专业。

　　我和由美子是语言交流专业里仅有的两个东方人。我读研究生，来自东京的由美子读本科，我们会一起上基础课程。海沃德的山坡上总是阳光灿烂，我和由美子拿着午餐找个山坡上的野餐桌，一边用餐，一边聊天。两个东方人在西方人满天下的校园里结伴而行，在偌大的图书馆里看书做功课。

　　校园的学生公寓依山而建，是一些漂亮的二层建筑，每到枫叶飘红的秋季，居住环境尤显静谧惬意。

在风景如画的季节，我第一次走进由美子的学生公寓。细数在美国很多令人难忘的瞬间，那一刻也算是其中之一。走进二楼的一居室公寓，一只深蓝眼睛的长毛波斯猫一下子蹿到我们的脚下，由美子蹲下身与这只精灵一样的猫猫耳鬓厮磨了一会儿。房间错落有致的隔板上放着许多精致的日本玩具娃娃。见我惊讶的样子，由美子笑着说，这些小玩意很可爱。我绝对没有想到一个海外留学生的临时居所，会像一个精心经营的精致可爱的日式闺房。虽然身处异乡，深爱着本土文化的东方人在入乡随俗中也尽量保留自己熟悉的文化元素。素色地毯上是一个低矮的木头方桌，上面放着小巧的茶具和摆设，由美子示意我与她一起坐在地毯上喝茶。在这带着唐宋遗风的茶桌上，中日之间一衣带水的茶文化联系，让两个东方女孩很享受此刻饮茶的默契。由美子一边熟练斟茶，一边聊起自己日本家人。可爱的猫咪是从日本家里带出来的，因为担心独自一人在海外会孤单寂寞，她祖母和母亲就让她带着名贵的波斯猫陪读。可爱的猫咪在我们身边蹭来蹭去，好像知道我们在谈论它一样。空气里的思乡氛围随着一缕缕茶香升腾起来。

由美子说父母对她要求很严，却特别宠爱她弟弟，以至于弟弟一直没什么大出息。日本精英阶层愿意让孩子去美国读高中，期望他们日后能进入理想的大学。由美子高中时候就来读书了，她很思念日本，但想到父母对她寄予厚望，自己无论如何也得在完成学业后再回去。

饮完茶，由美子取出事先准备好的日式晚餐。她从冰箱里拿出已经煮好了的黑色荞麦面条和冰块，桌上摆上两个日式的黑色陶瓷碗，碗里有酱料，还有几小碟凉菜。我们面对面坐下，用竹筷子在冰上取着荞麦面，放到褐色的酱汤里。荞麦凉面口感清爽，别有一番风味。吃饭时的仪式感让我记忆尤深。在日本女孩小巧精致的公寓里，我感觉到内心有一种小小的触动。一个人在海外临时的住所里，居然也会精心打造出日本的家居氛围，拥有如此情调的生活。

两个东方人聊着家乡，聊着未来对爱的憧憬。由美子很羡慕我嫁给了一个从事外交职业的人，说我会拥有一个很有前途的人生。她说在日本只有名门望族才可以进入外交官的行列，父母让她接受最好的教育，也是为了日后嫁个好老公。她感叹留学生活中一段无疾而终的美好初恋。从她说起那个西班牙男孩的表情里，我能感受到她心中依旧很想念曾经爱过的男孩子。她感慨地说，西方人的恋爱富有激情却也短暂，男孩子回西班牙后，渐渐就断了音信。看她拿着照片怀旧的样子，我也陪着她一起伤感了起来，劝慰她忘记从前，一定会找到爱她的男孩，因为在我眼里，她是一个如此可爱而有情调的日本姑娘。

旧金山这座国际化的山城给了我感受不同文化的机会。在由美子小巧温馨的住所里，我第一次试穿日本和服，第一次品尝梅子清酒，清甜甘洌的酒味特别适合两个人聊天，也令人难以忘怀。

写到这里，很想去日本看看，品尝一下清甜的梅子酒。

由美子说，日本家庭都会为女儿置办漂亮的和服，因为和服是一个家庭女儿成年礼必须穿的传统服装，她的衣橱柜子里有一套金色的漂亮和服，也特别昂贵，是父母送给她的成年礼。

我告诉由美子，中国的传统服装是旗袍，每逢盛事女人会穿旗袍。那时我有一身翠绿色的旗袍，是花费了先生好几个月积蓄购买的。大概因为试穿的时候，那衣服特别适合我，他见我喜欢就下决心一掷千金买下了。在我记忆中，二十多岁时唯一昂贵的衣服就是这身旗袍了。

我给由美子看我穿着旗袍和先生的合影，她羡慕不已，说你遇到了生命中特别爱你的人，真的好幸运。

二

在公共大课堂里，会经常遇到来自东南亚的不同专业的学生。日本同学大都家境富裕，有稳定的生活保障，因此不需要在校园外打工。来自中国、印度、越南和菲律宾的同学基本上来去匆匆，忙着课外打工挣学费，有时甚至逃掉大课堂。由美子和我因为彼此都以学业为中心，所以相伴度过了很多时光。

在校园圆形的音乐楼里，第一层的钢琴房整日开着门，开放给所有喜爱音乐的学生们。在琴房里，由美子手把手地教会我那些想要学习的钢琴曲。由美子小时候母亲对她很严格，还打过她练琴的小手，让她对练习钢琴一度心理上有些抵触情绪。她现在重新喜欢上了钢琴，她说在海外独自生活的寂寞时光里，开始感恩母亲让她拥有这样一项弹琴的技能。每当感到孤独，特别思念日本的时候，她就去弹上几曲日本歌曲，让她的思乡情绪得到很大的舒缓。由美子弹奏的悠扬而具东方情调的《北国之春》，似乎依然在耳边回响。那份海外思故乡的同感让我和由美子彼此特别互相理解，惺惺相惜。

我见到来参加毕业典礼的由美子父母，她母亲和照片见到的年轻时样貌几乎没有什么变化，岁月似乎没有在其脸上留下痕迹，这让我感到惊奇。原来日本家庭母亲不外出工作也是很有道理。她在索尼公司任高管的父亲已不再是照片上那个一脸灿烂笑容的年轻英俊模样了，头发秃了，看来高强度的工作会让人衰老得很快。看到日本家庭长辈，我不由自主地想起自己父母一代生活的艰辛与不易。父母都是勤恳的知识分子，父亲特别有音乐天赋和生活情调，但是在沉重的生活压力下，生命过早地逝去。因此我珍惜和同龄人的父母相处的机会，体会那久违的父母双全的家庭温暖氛围。

由美子告诉我，在日本，很多人生活得很好，就连她90岁的外婆每天都会和伙伴们相聚跳舞，生活得有滋有味。她母亲在家插花，修理花园，打理好父亲和弟弟的生活，闲暇时也自得其乐，所以母亲才会相比较同龄人显得年轻。家里就她父亲一个人在外面辛苦工作，不过因为母亲把家里打理得很舒服，父亲生活得也很开心。父母为由美子的毕业典礼准备了一套仪式感十足的新和服。她细心温柔的母亲特地安排我试穿了一下，让我体验了一下日本文化中很贵族气息的仪式。

原来清雅幸福的生活都是父母精心经营的产物。那对夫妻待人亲切和蔼，也许因为男主外女主内一张一弛角色的完美配合，让家庭里里外外都井井有条。合理的家庭角色分配，让家庭成员应对生活游刃有余，而且留给孩子足够的家庭时间与空间。

见到由美子母亲的那一刻，我感叹原来温柔的日本女人真是有的。我送她一个白玉镯子，也许日本女人都长得小巧玲珑，手镯明显比她的手腕大出去好多。因为特别喜欢，她欣然接受了这个来自中国的传统首饰。由美子的父亲虽然秃顶了，人还是显得特别精神。我给他太太的手镯不太合适，但东方人初次见面互赠礼物的习惯让彼此内心感觉很舒服。他笑着说，好好收藏起来，等长胖了拿出来戴正合适。大家都被这不经意的风趣话逗乐了。

我们去了海沃德山坡下的西餐厅"温迪之家"，他们热情推荐说这家的牛排超级好吃。那一天两代人其乐融融的谈话氛围让每个人都很开心。因为和由美子的友谊，我喜欢上了日餐，也喜欢上旧金山的日本城。周末时逛日本城的店铺，看看那些可爱的日本手工品，对于独自留学生活的我来说是一种享受。从此不管在哪个城市生活，我也很留意周边任何美与可爱的事物。同时，这个日本姑娘也为我打开了那扇从前陌生的钢琴世界的神秘大门。

临近毕业，由美子开始担忧，悄悄告诉我她一回到日本就会被亲戚们安排相亲。她不想按照家里人意愿匆忙把自己嫁出去，她相信人只有遇到对的人，才会拥有真爱，过上有激情有意义的生活。她去旧金山的日本总领事馆，觉得接待留学生的男领事好英俊，真希望有一个这样的男生爱上她。当然，这只是日本少女对从事良好职业的优秀男性的一种崇拜，后来也没有她所期待的罗曼蒂克爱情故事发生。

日本侨民在海外很抱团，由美子毕业前经常会接收到各类工作信息。日本驻美使馆商务处安排她与其他留学生一起去佛罗里达州的迪士尼公司培训，不久确定了回日本东京的迪士尼乐园工作。这些新生代的日本人，不会像父母一辈忠心地为某个公司终身效力。看到由美子毕业前就提前找到工作，国际学生们都羡慕不已。

恋爱观『大撒网』

在学校联合广场的餐厅里，我与由美子正在用午餐，班里的一堆同学看见了我俩，也热闹地围着我们坐下。克林顿总统的性丑闻正在疯传，大家展开了一场东西方女孩之间关于恋爱观的午餐研讨会。

西方女同学特具个性的感情生活离我们东方人含蓄内敛的情感世界似乎很遥远。世纪之交，美国经济繁荣正在势头上，白宫的总统与实习生莱温斯基的绯闻事件同样闹得轰轰烈烈，无论是电视还是报纸杂志上，关于这一国家丑闻的报道和讨论铺天盖地。

在世人瞩目的离谱事件里，美国年轻人并非人人那么讨厌丑闻女主角莱温斯基。一位浓妆艳抹的女生坚持认为，人一生需要尝试不同的感受，她很喜欢莱温斯基。她问由美子和我对恋爱的感受，我们异口同声地说找到爱的人相守一生。对方流露出不解和惊讶的表情，说你们只有一个男朋友和爱人呀，那是多么无趣。她亦坦白自己每周都与不同的人约会，因为她并不确定自己到底爱哪种人。我和由美子面面相觑，我们解释说我们的传统如此，爱一个人就是全心全意去感受这份爱啊。对方说，东方人原来如此保守！她因为不知道自己到底会爱上哪一个类型的人，所以必须去尝试任何一种可能的恋爱关系，然后再慢慢定下来经营婚姻生活。听着这位同学关于恋爱观的高谈阔论，颇有些吃惊。这么多年过去了，遇见了各色各样的人和故事，发现传统相亲带来的各种婚姻的不幸，也能非常理解那美国同学的观点了。在那么一个崇尚自由开放的国家，"大撒网"的恋爱观自有其中的道理吧。

大家越说越开心。有个脸圆圆的女同学爆料说，自己参加过好几次总统的演讲，可能是自己长得和莱温斯基非常像的缘故，有一次总统下了讲台，走过来与她握手照相呢。她边说边从书包里拿出照片，以证明她的话绝对真实。照片上的她戴着一顶红色贝雷帽，一头莱温斯基式的发型，身穿莱温斯基喜欢的宝石蓝款式的上衣，看着真有几分神似呢。她显然刻意模仿莱温斯基的做派，在演讲现场冲过人群抢到镜头下，与总统在人堆里握手，得到一张让她引以为傲的合影。原来莱温斯基也是一部分美国年轻人心中的偶像啊。这个女孩的举动让我觉得特别不可思议，大概在美国经历丰富是衡量一个人价值的资本吧。私底下，由美子说怪不得离婚率那么高，原来美国人都渴望艳遇啊。我们一起哈哈笑了起来。在校园里各种人生观的碰撞中，我更加觉得中国传统文化里那份纯情的难能可贵。

实验室里的故事

我的研究生导师萨丽·墨菲为了激励我的学业，特意帮助我在校园内的语言实验室申请了学生辅导员的兼职工作。正是因为这份相对稳定的工作，我的留学就基本上没了后顾之忧。留学生们都很羡慕。由美子有一次忍不住问我，怎么美国教授如此善待你呀，这么好的机会一般只会提供给美国同学。作为从高中开始来美国读书的日本学生，她从来不敢想这类好事。

语言实验室在一座小洋楼的二层，是面向全校开放的一个国际学生语言辅导站。里面有硅谷的公司捐助的很多老款苹果电脑，可以用来练习语音对话，在那里会遇到各种族裔的留学生和美国学生。

由美子常来语言实验室找我，偶然也会带一些短期的日本交换生过来。由美子有一次带了一个特别阳光的日本男孩迈克尔来，两个老乡说着日语，叽里呱啦的给人一种他俩是他乡遇故知的感觉。后来由美子告诉我，像迈克尔这样的男孩因为家底殷实，来美国只是为了镀镀金而已。他在国内就读于日本早稻田大学的法律系，将来一毕业就会进入日本的精英阶层了。我感觉日本人更愿意在家族体系内继续发展自己，精英家族的孩子继续会成为下一代的精英，我认识的几个日本人都计划学有所成后立马回日本，并没有把在美国留下来作为自己留学的目标。

小小的语言实验室就是一个国际小舞台，在这里会遇见一些有故事的人。一个修本科的越南女生来实验室，希望辅导公共演讲课程。她做完课题后看到同为东方面孔的我，便向我讲述她越南老爸在越战时为美军做间谍的故事，听起来有些惊心动魄。

她告诉我，在越战时期，很多越南人的资产朝不保夕，因而人们一有机会就想方设法把现金换成金条或者金砖保存。她的父亲其实是个整天玩鸟的不务正业的越南人，后来不知道怎么就为美国军队做起了地下工作。我听到这里，心里咯噔一下，想起在中国这种人都被称为"汉奸"，会遭人痛恨的。越南女孩说，她父亲帮助美军在越南人里搜集情报，从一个无业人员转身变成了一个有收入负责任的男人，开始养家糊口。她和母亲都认为是美国人拯救了她全家的命运。

战争结束前夕，村民们大概开始怀疑他们的收入来源不当，为了躲避被越南政府追责判刑的后果，美军安排她父亲提前撤离。她母亲以为这个没谱的玩鸟的老公会永远消失，陷入了绝望，结果美军在她父亲安全撤离越南后，又派人来接走他们全家。她母亲身上揣着金条，在夜色的掩护下带着孩子们从水路逃走，经过中国香港最后在美国旧金山和她父亲团聚。她带着兴奋的表情说，美国政府简直就是他们全家的福星，假如继续在越南，一家人会很困难的。到了美国后，他们全家都领着救济金过着衣食无忧的日子。她父亲又开始终日提着鸟笼子转悠，母亲在家里操持家务，她和弟弟们都被美国政府安排到学校读书。她起伏跌宕的人生经历，让她比同龄人显得成熟，精于世故。这个年龄都喜欢谈论对爱情的看法，越南女孩从父母的人生中总结出来一条经验，就是忍耐会改变一切。父母每一次吵架，每一次分离都让双方感情加深一层，所以忍耐才是爱的一个根本秘籍。

我和由美子听了感慨良久。由美子说，越南人怎么连投敌叛国都没有任何的愧疚感啊，还以此手段改变命运，真不明白是一种什么样的心态。不过，那个不记得叫什么名字的披着长发的清瘦越南女孩，从她父母生活中总结的经验倒是有些耐人寻味。我的脑海里就有一个整天提着鸟笼子的越南大叔，嘴里叼着烟斗到处溜达的形象。一个苦命的越南家庭因为这个吊儿郎当的越南大叔而苦苦挣扎，忽然有一天来了美国军队，一家人的境遇因此而彻底改变。那极度贫穷的生活里，这样的戏剧性人生，在越南难民看来真是命运的格外垂青。

在校园里曾经见过一个来自俄罗斯的阳光大男孩，他信心满满，苏联解体后，他从俄罗斯来到美国，觉得只要自己足够努力，前途一定会光明。

透过这些个体的经历，不断地给我一个提示：一个人的背后是家庭，家庭命运的背后是国家的命运。一个人所属国家的强大与否，与个人命运息息相关。

雪花飘飞的玫瑰谷

一

美国夫妇鲍勃和玛丽安娜是我留学开始时找到的第一家房东。

那一年，他们七十岁出头，鲍勃退休前是雪佛龙石油公司的资深工程师，常驻过日本，对东方文化很有好感。退休后，老两口每年都要出国旅行，两个儿子各自成家，住在不远的社区。女儿是收养的，长大后发现是同性恋，与观念传统的养父养母渐行渐远。对已经离开家的女儿，鲍勃不愿多提，只说她很男人婆，如今和另外一个女人生活在一起。

旧金山是同性恋的大本营，同性恋数量多，分布于各个行业，包括旧金山的各个政府机构。每年旧金山举行世界上最大的同性恋游行，场面盛况空前，让我见识了异域文化中最令人惊讶的一面。鲍勃和玛丽安娜都是传统的人，对自己收养的女儿如此背离家庭认可的价值观而常常不由自主地叹息。

加州岁月里，我对家庭的许多认知和熏陶来自这样一个美国退休的中产家庭。鲍勃夫妇都受到过很好的高等教育，面对很多问题具备睿智和明确的判断力，并且深爱着东方文化。这种机缘巧合，让二十几岁的我在美国生活中受到了很好的家人般的待遇。玛丽安娜会告诉我如何经营好一个家庭，她常谈起年轻时的经历，勉励我用心面对未知的将来。这些平日里真实的人文关怀，如同加州灿烂的阳光一样给我信心。

玛丽安娜精心经营着偌大的家，每日会站在厨房的窗前，一边干活，一边听着新闻。平时除了那努力工作的洗衣机和烘干机的声音，屋内大多时候很安静，几只猫蹑手蹑脚走来走去。感恩节时，胖胖的大儿子一家人牵着手回到父母家，帅气的小儿子也带着模特般美丽的俄罗斯妻子，抱着刚出生的孩子上门。热闹的感恩节大餐，让餐厅里平日空置的长餐桌挤满了一圈人。玛丽安娜准备了香喷喷的大火鸡，精美的蛋糕，传统的南瓜派和西式浓汤。

可这热闹总是短暂的。吃完饭，大儿子一家子，尤其是那圆盘脸的大媳妇就带着儿子和闺女说再见了。小儿子一家人愿意多待一会，大人小孩一起温馨地聚在一起畅聊。玛丽安娜总说小儿子是她的小心肝，懂得她作为母亲内心的感受。鲍勃则认为大儿子继承了自己理工男的特点，学习了机械专业，进入了一个好行业，他为大儿子的成就感到骄傲。可是不知道为什么，我总感觉大儿子一家客气有余而亲切不足，尤其是那个儿媳妇有些高冷，他们一用完餐就离开父母家很是失礼。玛丽安娜每次聚会，都让小儿子挨着她坐下，由此可见母亲心目中两个儿子还是有区别的。每次聚会结束，偌大的屋子一下变得冷清起来，玛丽安娜自言自语地在家里转几圈，说将来等大孙子瑞安放假了，请他来家里住一阵子。一旁的鲍勃打趣地说，你这个爱操心的老母鸡，瑞安才不会回来住呢。

那间面朝大海的主人卧室，有一个带着大号浴缸的卫生间。卧室桌子上摆着儿子们和从未看见回过家的女儿的许多照片，那时我的一张站在红树林前的照片也摆放其中。我从北京带给玛丽安娜的鼻烟壶被当成宝贝摆放在梳妆台上。每次走进大卧室，我都感觉好像走进了上一个世纪，黑白照片中，童年时期的玛丽安娜有一双可爱的大眼睛和顽皮的表情，我仿佛看到一个旧日美国的大家闺秀。这对经历了半个世纪生活风雨的恩爱夫妻，晚年在欠缺人气的大房间内时有口角小摩擦，好像只是为了填补孩子们远去后留下的那份空白。

鲍勃家有一艘以古波斯诗歌集《鲁拜集》命名的游艇，在一个天色湛蓝的日子里，我们乘着游艇出海了。在温暖和煦的海风吹拂中，我第一次坐上有卧室厨房的游艇，感觉很新鲜。蓝色大海，蓝色天空，游艇在雄伟的金门桥下穿越，看海中白帆点点，感叹美国人真会享受生活。虽然颠簸的海浪让我有些头晕，但那一刻海湾的美丽还是震撼到了内心。

二

　　自从住进那个半山腰的带风景的房间，在一个处处都是白人的社区环境里，一种叫"乡愁"的情绪会偶然间飘进闲暇的时光。那熟知于心的文化元素，也格外让我思念。先生回国后，又回到从前的加班加点的工作常态，我心里安稳了许多。他托人从国内带来一副翠绿麻将牌，也给鲍勃夫妇送了一个别致的鼻烟壶。这两样国粹的到来，让我们欢喜不已，也在没有红旗飘扬的异乡日子里缓解了我的思乡情绪。闲暇时光里，我开始教鲍勃和玛丽安娜打中国麻将，虽然不认识那些复杂的中国字，但他们很快就乐在其中。

　　周末，我去山下的小超市买了面粉和肉馅，在偌大而且佐料齐全的厨房里准备包饺子。玛丽安娜是厨房的绝对女主人，这时候很乐意做我的中餐助手，很快就包好一大盘的饺子。鲍勃为了不让自己的体重因为这顿美味而增加，当天还特意延长了健身的时间。夫妇俩第一次品尝到中国饺子的美味，赞不绝口。

　　窗外和风细雨，厨房里热气腾腾，空气中飘着饺子的香味，好奇的猫咪呆在厨房门口张望，对着我喵喵喵叫了几声，好像是说，啥美味呀，怎么从来没有闻到过呢。

　　玛丽安娜说，没想到饺子如此美味。剩下几十个饺子都被她小心翼翼地放在冰箱冷冻起来，以待来日有客来访时再食用。

三

记忆中最美的圣诞季节里，鲍勃开着皮卡来到一片墨绿色的圣诞树林子，我自己动手砍伐了一棵圣诞树，放在皮卡的露天车厢里。然后我们一路开到著名的红树林景区。记得那里好像叫"玫瑰谷"，在树林里一条结了冰的小河上，有一个船上的露天情调餐厅。我们围着餐桌坐下，在冷空气中坐着感觉手脚冰凉，热情的侍者点燃了燃气灯放在餐桌四周，身边的空气里马上就带着一阵阵暖风，手脚暖和的感觉回来了。鲍勃夫妇都是乐观主义者，他们用心良苦，就是希望给困难中的年轻人，展示生活美好的一面，以激发我勇敢面对未来的决心。

很多时候会在恍惚中记起那天的情景，在很少下雪的加州，雪花神奇地飘落在某条河流船舶餐厅的餐桌上，长者目光慈爱，美食与白色飘雪相伴，这种感觉在后来人生中很少再遇到过了。

我们一路载重而归，带着亲手砍伐的那棵清新葱绿小巧可爱的圣诞树，回到坐落在半山腰上的偌大而温暖的家。白雪纷飞的感觉里，那圣诞树还带着青松叶子的清香。鲍勃家角角落落里充满了圣诞气氛。猫咪宝贝儿的猫窝里也挂上了彩灯。两个老者像是快乐的孩子一般盼望着对方送给自己的圣诞礼物。鲍勃送给玛丽安娜一个电动玩具滑冰场，打开开关，圣诞音乐响起，小人儿开始在冰上翩翩起舞，玛丽安娜开心地拍手大笑。晚饭后，我们又一起装饰了我平生亲手砍伐的第一棵圣诞树。那个温暖节日里所有美好的细节，让那个特别的冬日不再觉得那么伤感，让内心建立起一种对未来的美好憧憬和一份克服所有困境的信心。

之后若干年，不管有多忙，我都会尽量去装饰家里的圣诞树，

《 厨 房 一 角 》

25cm×30cm

油画布

2020 年

都是因为在一个雪花纷飞的冬季，那些鲍勃和玛丽安娜带来的温暖有爱的美好记忆。

四

回国之后最初几年，每年会收到老人家的圣诞贺卡和全家福照片，有次还托人给出生不久的小宝宝送来贴心小玩具，再后来就慢慢断了音讯，电话也不通了，内心隐隐觉得一定是他们的生活有了变故。2017 年，我带着儿子故地重游。尽管在旧金山只有短短数天，心里想着一定要前往一探究竟。车行过金门大桥，很快找到了熟悉的感觉。

来到旧地，一切似乎没有变化，房屋依山而建，山道弯曲而翠绿，一眼看到这曾经无数次看晨曦和落日的院落屋顶，激动地赶紧下车。门前的信箱还像当年一样笔直站立在屋前，厨房窗下各种佛像装饰依在，还像当年热爱东方文化的主人品味一样，心里生出一丝侥幸心理，也许老人还在这里吧。按过门铃后，很遗憾一个陌生而友好的家庭主妇开了门，听完来意，对方告诉我十年前他们从鲍勃手里买到此屋，只知道他们搬走去老年公寓居住了。大概被我的执着与真诚打动，她客气地让我进去，以解我怀旧之情。

于是乎，在主人陪同下，一一寻访旧时踪迹，屋内墙角、院落泳池、后山老树，都基本没有改变。可是屋内已经变成纯美国式的随意自在的风格，已没有当年的那种东方韵味。我进入当年住的房间，透过那扇带着风景的窗户，我依然看到那个标志性的海上小岛。山坡后面，当年玛丽安娜建的可爱小树屋还在，这个加建的树屋里有一个上下床，可以看书喝茶休息，孩子们都非常喜欢。和熟悉的老树相拥合照，真希望它还记得往昔岁月里走过其身边的身影。

主人回忆说，鲍勃与玛丽安娜一直特别热爱旅游，每次外出会让邻居家小孩照顾小猫，孩子们也挣到了零花钱。四五年前——那时鲍勃夫妇已经住进了养老院，旅游途中，鲍勃突发心脏病而过世了。玛丽安娜后来患了失忆症，再也不认识任何人了。两人相伴走过了五十余年，晚景竟有些凄凉，玛丽安娜因为鲍勃的离去心痛不已，失忆也许是一种解脱吧。这对好心善良的夫妇就此只能存留在我记忆深处了。

普莱森顿的中产家庭

一

留学期间感到后怕的一次经历，是半夜开车迷了路。

大学选修课大部分都在本校区进行，有一门课是在一个我不熟悉的分校区。去上课时很顺利地到了一个半山腰，周围黑夯夯的山峰在夜色里只有一个轮廓，灯火中是几个小型的教学楼。上完课就赶紧撤离，停车场上也看不到几个人影。上了高速开回去，途中遇到一个修路的标志，因为夜色迷蒙，也没特别看明白指示牌所指的方向，我按照记忆中来时的路开去，开了一个小时了，周围越来越黑，还没有熟悉的地标出现。我意识到迷路了，心里开始不安起来，见到一个加油站就赶紧下了高速。

　　临近十一点了，加油站只有两个墨西哥人值班，看到这么晚还来了一个亚洲面孔，很奇怪地看着我。我假装加油，这样会显得自信点。看到加油站有个公用电话，我感觉找到了救星，走过去打了 AT&T800 给同学马修。听到他们接电话的声音，心里安慰了些，总算没哭出来。马修和妻子睡意蒙眬中听到我说迷路了，也吓醒了。知道我在修路的地方上错了高速口，他们安慰我别着急，回到车里比较安全，因为半夜一个女孩在外面很危险。在马修他们指点下，我开始寻找归途，大概午夜时刻，我把车开回到学校，再无力气开一个小时回到鲍勃家了，就敲了访问学者菁菁的家门，迷迷糊糊中跟她讲了离奇的迷路经历，在她家沙发上睡了一个囫囵觉，感觉天一会儿就亮了。

　　天亮后立即给鲍勃他们报了平安，老两口说一夜没安睡，不知道发生了什么事。我带着歉意说不该让他们那么操心。那次半夜迷路的经历让我意识到，需要找一个离学校近点儿的住处，学习的科目越来越多，特别是大部分研究生课程因为照顾美国上班族的需要，一般安排在晚上上课。有一天马修兴冲冲地告诉我，他找到了一个离学校只有 20 分钟路程的住家，只需要每周照顾小孩 8 小时就可以免房租。美国房租费向来都是很大一笔支出，当时学校的奖学金也只能解决学费和生活费用，没想到可以找到免费的房子，太开心了。下课后打了个电话，第二天早上就开车去那个叫"普莱森顿山"的地方。

　　那是山上的一片别墅区，别墅区后面是高尔夫球场和俱乐部，风景优美。感觉这个社区像是世外桃源似的，据说美国中产阶级的梦想就是住在这种带着乡村俱乐部的豪宅。女主人海伦体形很健美，是健身教练。男主人斯科特是个苏格兰后裔，也是房地产商。彼时克林顿执政期间美国经济一片大好，许多中产迅速崛起。海伦他们刚换了大房子，心情特别好，见面时问了一下学校的情况，带我看了一个面向后山带着桌子和电脑的房间，说随时可以搬进来。家里三个可爱的小孩探头探脑看着我，一个个都流露出喜欢我的眼神。

回去告诉了鲍勃和玛丽安娜，他们听了有点不放心，特意帮我搬家再顺路视察一下新住家的情况。沿着一条密林环绕的小路往里开，可以看见半山腰上分布着一幢幢别墅，相互之间保持了一定距离。大概因为上好的地段，人们彼此之间更需要隐私吧。这个社区的奢华也让鲍勃和玛丽安娜颇为吃惊，见到房东海伦和斯科特很是面善和气，他们也松了一口气。临走时候，玛丽安娜感慨地说，自己属于老一代美国人的管家模式，一切节俭持家，新时代的美国人赶上了好时光，也没有经历过经济危机，会比他们这一代人更舍得花钱过好日子。

二

住进普莱森顿山上的漂亮别墅区，那一段日子我完全融进了一个快乐的美国家庭。

女主人海伦是一个地道的家庭主妇，金发碧眼，人长得漂亮。她经常说自己是世界上最幸福的人，因为她遇到了命中注定会如此爱她的斯科特。而英俊潇洒的斯科特会接着海伦的话说，他是世界上第二幸福的人，因为他想让妻子成为世界上第一幸福的人。看着他们结婚已经七八年还每天嘘寒问暖，离家上班前拥抱亲吻告别，我觉得西方人表达感情真是毫不掩饰，一开始还觉得有点不好意思，后来慢慢习惯了他们深情相拥的恩爱场面。

周末的时候，海伦在山下多个健身俱乐部带学员健身。因为健身俱乐部都有阿姨帮助看护孩子们，海伦也邀请我一起参加她的健身课。每次参加完两节课，满身大汗，好久没有体验这种痛快淋漓的感觉了。如此这般出透汗后，回到山上的住所，一个人待在自己房间内，心里安静极了，什么也可以不想。

海伦很乐意与斯科特一起参加俱乐部的各类社交活动。社区的乡村俱乐部一直保留着一些老传统，有一个烧烤屋自 20 世纪 70 年代开始只向男士们开放，那是海伦唯一没办法与斯科特一起进去的地方。海伦说，现在是男女平等的时代，老规矩该废除了。

傍晚时光，海伦和斯科特会去乡村俱乐部参加晚宴，我就成了孩子王了。我带着这一群三岁、五岁和七岁小孩们玩捉迷藏，从地下室到楼顶都会留下咯咯咯的欢声笑语。我想起小时候玩过的游戏，一个人喊：站住不许动。其他人听到指令，立刻凝固在空气中似的站着一动不动。孩子们都为这个中国游戏着了迷，纷纷要求多陪他们玩一会儿，甚至连那句中国话都学会了。

每天早上迎着朝阳开车，沿着普莱森顿蜿蜒曲折的城堡路下山，听着李宗盛富有哲理的歌声，心情开朗而明快。山顶上有一座富有历史感的城堡，原来是美国报业大王赫茨家族的夏日度假地，后来庞大的家族渐渐衰落，以至于家族后代竟然跌落到历史的谷底，仅存的家族成员据说犯下了叛国罪，在承受牢狱之灾。昔日辉煌坠落在历史尘埃里灰飞烟灭了。

有一次上完课从东湾回来，680 号高速路上车辆特别少，脚下不自觉多给了点油，感觉刚刚启动，在后视镜里突然看到一辆警车尾随在后，心里顿时一紧，担心自己是不是超速了。这时车已

143

到了普莱森顿的高速路出口，后视镜里的警车依然跟随着，不安中沿着上山的僻静小道继续前行。我看到了乡村俱乐部，顺便开进停车场，先稳稳神再说。我想象着警察走过来，请我出示证件，告诉我超速了，开出罚单，回头一看，警车已停在高尔夫球场边上，体格强健的警察大叔大概被绿茵茵的景色迷住了，一边望着绿草地上蹦跳的小鹿，一边擦拭着额头上的汗呢。发现他陶醉在眼前美景中的那一刻，我长长舒了一口气。回到海伦家，告诉她刚刚惊魂不安中被警车一路护送到最后一刻的趣事，我们都觉得平时严厉的警察叔叔这回可爱极了。

三

斯科特上班时间，海伦和社区的其他妈妈们一起做手工拼布，这种手工拼布很能显出女主人的品味。海伦总是把做好的手工拼布仔细装裱起来，挂在家里展示。美国富有阶层的闲暇生活里到处有艺术的影子。玛丽安娜和她加入的快艇俱乐部成员也喜欢做这种拼布，以至于俱乐部的桥牌室、洗手间的墙上挂满了各种精致的手工艺品。

斯科特有一辆收藏版的20世纪70年代产敞篷奔驰车，被小心翼翼地保养着，多数时候静静地停在车库里。一个周末，海伦满脸幸福地说，斯科特同意她当晚开敞篷车去参加附近社区的家庭妇女聚会，并邀请我一同前往参加。身着晚礼服出席美国女子俱乐部的活动真是头一次。海伦说斯科特很爱惜自己的收藏品，一般不让别人动他的爱车，今晚开恩让她使用了。我奇怪美国人的个人意识真强啊，如此恩爱的夫妻之间还把各自喜好的物品分得很清楚，相互不侵犯彼此的地盘。一路上，海伦开车也格外小心翼翼，她说如果不小心把斯科特的爱车剐蹭了，她以后也别想让斯科特再相信她能够驾驶好这辆车。看来她不想辜负好时光，也不想辜负老公的爱心与信任。

傍晚我们在附近的山路上七转八转，到了一个社区的乡村俱乐部。一进门就见到一群年纪三十来岁的美女主妇们，她们举止优雅，穿着合体时尚，在背景音乐明快的节奏里，互相打招呼，拥抱问候，气氛轻松愉快。

那一晚上大家玩的游戏就是掷骰子，谁的点数多就算赢家。我也加入游戏里，在与一群可爱的魅力女子互相喧闹中，忘记了心中所有的烦恼，好久都没有那么开心了。在一轮轮游戏结束后，主持人宣布的当晚赢家竟然是我。海伦激动地与我拥抱，说太幸运了，她参加活动那么久，从来没有当过众花之中的花魁。在众人祝贺声中我领取了头奖。欢笑声中与美人们互相道别，回到雾气渐起的普莱森顿半山腰的住所，飘呼呼地有点踩着棉花的感觉。斯科特已经早早让孩子们睡觉了。他们夫妇俩又喝了杯红酒，也道别晚安上楼去了。我回到房间，不一会儿就进入甜美的梦乡。窗外梅花鹿好像在用鹿角敲打着窗框，而梦中人浑然不知。

四

斯科特每天早早地下班在家。斯科特的父母家庭很庞大，他有两个弟弟和一个妹妹，父母后来离异，各自又组成了新的家庭。

小弟弟毕业于伯克利大学，和发小结婚了，住在离此处不远的山下一个社区。他经常来哥哥家串门聊天，有一次来找斯科特借猎枪，看到他们哥俩拿着那把猎枪比比画画，我才知道美国家庭尤其是富有的家庭都收藏着枪支，心里暗暗吃惊。那一天斯科特的弟弟拿走了一杆猎枪。

海伦后来悄悄告诉我，斯科特不想借枪给弟弟，害怕他用枪不慎引起麻烦事端。那次借枪给弟弟时，还说明了如果引起任何事端责任自负。真是应了一句老话，亲兄弟明算账，责任分明。

斯科特他们待我和自己家人一样充满爱心。每逢节日，他们会精心准备礼物，给彼此惊喜和爱心，这是我记忆中尤其值得回味的一段人文关爱的场景。在万圣节，我提着兜子和三个孩子一起走街串巷要糖果。在充满慈爱氛围的父亲节，我带着小孩子一起参加水上漂流运动。在与海伦家人一起度过的圣诞节，感受美国人生活中并不多见的浓浓家庭情。

斯科特的父亲理查德真是一位慈祥有爱的老人。有一次老理查德来串门，发现我的车有个轮子悬空在山边，一下子就紧张起来，说这样很危险，耐心教我如何把车子在山上停稳了。那一年父亲节，理查德邀请了家族里的子孙们去了山上的游乐园，我也有幸过了一个感人温馨的父亲节。

五

别墅区的人们已经开始关注网络购物的新鲜事。海伦参加过几次与网络界大佬的聚会，告诉我今后去超市的时间是可以省掉的，只要在电脑上点击几下，就有人送货上门了。我也特别好奇，这个市场学教授天天在课堂上鼓吹的未来社会人人都可以不出门购物的时代，难道真的这么快就到来了吗？海伦后来尝试了一下，一辆印有"网络车"标志的绿色车来到小区，网店果真送货上门了。打开一看，货物里有许多中国产芝麻酱之类的商品，可是海伦说印象中并没有订购这些，也许是无意中点击到了吧。海伦觉得网购这些新生事物不太靠谱，还是习惯性地亲自去商店采购。

世纪之交，整个世界都盛传世纪虫会在新旧世纪交替之际发作。人们担心这个看不见的黑色恶魔会如期降临，所有网络在世纪虫魔幻般的破坏力下瞬间瘫痪。大学教授们坚信这一难题终会被科学家攻克，呼吁大家不用惊恐地面对新世纪的来临。校园内外谣言很多，连我这个文科生都会去几趟电脑大课堂，听教授们讲讲有关世纪虫的问题。那些加油站工作的墨西哥工人甚至也议论几句。仿佛世界末日一般的 1999 年岁末，在人们志忑不安中日益临近，终于专家给出了解答，美国人都忙着更改电脑设置，确保一切网络资料和存款都会平安。

中产阶级也许是最为恐慌的，海伦一度甚至担心她的幸福生活会因为世纪虫戛然而止。那时候，她终于告诉了我，她的灰姑娘故事。

海伦出生的家庭并不富有，父母是工薪阶层，无力为她和姐姐提供上大学的机会。她和姐姐少年时期四处打工，早早地尝到了生活的不易和艰辛。她觉得自己非常幸运认识并嫁给斯科特，过上眼前悠闲而快乐的生活。海伦的姐姐嫁给了一个乡村音乐歌手，居住在房价相对便宜的普莱森顿山下一个社区。姐姐和姐夫常常上山串门，两人一直没有要孩子，似乎也不是不喜欢孩子，因为他们经常把海伦的孩子带回家去度周末。

海伦母亲从拉斯维加斯来探望海伦，不知道为什么海伦对姐姐很有热情，而对母亲似乎礼节性更多一些，大概因为看到母亲，就想起自己少年时期的艰辛生活吧。母亲在海伦家小住几日，好像就是来感受一下海伦一家的好生活，她常常心满意足地看着满地跑的外孙子，样子开心极了。母女俩有时坐在客厅聊天，海伦母亲胖胖的脸上洋溢着发自内心的喜悦。天下父母都是深爱着孩子的，资本主义的美国也是人情社会，大家庭里并不缺乏人性的爱的光辉。

我送给海伦母亲一个景泰蓝戒指，上面印着扑克牌图案，她很高兴地立马戴上，还说回到拉斯维加斯，她就戴着这个幸运戒指去玩二十一点，肯定会成为赢家的。

六

美国文化追求的就是当下的快乐感觉，很多人明明知道甜品不宜多吃，可是因为让人愉快还是会吃。在海伦家，这个新进中产的家庭特别爱吃冰激凌，很多次放学回家看到斯科特在吃冰激凌。大概看到我惊讶的表情，他笑笑说，生命在于快乐不在于长度。西方人在意当下的快乐，东方人在意长远的事。美国人的特点就是"我现在就要"。也许美国进入快速发展轨道后，节奏感让人们恍惚，除了确定的当下，明天是那么遥远和充满变数，让人们更加珍惜当下快乐。在资本主义国家的经济轮回中，入住豪宅的海伦一家的美好生活，数年之后就让不确定的经济危机带入了下坡路。当初一家人欢天喜地入住的豪宅已经几易其手，不再属于他们了。

海伦对自己幸运地遇到多金的斯科特，似乎常常掩饰不住内心的兴奋，她会在厨房里忙碌时小声笑出声来。可是她童年到少年的经历，让她对这个世界缺乏安全感。当时还算年轻的海伦觉得她只能被动地接受命运的安排。不知道最后不得已搬出高档社区时，她是否按照当初的计划去了偏远地区生活。她说过，如果他们有能力在硅谷这样的地方生存下去，孩子们会接受到良好的教育资源，有更多的工作机会，亦会寻找到好的人生伴侣，反之，她认为在偏远地区的机会就很狭窄了。其实，只有高中毕业文凭的海伦对于自己未来的人生布局还是很明白的，只是她无力与命运的洪流搏击，因为她的人生太依靠斯科特了。那送给我《小鹿斑比》书的小姑娘和每天兜售东西想着发财的小男孩，如今都该长大成人了。他们单纯的母亲多么希望他们的人生有更多的选择空间，不知道如今在铁板一样坚硬的美国现实中，这一家人是否安康顺遂呢。

一

上小法庭

我倾尽所有积蓄而购买的二手福特车，是我留学期间唯一也是最大的一笔财产了。在我完成研究生学业后，它继续陪伴着我。我决定回国工作那一年，我不忍心将其卖掉，福特车就一直孤独地待在公司停车场，直到最后让拖车公司拖走处理掉。

我当初学习驾驶的时候，请了当地一位华人教练，在路上学了18个小时后就到车辆管理所预约了路考。路考当天，有一个项目是在路边倒着泊车，我一紧张，平时教练告诉我的动作要点全忘了，怎么努力车子始终无法泊到位，第一次路考就这样没有通过。我又请了个华人教练，并通过了第二次路考。随着对车况的熟悉我胆子变得越来越大了。曾有一次傍晚时分，车子过了金门大桥，直接上了那一带的山路，缓缓地行驶在一边是海一边是山的蜿蜒小道上。远处是灯火辉煌的旧金山，近处是渔船和游艇装点的海湾景色，恍惚间我感觉前方没路了，原来前面是一个急转弯，那个弯道的陡峭程度根本就不是我这个新手可以掌握的，突发的险情让我一时不知所措，不知在哪路神明的保佑下车子刹那间停驻在那个悬崖峭壁边上。那一瞬间紧贴车子的一侧是万丈深渊的海湾，惊出了一身冷汗。若干年后想起这事，我都觉得那一晚上真是命悬一线。

福特车看着很实用、很结实，可那个黑家伙一开始并不听从我指挥。周末，我下楼去练车。我拿出钥匙，启动了发动机，听着铁老虎发出的轰隆声，心里有一种驾驭不了的恐惧感升腾起来。手忙脚乱中，一脚踩下去，黑家伙就不受控制地向前拱，一下子蹭到了旁边的停车计时杆上，计时杆立时歪了，车身上也留下一个凹坑。慌乱中，我竟然一脚踩住了刹车片。

车窗外，马路对面路过的一个20多岁的黑人小伙目睹了这一切。那个小伙子瞪大了眼睛，表情惊恐地摇晃着头。那表情和身体语言的意思好像是说，这辆车发疯了吧。

每天驾驶福特车去东湾上课。马修同学注意到车身上深深陷下去的那个坑，他开玩笑地说，你费了很大的劲，给车打上专属标记。这个难看的记号一直留在车身上，丑丑的车身子，但车况很好。它神奇地保佑我这个新手在美国那些年独自开车时一直安全无恙。有一回，从东湾放学返回海伦家，忽然感觉车身晃荡起来，赶忙下了高速。很幸运，一下高速就看到一个轮胎修理店铺。原来一个车轮子被高速路上的玻璃扎了车胎。

二

　　因为这辆福特车，我平生第一次走入美国的法庭，为自己的权益据理力争。

　　在校园晚间自习结束后，我背起沉沉的书包走向校园的停车场。经过一天的学习，感到有些疲劳无力，心想着赶紧回到普莱森顿山海伦家。夜幕下我启动车子，上了高速路，很快就到了出口，进入普莱森顿的上山小路。通往美式乡村俱乐部的这条小路在昏暗的灯光中像往常一样寂静。忽然，一辆警车从车后面发出强烈而刺眼的灯光，并鸣警笛示意我立刻停靠路边。

　　警车的突然出现让宁静的空气一下子紧张起来。车窗内我揉了揉疲惫不堪的眼睛，真希望那一刻眼前所见仅仅是自己的幻觉。心神恍惚中，我机械地按照警察的要求把车停到路边，拿出驾驶证和车子的保险。眼前是一个穿着制服的高大白人警察。

　　那警察上来就不爽地大喊："你的大灯没有打开，害得我差点撞上。"然后又自我表扬似的说："幸好我及时发现了黑暗中前方的车，才没有造成严重后果。"

　　记得自己在停车场开车时候打开了车灯的呀。可是仔细查看，车前的大灯确实黑黢黢的，才意识到大车灯的开关没有拉到位。我被自己的粗心大意顿时吓了一跳。

警灯闪着刺目的光亮，白人警官接下来又发现车保险也刚刚过期。他鼻子哼着，用警察发现问题时惯有的得意调调跟我嘟囔，然后翻开罚单就开了三个罪状，夜晚行车没开大灯，差点令后面的执勤警车撞上，保险过期。我试图跟警察解释，以获得谅解。可这次遇到的巡警口气从头到尾都是阴冷的调调，威胁说你差点让我违法，你必须为你的行为付出代价。接着还以类似种族歧视的语气喋喋不休，最后对我的争辩冰冷地回应："如果再继续争议，我有权力马上送你进监狱。"那句冰冷的话从一颗冰冷的心灵里穿出来，如同一盆冰冷的太平洋海水泼来一样浇透了我。我在语言暴力的轰炸下如同冻僵的鱼，想要快速游回到温暖的区域去除彻骨的寒冷。面对警察的粗暴执法，我说你是一个种族歧视分子，想着那家伙还别着盒子枪呢，我赶紧开着车子离开。

海伦夫妇和三个可爱的孩子早已入睡。细心的主人每天晚上都会为我特意打开院子的路灯，路灯在夜色里闪耀着温暖的光芒。我急匆匆沿着坡道停好车，回到屋内，关上卧室的门，扑倒在床上，把自己的委屈跟遥远地球另一端正准备上班的先生诉说。在美国头一次遇到这么大的委屈，有如全身被彻骨寒风吹得快病倒了。我对独自在美国打拼的人生意义产生了怀疑，感到委屈、惊吓和无助，泪水滚滚而出。我告诉他我想回国了，尊严是我们生命中最宝贵的。他安慰我说先好好睡一觉吧。

早上起来，和女主人海伦一家像平时一样互相问候。我把昨晚归途中的遭遇跟海伦讲了，这位中产主妇兼乡村俱乐部健美教练干练而坚决地质疑了警察行为，说怎么会有这样不公平对待外

国人的警察呢，然后就按照美国人思维建议我去小法庭为自己找
回应该得到的公平正义。

<h1 style="text-align:center">三</h1>

听从了海伦的建议，带着为了心中的正义抗争一把的想法，
我第二天去了法庭讨说法。按照电脑中搜索到的路线图，开车半
小时就找到了附近的一个小法庭。

走进小法庭，看到台上端庄地坐着一位很有气度的女法官，
正在受理案件。台下面坐着不同肤色的人等着法官受理申诉，其
中非洲裔青年居多。坐下来听了一会儿各种申诉，都是一些涉及
无照驾驶或者其他不正常的驾驶案件，女法官判了那些人到社区
服务中心去劳动，估计是考虑到很多人没有支付能力吧。

轮到我了，我站起来，语调和缓地陈述放学归途中遭遇的态
度恶劣的执勤警察，特别是他那句送我进监狱的威胁，造成我内
心极大的困扰和委屈，本着对美国社会公平公正的信任，我请求
法官重新审视警官开出的罚单。

女法官安静地听我说完，问我是不是来自北京。还亲切地说，
她去过北京。说到"北京"两个字，我听着好甜美。她以女性特有
的温柔语调安慰台下不安的我，说美国绝对不允许种族歧视的案子
发生。

看起来这位女法官很想了解我的故事，还问我哪一年来美国。
我告诉她，我当初跟随先生来到旧金山，后来他回国了，而我留
下学习。我到美国之前和之后的所有记录没有任何瑕疵，那个警

官不该用如此让人无语的语言来威胁和对待良民。对初次来美留学的人而言，这种威胁的语调让我感觉到白人对亚裔的种族歧视，也让我第一次对这个国家的执法者产生了不信任。女法官听着，表示同情，也对警察的态度抱歉。

这个女法官对我聊北京以及独自求学的经历似乎特别感兴趣。在小法庭内庄严肃穆的星条旗下，女法官大笔一挥，撤销了那张如噩梦似的罚单。上面盖上法庭的印章，还有女法官龙飞凤舞的判词：为了正义和公平，废除此不公平的三宗指控的罚单。

那一次撞见了鬼似的遭遇，让我生平第一次经历了美国法庭，见识了美国法律的威力，也幸运遇见审理中依旧不忘记旅行乐趣的女法官。当女法官以法律的名义宣布罚单无效后，她祝福我在美国留学一切顺利，实现梦想。最后她手里象征着法律威严的法槌清脆地敲下。我跟台上这位亲切无比的女法官又聊了几句，并欢迎她再去美丽的北京。我拿着法庭的判决，长长舒了口气，在台下众人惊诧羡慕的眼光中，迈步走出法庭。

这次小法庭经历，让我保持了一份人生所需要的乐观面对逆境的清醒，在以后的岁月里，偶遇到不公平的待遇时，我都会积极应对，想方设法地找到应急的方案，尽量让事情的结果接近我心中对公平和正义的理解。那天晚上白人警察的粗暴态度让我知道了什么是心寒如冰，也让我有机会见识到在生活中为公平而抗争的必要。那位不知姓名警官的歧视语气带来了内心深处的震动，也让我十分怀念以往在山城里红旗下的那段生活，好好珍惜国家所给予的那份尊严，这是任何丰富物质生活也无法替代的。

網絡時代

踏步走來

记忆中特别的时刻是 1999 年夏天。北约悍然轰炸中国驻南斯拉夫大使馆事件，令国人愤怒，世界震惊。海沃德大学校园内外很多美国人举行抗议，拉起反对政府不人道行为的横幅标语。这些都是有正义感的善良百姓。我的大学学长许杏虎和他新婚妻子朱颖遇难，另外一个遇难者也是北外毕业的新华社资深记者邵云环。看到这个惊天大事件，泪水不由自主地流下来，那个憨厚淳朴的学长是我们大一新生走进北外校园时帮助拿行李的人之一，还和高年级其他学长一起去新生宿舍检查电源插头和宿舍安全，帮助新生安顿下来。

北外校友也纷纷转战来到美利坚的硅谷了。当年时髦的女孩们会以泡上中关村小老板为成功的标志。旧日的游戏却在新的土地上继续上演，青春被当成资本流转在硅谷的战场上。虽然伊人早已不是从前的青春模样，可是成熟又不失风采、干练独立的现代女性也同样兼具无限吸引力哦。

那天夜晚在硅谷情调餐厅，无意中遇见了在中关村男友资助下留学的朋友红红，幽暗灯光下，她精心化过妆的秀气脸庞正温情脉脉地对着工程师放电，那一夜我格外想念北京温馨的小家。记得当初我还在山城里红旗下生活时，伊人好几次跑去咨询如何办理结婚的手续，不曾料想不过大半年时间，又开始了新的征程。硅谷的晚风中，仿佛传来崔健的那首老歌，随风飘荡的是那句经典的歌词：不是我不明白，这世界变化快。为旧爱而动心的心跳声似乎敌不过现实中追寻美国梦的逐浪声。

网络时代正大踏步走来。闲着无事，我陪着从前同事留学美国的女儿，周末去硅谷大街上挨家挨户地给商家发放广告，她的东家就是比阿里巴巴更早的网络商家"购悠悠"。网络科技，这个打着魔幻旗帜的划时代产业，正以它独特的方式来临。代表它的先驱们都是为无数后来者铺路的感觉，因得不到大众市场支撑后来纷纷破产了。身先士卒的众多中小公司战死沙场，却孕育出一片成熟肥沃的土壤，等时机成熟，新生事物脱颖而出。在硅谷大街上某个不起眼的地方，哪一天突然就会冒出来一个让人瞠目结舌、拥有许多身价百万或者千万的上市公司。当时我们走过那条其实遍地黄金的硅谷大街，谁曾料到后来的沧海桑田世事变迁。

互联网快速渗进人们生活。还在社区成人学校学英文的时候，雅虎刚刚抛出网络邮件这神奇宝贝，全世界都在惊讶几个辍学的小子成就了大事。"网络"这个新鲜事物让人兴奋，我们也很快注册了电子邮件，在此后中美遥远的距离之间以这种新的通信方式进行沟通。个人电脑还没有普及，北京和各大城市开始流行网吧。为了节省长途电话费用，先生经常去方正的网吧发邮件。硅谷的公司开发了试用版网络电话软件，他在网吧里，戴着耳麦，使用免费软件与远在大洋彼岸的我通话。每次网络电话都断断续续的感觉，听到开头就听不到句子的结尾，为了让对方听到，经常扯着嗓子喊叫。后来觉得这个方式太费劲，就购买了很便宜的网络电话卡，可以通话200分钟，几十美元的花费让通话质量极大地提高了。买了很多次电话卡后，那个小小的网络公司注意到了，还特意做了电话回访，询问使用电话卡的情况。那么热情的服务是那个年代网络泡沫中生机盎然的一种现象。每次上课后我就去电脑教室，查看来自北京的邮件。几乎每天都有邮件往来，我期待看到北京生龙活虎的生活，而他渴望看到我在美国的每个日子都接近自己的理想目标。

我入住海伦家时拨打过一次长途电话，因为没有加入任何话费计划，后面来了个 300 多美元的天价话费。跟电话中的服务生说明自己初来乍到，那位华人女性很客气，表示可以调整为普通话费。在这个规则特别多的美国社会里横冲直撞，竟然也迷迷糊糊度过了海外留学的时光，如今想起来，都为自己年轻时迎接生活挑战的勇气喝彩。出自本心本愿地去探索世界，一路上摔摔打打，其实也是一种痛并快乐的生活享受。很多当年让人头疼的小事情，事后回味起来就是另类的人生大课堂的学习。

那一次海伦看见我的电话单费用那么高，解释说自己和先生斯科特分担不同的家庭开支，先生负责房贷，而她作为健身教练收入不高，所以负担日常电话费用和清洁费。看她担忧的样子，我表示长途电话费我会负责的。从海伦的惊诧表情里可见当时国际长途费用贵得不可思议。如今网络如此发达，各种网络平台方便到家，费用低廉到人人可以拥有，短短的十几年，科技进步之快超出了人的想象力。

教授与同学

一

1999 年的新年匆匆而过，每天天一亮就开车出门，朝夕之间在金门大桥和圣马特奥—海沃德大桥之间几十英里的路途上奔波。黎明中向着朝阳去，傍晚时向着晚霞归。当真正走入洪流之中时，才了解求学的那份辛苦与快乐并存的感觉。最初的梦想之所以美好，就是因为当人们远望景观时，被远方景色中一抹隐隐约约的诗意吸引了吧。

研究生班里，除了我与一名印度同学外，都是美国同学。我的英文底子最弱，得到了美国同学与教授们的各种善意相助。同学马修来自加州首府萨克拉门托的农庄，是一位地道淳朴、耐心细致的阳光大男孩。每次上课时都会有意识地选择与我邻近的课桌坐下，那是因为我常常听不懂很多生僻的学术词汇，他觉得自己作为本土文化使者，有责任帮扶一下，对课堂内容中那些可能卡住我理解力的生词耐心适时解释一下，直到我完全明白。课余时间里，他从美国儿歌开始给我传授美国文化，因为他觉得我脑海里对美国文化的一片空白，是影响我准确理解授课内容的一道屏障。这大概是很多传统美国人的公民意识吧。我们在校园里形影相随，让亚洲女孩们很羡慕，因为其中很多人留学的目的就是想找一个美国男友，然后结婚留下来，把根扎在这片梦想的土地。一个身材瘦高的中国香港女孩直接问我，那个白人是你老公吗？我告诉她，他是我的铁哥们儿。对方半信半疑，言下之意，哇，怎么会有这么体贴的美国哥们儿啊？

马修太太娜娜是个美丽的墨西哥女子，我们有时一起去墨西哥餐厅，品尝墨西哥特色餐。娜娜因为小时候与父母一起从墨西哥偷渡来美的特殊经历，很长时间没有获得美国公民身份，嫁给马修后生活依然过得不容易。娜娜当时在城市学院学习，他们在旧金山艺术学院找了一份宿舍管理员的工作，两人轮流上班以换取免费的住所。有一次马修太太出了车祸身体受了伤，小夫妻俩生活陷入困境，依靠数千美元赔偿金度过了这段艰难时间。

上海世博会期间，马修给我发来的邮件里附了和孩子们爬山的照片。我便在世博会中国馆红色的建筑前面，和小蝌蚪照了一张很中国的照片发给他，告诉他上海的世博会如何的举世瞩目，希望他来中国一睹多个文化汇聚之地上海。马修回复说，如果今后经济条件许可，他很想带着一家人来中国旅游。

几年前我回访湾区，马修夫妇带着三个已经长大成人的孩子，开了三小时的路程来到旧金山。大家见面时，都激动得热泪盈眶，分别时候依依不舍，就差抱头痛哭了。这就是人与人之间的缘分吧。

二

我是那种有灵感的人，平时觉得英文很难朗朗上口，但在一次课堂辩论中，我的英文脱口而出，发挥得极好，让古板的老派教授索马斯基博士惊讶于我语言进步之神速。他感觉我这个中国人颠覆了他对外国学生的一贯的看法，夸我天赋异禀，还说他一辈子带过很多辩论队伍，没见过我这样机灵敏锐的非母语学生，假如他还是曾经的辩论教练，肯定得带上我去各地参加各种辩论赛了。

慢慢地，我融进了语言学，那是一门从古希腊时期的苏格拉底、亚里士多德和柏拉图开始的深奥学问。亚里士多德对幸福的定义是多层次的，他认为人最高层次的幸福是沉思的生活，一个具备各种美德和爱的人，并不需要过多的外部条件支持，就能构建出幸福的人生蓝图。原来一直津津乐道的西方文化源自古希腊文化，所有现代文明都是古文明延续下来的宴席而已。

教授民俗学的皮姆博士上课时，总把生活里种种稀奇古怪的现象联系起来，她说乌鸦是神鸟，可以传递信息。她开车时曾经被一只乌鸦追着跑，而那只神奇的乌鸦料事如神，后来她的生活中果然发生一件悲哀的事。下课了，她会追着我问东方的风水学，我被她的好奇心打动了，专门去旧金山市政图书馆借到一本中国台湾出版的风水书，把其中一些内容翻译成英文给她看。她一边看，一边点头称赞书中说得有道理。我是深受"无神论"影响长大的一代，当时觉得她那份对风水的痴迷既可爱又好笑。回头想一想，神秘空间里那些看不见的风水现象，也许确确实实存在着呢，并渗透进我们一生的经历中。

教授萨丽博士是我人生中难得的知己，这个在新墨西哥州糖果店长大的小女孩，即使到了接近退休的年纪，脸上仍透出孩童时特有的甜美，温暖着与她相遇的每一个人。她是第一个看到我无助眼神的人，那双母亲般柔情似水的眼睛一下看懂了我内心深处的疼与挣扎。她既是现实中我的研究生导师，更是那一段艰辛求学之旅的人生导师。我刚进入大学时，身上积蓄所剩无几。在她的帮助下，这所公立大学对我这样的国际留学生作了特别的安排，破天荒地提供一份兼职的工作。在此后的学业中，她给予我许多宝贵的指导，帮助我走过一道道难关。若干年后每当想到她，总是如沐恩泽的感觉。

导师萨丽年轻时候遇到了挚爱戈登，他与她一样拥有博士学位。戈登的专业是环境保护，他总担心地球变暖，冰河消融，北极熊和企鹅没有了生存之地。在忙于生计的年纪里，我觉得他们担忧的事情距离现实生活好遥远啊。

萨丽与戈登，对生活保持乐观，为人善良，尤其是两人一生对彼此爱的信心，令人印象深刻。他们相守相爱，没有孩子，也是我在美国期间见到的唯一没有宗教信仰的家庭。他们深信唯爱为信仰，在岁月里陪着彼此慢慢地变老。我在课堂上首次接触了于我而言很新的概念"情商"，导师萨丽对我说，人类的情感永远都是生活内在的驱动力，要相信爱就是人生的最大财富。

她留给我的那一串由爱情、信念和梦想三个词镶嵌而成的项链，我一直精心保存。

三

交流学既有深奥难懂的古典理论，也有紧跟时代脉搏的最新研究成果。教授们总是鼓励学生从顺应人类生活未来潮流的角度，对社会前沿的一些课题进行探索。

交流学领域的代表性人物马歇尔·麦克卢汉认为，"媒介即是信息"，任何一种新媒介的产生将对人的行为带来影响。当时互联网方兴未艾，作为一种新媒介和交流工具，将对人类未来生活带来什么样的变化？我选择这个课题，开始收集材料，写一篇研究论文。我对感兴趣的事情总是特别着迷，十分投入。在西韦夫超市，我发现杂志栏上新出版的《商业周刊》上有一篇关于网络发展的文章，就买回来阅读。受此启发，写了一篇洋洋洒洒的论文。论文谈到三个网络化，即教育的网络化，社会交往的网络化，未来人的思维的网络化。社会的开放程度与意识都因为互联网新媒介的到来发生巨大的改变，因为网络世界的快速形成，世界成了一个密切相连的地球村。传统的沟通模式将让我们这一代，尤其是童年时听着祖父母讲故事成长起来的这一代，特别想念人和人的亲情关系。很多人会变得很宅，不再主动和邻居说话，在走廊里遇见了打个招呼就各自回到自己的网络世界。上班族回家会从网络商城买东西，失去了在实体店购物的动力。人类的感知能力会随着互联网的普及发生彻底改变，比如人类依赖手指在键盘上与外部世界交流，所以指尖的触觉会强化。当时纯属预测未来潮流的论文，现在看来确实是一篇很有意义的好论文。我当时的英文水平其实是很不够用的。索马斯基教授还好奇地问我那篇论文是怎么写出来的，因为论文水平足够发表到专业杂志上了。我告诉教授，我走路吃饭都在想着这个课题。我写完后就发给我先生提意见，他在语言上给予了帮助。

社会学研究很重要，它可以预测未来的人类行为模式，为弥补社会管理渠道的缺失提供政策建议。好的社会管理需要科学预见性，这个提前的预防措施可以帮助应对因为科技发展过于快速而产生的人类心理与行为的变异，减少社会问题。

生活中，很多人现在都不去超市也不去饭店。在一个家庭里，很多人都依赖网络参加远程课程，也在网络世界购买日常所需，甚至于不怎么觉得与其他人有面对面交流的必要了。网络发展的便利性和人类本身的惰性，让未来世界的生活中到处是网络依赖的一代人，大都市上班的白领阶层更会如此。现在中国的网络经济确实走在了前列，我同时觉得，美国这些比我们更早经历过工业化的发达国家，在社会人文学方面对人类社会的前瞻性研究很有道理。美国社会很现实，也很理性，很多人现在从事的工作都是当时新兴的网络技术所创造的机会。美国校园真是一个修炼的大熔炉，西方人的科学思辨力，东方人的唯美与情调，都令人受益匪浅。我们在享用自己文化传统中的很多优势时，又能从更加崭新的角度看待生活，这是极好的一种接纳了新知识的表现。

2020 年的一场疫情，加重了人们对网络的依赖倾向，又会产生哪些伴生的问题呢？当人与人之间的交流更多依靠眼睛看、耳朵听来实现的时候，其获得的信息与传统的面对面交流所获得的信息肯定是不一样。这种信息差异会对人与人之间的关系产生什么影响呢？传统的亲情关系会不会更加疏远？这些都值得进一步研究。

四

转眼到了 2000 年，我准备毕业大考。那种考试的滋味，体验过都是终生难忘的。临近考试人心惶惶，英文流利的印度同学觉得自己毕不了业，居然决定退出了。一些美国同学也忧心忡忡，担心过不了那一关。我唯一的念头就是先生能赶紧到我身边。他回复说可以申请出国探亲，我顿觉轻松了许多，因为只有他可以给我那种一定会成功闯关的自信，就像以往人生中所有关键时刻，他一定可以稳妥地把握住我前进的方向盘。

在我比以往更加自信满满的毕业前夕，他如期来到了旧金山探亲，恍恍惚惚如在梦中一般。那时，无论是在大学的校园，还是在旧金山的图书馆、餐厅，都留下过我们的身影。他帮我整理了一些重点学科的知识点，做成一张一张的卡片。我开着车，他会在途中讲述一下他自己对有关理论的看法，帮助我加深理解。

终于迎来了颇具挑战性的研究生综合考试，至今记忆犹新。教授们有意识地绕来绕去，提出诸如语言学专业毕业生是更适合去市场部还是公关部门工作等等问题。印象中自我感觉对答如流，思维敏捷。考核组的教授们其实是有些担心我这个国际学生的，但我的临场表现出乎他们的意料。

毕业那一刻，在教授们灿烂的笑脸中，我走上前台领取了梦寐以求的学位证书。那一波的幸运星还挺多，马修同学也顺利毕业。听说后来同在语言实验室工作的克里斯特很多年后才获得毕业证书，他简直在演绎抗战剧。导师萨丽为我顺利毕业十分开心，她说我是她爱心试验田里一棵最茁壮的树苗。我先生那时候已经结束探亲回国了，没能陪我一起出席毕业仪式，萨丽对此觉得很遗憾。

毕业那个周六，加州的天气好得出奇，在街头随手买了一份报纸，看到上面有招聘信息，有一个与亚洲市场有关的招聘引起了我的兴趣。我周一打了电话，对方约我去南旧金山工业城面试。我特意去梅西百货买了一件职业长裙。那家公司在香港和北京都有分部，我很合他们的招聘标准。人刚刚到家，工作录取通知就以电话的形式跟来了，说周三去签合同。第一份异国他乡的求职顺利到无法想象，周三去南旧金山见了那家企业的董事长尼先生，他是来自广东的老一代华侨，少小离乡，异国打拼出在当地颇有名气的少数民族企业。他在聘用合同上签了字，马上就让财务部预支了半个月的薪水，他理解中国人在异乡打拼的那份不易，对我说明天就来上班吧。这个华人身上有种对祖国特别强烈的情结，他的乡愁在话语中常常不自觉地流露出来。走出了校园，已经身无分文，还是北京的同学借给了我一些生活费。我觉得好幸运，前脚刚踏出校园，紧跟着就稳稳当当签署了工作合同。美国人说这是幸运之神的恩典，而我是一个无神论者，更加相信这种幸运都是因为来自真爱的恩典。

第五章 ＊

旧金山湾区众生相

牛仔与诗人的不了情

一

美国国庆日，想起2000年经历过的节日往事。走入美国家庭的我有幸收到好几个节日活动邀请。在社区成人学校里认识的巴西人玛莎一家邀请我去国家公园参加烧烤活动。好久没了音信的老威廉也露面了，打来电话说这个日子很多人会熬夜观看烟花爆竹这一传统节目。已经在奥多比工作的闺蜜开蒙邀请我边看烟花边吃烧烤。在各种不同邀请中，我举棋不定，向房东海伦了解怎么过这个节日更有意思。房东说如果是她，一定不会在这个时候去国家公园，而会选择一家有景观的酒店观看烟花。我听从海伦的建议，就约了老威廉和闺蜜开蒙那一帮朋友一起过节。我们约好在十七英里海边公园集合，听说那个地方既可以烧烤也可以看到烟花。

晚上，大家热热闹闹地在海边公园里会面。老威廉果然风尘仆仆地大老远从纳帕乡下开车赶了过来，和一群素未谋面的中国人一起过节。老威廉年近七旬，依旧酷酷的牛仔范，年轻时候他可是真正的西部孟浪的帅气牛仔呢，骨子里都是西部牛仔的那股对未知世界的征服欲。在北京，他曾经说自己十几岁时就驾驶大卡车，既没有驾照也不小心，孟浪的他翻了车，人居然平安无事。

一大群中国人积极准备着烧烤架子和肉，老威廉一看大家都不是行家里手，开始大显身手，看来他很熟悉这烧烤的技巧，很快让大家开心地吃上了正合火候的烤肉，也自然而然融入了这个临时搭建的野餐团队。

开蒙那一晚上准备在车上过夜了，她指着车子说连被子都放在车上了。看她兴致很高的样子，我觉得自己在车上窝一晚上肯定是无法入睡的，可能因为学业上的压力，我睡眠越发得不好。老威廉在附近已帮我预订了一个面朝大海的酒店，开蒙很羡慕地说能住在那样的房间过节真是太奢侈了。我也觉得美国人真会享受生活，大部分留学生的经济状况比较拮据，外出旅游自然能省就省一点，说起来就是"穷游"。

二

来海边酒店度假的都是一家一家的美国人。第二天吃早点，发现周边的节日氛围好热闹。在我的认知中威廉的经济状况应该很好。可是这一次见面，老威廉却说他很想再到中国去找一份工作，因为他需要社交圈，也需要攒点养老钱。

来旧金山之前，我就认识了老威廉，那时他正在追求我的一个诗人朋友"洳"。他说他对中国人特别有好感，我觉得这完全是因为我那个诗意满满长发飘飘的朋友带给他太多美好的感觉。老威廉在内心还爱着那个已经嫁给了意大利歌手的女诗人，至今深情难忘。

洳长相神似西方人膜拜的美女蒙娜丽莎，大大的眼睛，高高的鼻梁，自来卷的长发飘飘然。美女诗人，当年在北京一群文艺沙龙中，是一个倍受追捧的明星似的人物。诗人周末经常来外语学院看望当教师的父母，偶然的机会，我们在学院里认识了并彼此熟悉起来。于我而言，那个诗意满满，年长我十岁的姐姐像是人生中一道思想上的闪电，她魅力十足，似乎知道无穷无尽的人生和世界的真相，让青涩的我经常有醍醐灌顶之感。那时新体诗歌很受欢迎，顾城、舒婷和汪国真的诗歌在流行，为无数人的青春打下时代的印记。诗人出版了一本诗歌集，送了我一本，写的东西自然清新可爱，可惜这本诗歌集后来被我送了别人。我发现她创作的诗歌大部分来自童年的快乐感觉，有很多童真与童趣，诗句优美富有想象力。依稀记得有一首充满童真很好玩的小诗歌，大意是说一个孩子眼中的小蚂蚁在糖果上啃食出美丽的诗句。

诗人性格心直口快爱热闹。医科大学毕业后分配到郊区医院上班，后来辞掉了工作，在家专心创作，经常出现在北京文学圈子里的各种小聚会上，且小有名气。在三味书屋她结识了老威廉以及后来成为她丈夫的意大利流浪歌手。

老威廉当时来中国，是因为纳帕的一个学校派他来授课。这个学校传播西方星空玄学。诗人叫我同去听课，请我帮忙做些口头翻译，那时我的英文程度也就是勉强应付而已。第一次和诗人去东直门一个很西式的公寓，见到了六十岁出头穿着白衬衫和牛仔裤的老美——威廉。老威廉头上黄发稀疏，但是面色红润精神很好，牛仔风骨依稀可辨。当时他站在屋内吧台边上，见我们来了，顺手给我们拿了点喝的，并举杯示意欢迎我们。这吧台后面是一间开放式厨房，前面是一个宽大的客厅。我以为进了酒吧，而老威廉就是酒吧老板。坐下来，看到四周都是一群互不相识的青年，很多人说是来学习英文的。当时出国留学风头正盛，新东方之类的培训机构正大行其道，公园里的英语角比比皆是，老威廉授课被当作学习英文的机会了。

诗人和老威廉以及意大利歌手早已经相熟了，她很舒适地进进出出，向我介绍四周的环境和这里的主人。然后老威廉就坐在对面的椅子上开始授课，由我来翻译。很多玄学星座的名字是第一次听说，我似懂非懂。上课结束后，诗人让我留下来，跟意大利歌手和他朋友一起享用西式晚餐。晚餐准备了沙拉和比萨，还有意大利肉酱面。诗人翘起大拇指点赞西餐很地道，说今晚的美食是那个满头卷发的瘦高个意大利歌手准备的，看来诗人的胃口就在一顿美食中被意大利风味征服了吧。这大概应了一个说法，要女人爱上你，首先让她爱上你的厨艺。见大家吃得差不多了，意大利人就拿出来一个计算器，算出当晚每个人应承担的餐费，大概每个人几十块吧。我当时心里有些小小吃惊。诗人看出来了，解释说这是国外流行的 AA 制。学语言的对这种西方规矩并不陌生，只是没有想到在家里备餐请客也要收取客人的费用，算是真正体验了一下西方文化。

那时我在外企工作，收入可让小日子过得比较舒服。清贫的诗人就打趣说，知识就是力量啊，你们外语好的一下就跨入精英阶层了。我不太懂她所说的"精英阶层"，只是觉得闲暇时光，一群文化背景不同的人在一起混着很有意思。我与诗人年龄上不过十岁之差，我却没有什么忧愁的人生去善感。诗人那颗善感的心灵中有很多历史烟尘的味道，美丽的大眼睛总带着些迷惘的感觉。她跟我讲起儿时去中南海的愉快经历，说她父母曾经给领导人当过翻译，小时候她还见过周总理和陈毅部长等大人物。每次我都像听天书一样听她讲这些故事，尤其对她见过大人物的经历羡慕不已。

诗人儿时的快乐随着"文化大革命"戛然而止，她和谐温馨的家庭生活在"文革"中四分五裂。她母亲因为受不了折磨，离开了家庭，她和年幼的弟弟就成了脱了线的风筝，无依无靠中度日。后来，母亲和一个武斗头头结了婚。母亲出身于大资本家，很有大家闺秀的风范，那人暗地里喜欢母亲已久，借机以公谋私了。她跟着母亲生活，弟弟因为无人照顾被送回老家苏北。每当她说起这些被割裂的人生片段，她清丽的脸庞就会因痛苦而扭曲，眼眸中滚落出来晶莹的泪水，我仿佛看到一个人刚从一场噩梦中醒过来似的。她说喜欢西方人的简单，因为她经历了太多的复杂世事。

诗人说喜欢听歌手唱《我的太阳》，那明亮的感觉让人欣慰。每次听到意大利歌手的歌声，诗人都情不自禁，说太迷人了。我委婉地提醒她，觉得她跟歌手在一起会受委屈的，因为那人太计较了，连自己下厨房做的饭都要向客人收取费用。她哈哈大笑，然后就说没事儿，这都是因为他成长的环境，兄弟姊妹众多，家庭不富裕造成的。老威廉显得大方多了，讲课时还给做翻译的我付费。那一段日子，大家你来我往，热闹的场面里都离不开诗人这个中心人物。她特别能够营造好的氛围，难怪每次聚会老威廉都会坐在诗人对面，看着她满眼都是深情，因为她本身的存在就是美。每次都有一些富于哲理的话题在两人之间展开，可能谈话的艺术和乐趣是一副精神的营养剂吧，老威廉对此乐此不疲。

诗人曾经是拿手术刀的，她说自己见到一个人的时候，眼里看到的只是一副骨架子，我觉得这也太神奇了吧。她更多的时候是安静地聆听，偶尔的点评也是入木三分直击要害的感觉，就如同她的手术刀只用在最关键的地方。

涎平时写了诗歌，就去街边小店的打字机上打出来，她还说那打字员每次见到她，眼里满是崇拜之情。诗人长发飘飘，青衫亦飘逸，加上内在的腹有诗书气自华，让诗人的生日聚会很有人气，至今我还清晰记得诗人说起朋友们给她准备生日聚会时的那份快乐和激动。20世纪90年代是一个崇拜诗歌、喜欢朗诵的时代，整个社会的脉搏中都跳动着对明天的热切的梦想，那时代的诗人真是少有的、那种可以引领时尚的精神偶像呢。那一次，记得诗人还给作家莫言打了电话，邀请他参加生日聚会。电话那端，不知莫言是如何寒暄的，诗人放下电话时有点小小的失望，说那日他已另有安排了，还感慨说，文学圈子里不想见的人天天都在各种派对上见，真想见的人却都是低调地生活在自己的世界里。如今想起这话，觉得能写出好作品的，都是那些心沉静下来，不被浮华所牵引的定力十足的人。

涮很想去国外生活，那时很多人把国外描述得像是天堂一般诱人，有的人踩着大时代的节奏，舞动出美妙的人生旋律。诗人最后远嫁欧洲的初衷，亦是想着在京城的狭小诗歌圈子中给众人留下一个华丽转身的背影，远离让她失望的现实，独自远去欧洲追逐梦想的诗意生活。这大概是诗人在她曾经的文学里构造的人生情节吧。诗人写着写着，人生就变成了她写的那种缥缈的感觉了。

我在国贸的外企上班，涮会突然出现在我办公室，飘逸的长发下一身宽松的衣裙。她会兴奋地告诉我，她刚刚见过老威廉，两个人意犹未尽刚结束聊天。有时会告诉我歌手有一场新的演出，邀请我一起去。那一段日子，大概诗人游走在两个喜欢的人中间，举棋不定。老威廉总是慷慨地邀请大家去吃夜宵。为了回报让一群人都开心的牛仔，我也在建外的烤鸭店邀请他们吃老北京烤鸭。意大利歌手也来了，我看到他就想起收饭钱的事情，总觉得他不停地算计，这回估计他在心中盘算，假设自己做东的话，这顿饭每个人得付给他多少钱了吧。他太懂得算小账了，全然没有老威廉带给别人的关怀之心，可是诗人并不介意，也许被音乐的诗意与魅力彻底征服了吧。

有一天，洄打来电话说有要事相商，语气听着有些激动，原来老威廉和意大利歌手同时向她求婚了。她一时难以定夺，说喜欢老威廉骨子里的牛仔性格和绅士风度，可是他有过两次婚姻，她觉得日后与他前妻的孩子们不好相处。意大利歌手高歌一首《我的太阳》，就让诗人想入非非，可是那人生活漂泊不定。看着女诗人痛苦并快乐着，不知何去何从，我也给不了她任何有帮助的建议。最终她还是选择去意大利生活，也让深情的老威廉得了相思病一样失落了许久。

三

那一次我在酒店的餐厅听着老威廉深情而伤感地怀念着远嫁他乡的女友。他背后窗外就是深蓝的大海，海面上不时出现朵朵白色浪花，一艘轮船在海上缓缓经过。我明白眼前这个美国人的心留在了中国，全都是因为我那诗人朋友的缘故，他说见到我就想起从前在北京的好时光。

那天在风景优美的十七英里的海湾走了一圈，看到了路边一个叫"李厨师"的中国餐厅，老威廉请了一顿中餐。餐厅是山东人开的，我点了爱吃的卷饼。

老威廉提起我和诗人去纳帕他家做客的事。老威廉在盛产加州葡萄酒的纳帕过着闲云野鹤一样的日子。那一次去纳帕，四周山坡上满眼绿色，各种人家散落在半山腰间。在小镇的麦当劳里，老威廉等候客人的到来，然后一起驱车进入更深的山谷中。山谷中散发着空无人烟的寂寞气息，也显得特别清净，我想假如诗人嫁给老威廉来这里安家，也会觉得此处是内心深处的归宿了。老威廉租的房子有上下两层，门口是一个花园，可爱的玫瑰在窗前绽放，在风中迎接远道而来的客人。老威廉说花园里的花儿本来开得更多，周边的鹿儿经常来偷吃。为了警告那些自由散漫惯了的野鹿，他有时拿着猎枪对着空中放上几颗子弹，提醒那些馋嘴的鹿儿离这些花儿远点。

每年葡萄成熟季节，学校的弟子们从世界各地赶过来，帮忙采摘葡萄。一串串葡萄被采摘下来，最后酿成一瓶瓶纳帕出产的葡萄美酒。老威廉当年在北京东直门公寓里喝的据说是纳帕自产的葡萄酒呢。诗人抱怨说在闷热的葡萄架子下干活真是个苦差事，可是能来一趟美国看看也认了。加州的大太阳下，东方女性诗人披散着齐腰的长发，挥汗劳作，让很多在葡萄园工作的西方人感到好奇。老威廉则说诗人很迷人。

我们在老威廉家像在北京时一样再次会面，都很高兴。我主动请缨做饭，因为老威廉家简单而干净的厨房中，除了面粉和土豆，并无他物，我拿着所有的面粉和土豆，就做了一顿葱油饼加土豆丝的中餐。远嫁意大利的女诗人狼吞虎咽地吃着中国菜，眼含热泪，笑称自己嫁到意大利后都感觉没吃饱过饭。老威廉看到女诗人，感觉又激情燃烧起来，对女诗人一直吃西式面包感觉吃不饱的意大利生活心疼极了。

白天的聚会散了，晚上老威廉单独请女诗人去纳帕最高档的西餐厅，让她点任何她想吃的美食。渔哭了，觉得老威廉才是真心爱她的人。老威廉愤愤不平，批评歌手让自己爱的人吃不饱肚子。她所有的委屈都疼在老威廉的心坎上。老威廉事后很绅士地说，自己年龄大了点，如果女诗人嫁给他，他保证让她生活得快乐开心，等他百年之后，她可以再嫁那个意大利流浪歌手也不迟。而她因为继承了自己的财产也不会跟着穷小子挨饿了。我们听着都笑了。其实老威廉对女诗人心疼极了的感觉，我们当时并不太懂得。老威廉真是个情深似海的情圣。以后了解的很多事，都证明了老威廉就是一个为了所爱可以豁出命的人。

在这次相逢中，我才知道诗人是怎么弃医从文的。当年渔大学毕业后，在北京郊区的一家医院做医生。在那山区医院宿舍楼里，她晚上看书时遇到停电，就点上了一支蜡烛。也许是累了，她看着看着就睡着了，那蜡烛竟然引起了一场大火。半夜里有人大喊着火了，她从梦中惊醒，惊魂失魄中，穿着睡衣仓皇逃离火海。诗人觉得人生中最可怕的世界末日到了，第二天一走了之，离开了那个苦读了五年医科大学得到的铁饭碗。

老牛仔威廉遇到女诗人，也许是走过了千山万水，看过了万千世界后，才在中国邂逅了他的真爱。诗人满身的灵性与浪漫的情怀激发出他生命中的激情，亦照亮着他多年孤独的内心。

纳帕几日演出后，诗人跟随意大利歌手和演出乐队回到了旧金山，她打来电话告诉我一个临时落脚处。我印象里是在一个院落中，很多拿着乐器的人在里边聚集着。当年在北京时渔与我便无话不谈，如今隔了几年在美国相见，更是有一大堆话要聊。渔告诉我，那天晚上，在纳帕小镇静谧的高档西餐厅，诗人惹人怜爱地举起红酒杯子与老威廉对饮，老威廉借着酒劲，像年轻人一样对着诗人叙述着对她的一片钟情，酒后散步时又情难自抑地亲吻了诗人。看得出来，相比和意大利流浪歌手一起的市井日子，诗人陶醉在老威廉对她的宠爱感觉里。洇感慨万千，说早知道老牛仔身上如此绅士和激情并存，当初的选择也许错了。洇嫁的意大利歌手心眼小，嫉妒心还很强，得知老威廉约着诗人单独出来用餐大生醋意，事后还警告威廉不许再靠近她。老威廉在我面前说起歌手却是满脸不屑，说他不配娶到诗人，起码得让她吃饱饭啊。

四

我从旧金山回国后，见过一次洇，她依旧在人生边上的苦和乐中挣扎度日。洇从意大利回中国，匆匆忙忙赶到三里屯与我见上一面，穿着单薄的她依旧长发披肩，我拿着一件大围巾披肩给她取暖。她为了生计奔波在欧洲的几个城市里，已经弃诗从画了，因为艺术品随时可以在街头卖掉。我后来无意中在网上看到她在欧洲某个城市办过画展。医科大学出身的诗人，看人生很透彻，生活中也不依靠他人。她提到，跟着流浪歌手四处为家，一直没有安定感，唯一的收获就是看世界了。洇说自己总遇上一些欣赏她的欧洲人，可是婚姻还在维持，这种话听着意味深长，也让人生出一丝凄凉之感。对于一个需要激情与活力的诗人来说，没有真爱滋养的人生肯定显得有些荒凉。过去提到老威廉时，洇总是一脸的光芒与幸福。人生中，有些人注定有缘无分地错过了彼此。我们这次没有多少时间交谈，她又匆匆离开，留给我一个如此清冷的背影，就再也没有露面了。她虽然未提起老威廉，但我相信她还一直眷念着老牛仔身上那份护花使者的风骨呢。

五

在"李厨师"餐厅的闲谈中，老威廉也说起自己对之前的两段婚姻的感觉。第一段有众多子女的婚姻，他的天主教徒妻子不愿出去工作，每日在俱乐部和教堂打发时光，他艰难地打两份工维持生活，很多次劝说妻子外出工作，可是都被拒绝了。他就是一个工作机器，别人都在花着他的心血，而不关心他的感受。在苦苦地孤独感觉中，在一个风雨交加的下班点，因为无人来接，他心情沮丧冒着大雨全身湿透回了家。发现妻子开车去了俱乐部，儿子带着朋友外出兜风，每个人都忙着自己的事情，他的苦和累却无人问津。胸中那股积压已久的火焰升腾起来，他带着一包换洗衣服雨夜里冲出了那个家。孩子们当然不理解父亲不计后果的举动，后来基本上也不怎么来看望他。偶然有联系的大女儿和二女儿，每次联系也是跟这个父亲借钱。

第二任妻子也是靠威廉供养读书，对方拿到会计师资格后，在就职的大公司认识了一位富人，也离开了威廉。不过他当时并不怨她，因为每个人都向往更好的生活，而他也享受了周游世界的自由。他说，第二任妻子改嫁的人太有钱了，富得可以买下整个镇子。我听着他的故事，明白了在这个家庭聚会的节日，他真的是无处可去。那个特殊的美国国庆日，我就以独特的旁听者的身份明白了老牛仔人生的心酸泪水。他诉说着对诗人的思念，混浊的眼中闪着泪光。我真不知道如何安抚一个可以为人父亲乃至爷爷的美国朋友了。

六

这次见面之后，我一直想着如何帮助老威廉一把。我给总领馆教育组的领事打电话，咨询外国人可否去中国当外教，他特别痛快地说很多国内大学都是需要外教上课的。他顺便问了问我留学的情况，给我感觉好像也有人希望顺着那条路去看看人生本该有的风光。我想着自己跟着内心认为正确的方向，深一脚浅一脚地行走在求学路上，不禁感慨良久，也无意中让我看清了理想和现实的差距好大。

老威廉后来在西安医科大学谋到一份教职。也就在这个时期，学生们介绍了一个当地的下岗女子，年龄和女诗人相仿，七旬的老威廉就与她结了婚。也许老威廉把她当成了女诗人的化身。他总是说，他的中国情结因为女诗人很难放下了。日渐老去的威廉有人陪伴，我觉得就是最好的结局，人最怕老年孤独了。老威廉后来带着第三任妻子回到了美国。

后来的故事都是从到美国留学的妹妹那里听说的了，他们一直保持着联系，有一年还开车去阿拉巴马州看望老威廉。老威廉骨子里就是个够义气的牛仔，他不计代价地供着妻子上美国的学校。可是她基础差，试了好几个专业，前前后后上了有七八年学，老威廉从不埋怨，还常常在邻居朋友面前称妻子为"中国美人"。功夫不负有心人，妻子终于在老威廉去世前毕了业，并在一家医院找到了一个实验员的全职，可以独立生活了。老威廉对此很自豪，说她现在已经是"实验室科学家了"。

在美国铁板一样的现实中，老威廉依旧乐观向上、精力旺盛，年过八旬仍去药店兼职来养家糊口，因为他很想在自己百年之前，让妻子有个安身之处。他贷款买了一套房，卖力地工作，就像在第一次婚姻中那个不停旋转的机器人，终于有一天这个零部件老化的机器被生活的重担压垮散了架，老威廉心脏病突发，一下就走了。我妹妹也是很久以后才知道这个不幸的消息，因为打他家电话总是没人接听，有一次终于有人接了电话。他妻子淡淡地说老威廉去世了。妹妹和妹夫为此感到伤心，因为他的妻子没有通知任何老威廉的亲朋好友，也许从认知上她也仅仅是觉得幸运眷顾她，而语言不通让她无法深入理解老威廉的内心。她大概还不知道，她是沾了一个女诗人身上美丽的光环，才会遇上如此拼力卖命的美国情圣。此刻不知道在遥远的欧洲，我那个辛苦流浪的诗人是否在异国他乡的旅程中，偶然会记起老牛仔对她的那份钟情和痴心。

七

老威廉身上的老牛仔精神很可贵，老一代美国人还有俯首甘为孺子牛的吃苦和奉献精神。他在人生末年遇到一个连自己家人都嫌弃的下岗女子，他每次都说，这个社会和家庭待她太不公平，周围的人待她很糟糕，所以他得让她过上好日子。他尊重每一个人，对那些过去的事，也是尽了自己的责任，从来不说别人的过错。他告诉我，他很欣赏我们这一代自强自立的女性，他的第一任妻子如果有我们这一代人的独立精神，他们还会在一起。他实在是扛不动那个时期沉重的日子，而且内心深处孤独太久，才在雨夜一怒之下离家出走。那一段婚姻中，他买了大房子和车子，全家只有他没日没夜地工作，他觉得对家人已经尽心尽力了。

其实他是个难得的好丈夫，好父亲，懂得珍惜。他一生三段婚姻，不停地付出，生活中也自有一套智慧。他自己总结说，他一生都在追求自由与爱的路上。这话藏着精辟的哲理呢。他唯一的过错，也许就是没有学会说"不"。他的第一任妻子管不住孩子，总让他扮演凶巴巴教训孩子的角色，他照着做。结果每次下班回家，孩子们都害怕他训斥而躲避这晚归的父亲。他其实很心疼自己的孩子，也很想亲近自己的孩子。他内心深处为此感到特别孤独。他是一个很善良的人，又是一个一生站立的真正牛仔。

此刻，很是想念我那多年未见的诗人朋友，不知道伊人在欧洲漂泊不定的日子是否结束，是否一路奔走中已经寻找到了一个可以包容承载她所有梦想的安身之屋呢。

莱昂的百岁梦

各式流行的健身设施遍布于山城的各个社区，此乃现代美国人酷爱健康生活的一个标志吧。

我在公寓楼的健身房办了张月卡，已经是当时一笔大开销了。健身房里会遇见附近社区来此健身的居民。泳池边上有一个很大的按摩加热池子，休息时人们就在那里坐下来聊天。一个鹤发童颜的老人很是慈祥开朗，看我捧着一本英文书看，引起了他的好奇，自我介绍叫莱昂。闲聊起来，知道老人是退役军人，也是来自纽约的退休教师。

　　我在学业最吃力的时期，周末有时去莱昂的老年公寓坐坐，顺便请他辅导一下课程。他很高兴有客人来访陪他说说话。看到喜爱读书的人，人生阅历丰富的莱昂也乐意提供帮助。

　　莱昂对自己的老年生活很知足，也很放松。山城三面临海，海风大，冬季湿冷。他坐在窗前的一个老式藤椅上，穿着一件宽大暖和的棉衣，老式唱盘上播放着他喜爱的纽约歌剧音乐。他来了兴致就跟着唱片一起哼唱，自得其乐。也许上了年纪，他耳朵有些背，与人交流中听不太清楚时，他会身体微微前倾，要求重复一遍刚才说的话。他喜欢哼唱那首西部民谣"Oh My Darling, Clementine"，神情动人。窗前的书桌上总放着一本波斯诗人欧玛尔·海亚姆的《鲁拜集》，他拿起诗集，翻开书页，开始声情并茂地朗诵，很是陶醉。记得第一次听他读的一首诗歌："树荫之下，一壶美酒，一条面包，一卷诗集，还有你在旷野之中为我歌唱，这就是天堂"（作者译）。天地之间最唯美的画面就跃然而出。他见我为了学业和各种压力发愁，就宽慰说："孩子，记住！安稳心情很重要，一扇门关闭，一扇窗户就会打开"。

　　后来知道那些经历过战争、饥饿和经济危机的老一代美国人，都喜欢读《鲁拜集》。到了午餐时间，他会泡上热热的巧克力奶，把面包放在烤箱里，几分钟后取出就变得脆香。面包里夹上几片烟熏三文鱼、生菜，再加一些橄榄果，一顿美餐就准备就绪了。

　　莱昂军人出身，养成了锻炼身体的好习惯。他在家里备有一副哑铃，看起来很沉，他平时用它来拉拉肌肉。我称赞他身体很棒，肯定能活到百岁，莱昂听了很高兴，之后与人聊天时，总把我的这个祝愿挂在嘴上。学校假期回国时，我在陕西兵马俑的旧货市场，为莱昂精心挑选了一件礼物，古色古香的木盒子里装着一个慈眉善目的菩萨像。莱昂果然特别喜欢这个会保佑他长命百岁的菩萨，将其放在家中最显眼的位置，逢人就夸。

他讲起自己随父母在二战时来到美国的故事，言语中对美国社会给予他的帮助怀着感激之情和满足感。他的父母在二战期间来美洲新大陆躲避战争，他有一个弟弟很早去世了。在我眼里，他就像一部有关美国历史的活字典，一生经历过二战和冷战以及严重的经济危机，见证经济萧条时期人们生活的无奈一面以及后来美国人生活富足的另外一面。他经历了生活的艰辛，更懂得珍惜生活的回报以及晚年的幸福生活。他相信，他在美国奋斗所得到的，足以安抚其一生所受的艰辛。内心深处他感谢国家对他这样老兵的慷慨，他不厌其烦地提起早年加入的几个保险计划，让他在辛苦一辈子后能够生活无忧，此刻可以在加州灿烂的阳光下，在小巧精致的花园里，坐下来安心读书喝茶聊天。

莱昂身上具有老一辈人在岁月里积累的生活智慧，也带点老顽童不服老的劲儿。他有一辆跟随他多年的两人座红色雪铁龙小车，起初我以为是一辆跑车呢。虽然年逾七旬，他每年坚持申请驾照延期。有一次莱昂说带我出去兜兜风，就沿着海湾大桥开出了旧金山城区。在一个盘旋而上的高架桥上，莱昂指着旁边相邻的一个高架桥，问我是否可以开过去。我当时惊出一身冷汗，真怕他直接往护栏上开过去。我告诉他这两个高架桥是悬在空中的两条路，车子只能飞过去。这时候我才明白莱昂毕竟年纪大了，老眼有些晕花，开车全凭着经验和感觉。这件事情之后，我没敢再乘他的车了。

莱昂一生中遇到过真爱却没有结婚，他家有一张褪色的老照片，这是他曾经的爱人朱莉在这个家留下的唯一痕迹。莱昂年轻时正逢美国经济大萧条生活困难时期，人生遇到过的几段感情，都因为他看透了对方只是需要一个男人提供牛奶券而无疾而终。爱开玩笑的莱昂经常炫耀自己年轻时的明智之举，说假如真的娶了当年想要嫁给他的漂亮朱莉，你就见不到如今的莱昂啦。他将因为生活的压力而累弯了腰，没准早早地就上了天堂。但莱昂也承认朱莉是他唯一真正心动过的女人，他多次骄傲地说，朱莉生病离开这个世界前，他一直守在旁边直至她安然离世，而且很多年都在怀念她。

"孩子，我此生见过的真爱至上者并不多。"穿越过美国不同时代风雨的老人感慨道，"我们美国人只在不影响自己的前提下才会去爱别人。"

我觉得这是莱昂关于美国人的婚姻最深刻的总结。

莱昂这样一个年迈男人对婚姻与女人的感悟，让沉浸在幸福风景中的我开始思考。人生原来有这么多的压力，让一个渴望爱的男人，年轻时毅然决然地放弃那些在他身边追逐婚姻的女子而保全自己人生的健康快乐与长寿，这让我理解不了。婚姻与爱是二选一吗？一生中遇到了自己动心的所爱，又可以拥有婚姻并且相伴到老的人无疑是被命运选中的幸运儿。他们在激流湍急的人生渡口适时地搭乘上了那一趟承载着爱的游轮，从此相伴着徜徉于人生的长河。

遇见同在校园内的菁菁，提到一个年迈男人对婚姻与女人的感悟，并就这个有趣也很敏感的话题交流一下看法。菁菁是个思考人生的女性，她先生辞掉外企的工作来美国上学，她以访问学者的身份陪读，不给先生增加负担。菁菁说，他们做了很多设想，比如说先生工作好的时候，她开心地在家里相夫教子，但也随时做好后备军的工作，一旦生活压力太大，她会帮助撑起来一片天空，不会让先生一人独自面对生活的重负。我对说话一向娇滴滴的弱女子菁菁立马就有了好感，后来隔三岔五地一起用午餐，在图书馆见面聊天，生活中年长几岁的人往往多一些在年轮中积累的智慧。她先生中学时期就暗恋着她，很多次的表白都被理智的她以学业为由而拒绝了。大概男孩子也对此不抱希望了，大学期间鼓足勇气最后表白一次，准备就此了结彼此的缘分。两人结婚多年一直浪漫相随，当着丁克一族。菁菁理智而浪漫地经营着感情和事业，并没有对这份圆满成功的恋爱自满。她说，一个人最爱的就是初恋的人，但是这也会随着岁月而变化，如果女人不增加自身的魅力与修养，爱情不会自动延续。新一代女性更加积极地经营着家庭与爱。我经常被菁菁冷静的自我剖析和对人生的设计震到内心，也想着以后的人生，不可以做莱昂口中等着男人拿牛奶券回家的女人。

很多年过去了，莱昂如愿以偿地轻松活到高寿，进了养老院度过余生。

几年前我再访旧金山时，来到莱昂的小花园，自然没有见到老人。屋前，一只猫咪蹲在墙头友好地喵喵叫。邻居告诉我，莱昂去了养老院后已经好久没有联系了。算起来，莱昂已是九旬老人了，希望他如愿以偿，长命百岁。

保罗的戒指

美国的大小事都喜欢通过法律讨个说法。每天莱昂在家会看一档叫"法官朱迪"的真人秀节目，威严犀利的法官朱迪当场就生活中的纠纷案作出裁决。莱昂说，这个节目可火了，深受美国人欢迎。他看得很投入，跟着朱迪法官的每一次现场发言显出不同的表情，或者痛快附和，或者开怀大笑。我跟着看这个节目，可没有那么身临其境的感觉。美国人一有矛盾张口就说我告你，跟我律师谈吧。刚开始听了觉得很搞笑的感觉，后来发现在现实生活中这招常被人使用，而且特别管用。

邻居保罗是我在旧金山找的第三个房东吉西的房客。这个意大利裔中年美国人长年在与律师的周旋中艰难生活。保罗与前妻两人就孩子的监护时间安排时常发生争吵，并将此等事情上升到与律师谈话的高度。保罗抱怨孩子们陪自己的时间被前妻克扣了，只好请律师出面保障他的权利。但是每月支付那么多律师费用，又让保罗本来就入不敷出的生活变得很狼狈。保罗不止一次跟我说中国人家庭很好，他真心希望有个中国式的家庭，他会用生命去珍惜这个想象中的美好的家。保罗认真地说，你有很多姐妹吗？你就带其中一个回来吧。我当他讲笑话给我听呢。可是他真不是说笑话，有一天他居然拿着一个钻戒来找我，说他把订婚的钻戒都准备好了呢，请我回国时一定帮帮他，给他带回来一个梦想中的心上人。我这时才意识到他是认真的，赶紧请他坐下说话，安抚保罗颇为激动的情绪。保罗说他一生追求真爱，他与在同一家医院工作的墨西哥女子交往，俩人决定同居。这女子当时正遭遇墨西哥未婚夫悔婚，在失意中投入了保罗的怀抱。保罗却不知道这些，相信对方爱上了自己。可是同居一段时间后，他慢慢发现了对方精神上受过刺激，喜怒无常，并知道了女友与他交往前的感情变故，他觉得不宜结婚。这时候女友已经怀上了孩子。保罗是天主教教徒，天主教不赞成堕胎。于是乎，保罗去咨询了神父，并听从神父的建议，还是把孩子生下来共同抚养。

受了情伤的保罗后来去夏威夷读硕士学位去了。夏威夷日本后裔很多，也有不少日本来的新移民。保罗在每天乘坐的公共汽车上几次偶遇后来的日本妻子。她甜美的微笑和礼仪迷住了保罗。保罗以为这次遇到的是温柔如水的东方梦中情人，两个人很快就登记结了婚，并回到旧金山。婚后过了一段好日子。可是墨西哥女子经常带着女儿上门来，受了刺激的前女友把自己遭遇的命运不公和一肚子对生活的怨气都发泄在保罗的家里。好多次，保罗不得不报警请警察上门处理。慢慢地妻子也受够了这些，对保罗越来越冰冷如霜。保罗的日子越来越难过。等拿到了合法的美国身份后，妻子提出了离婚。

听着保罗悲悲切切的婚姻故事，我觉得美国人有时过于单纯了，两个新移民大概都是看上了他的美国公民身份吧。如今生活负担沉重的保罗也承认对方目的不纯，甚至怀疑他和日本前妻的偶遇都是对方特意安排的。但是生活没有机会重新来过了，保罗从此就开始支付两份孩子的抚养费，经常透支信用卡。

有一回，我到旧金山看望保罗和他的两个女儿。保罗开着他深蓝色的新车带我们一起去海边兜风，然后去了附近的超市买些食材，准备做一顿意大利晚餐。结账的时候，我拿出美元现金准备付款。保罗见了就跟我商量说，珍妮，我现在很缺现金，把现金给我，可以用我信用卡结账。我不知道那时候保罗已经陷入经济危机的泥潭中不能自拔。保罗平日都是刷卡付账，月末还给银行最低还款额，直到支撑不下去，不得已就申请破产。

"我憎恶生活里发生的一切"，保罗说了句我一辈子也忘不了的话。他表情丰富的脸上居然挂着一行滑落的眼泪。这个平时看着风趣又好玩的邻居原来如此不易地经营着人生。

　　平日里我见到的保罗是欢快而阳光的。他很有艺术天赋，喜欢弹钢琴、唱歌，特别喜欢听他根本听不懂的港台地区风格的浓情蜜意温柔女声，常常陶醉其中，还说那唱歌的黄莺莺或者邓丽君就是他的亲密爱人。这个很会寻找快乐感觉的邻居还养了一只可爱的老猫，那猫一见有人进屋就从沙发上跳下来迎接。

　　后来才明白有一种能力叫情商，对一个人的人生很重要。一个幸福的人生需要管理好自己的情绪和情感，知道如何经营爱。保罗眼神中绝对有一种如同小孩渴望圣诞礼物和糖果的真诚，但我不知道该说些什么，况且面对他这么复杂的家庭背景，很多人会望而却步。我把他的钻戒放回到他手里，安慰他说会帮他留意是否有合适的人。可是保罗生怕我敷衍他，还是执意把那个烫手的钻戒让我带回中国，并且说只要我觉得合适的人选，他肯定会喜欢的。

　　保罗的经历让我看到了一个美国中年男人内心的孤独与对温情的渴望，也看到了美国开放社会两性交往中，很多单身新移民像猎人一般把一些美国人当成其猎物，以获得梦寐以求的社会资源。在处处讲究法律的美国社会，人类中的那一群精明的猎手并没有违法犯罪，但他们一旦掠食到了想要的社会资源，便大摇大摆地又去追寻下一个目标。美国也设置了很多严格的法律程序，想要保护本土公民的婚姻不是外来移民的暂时避风港，可是这类因为拥有了美国身份而分手的情况还是经常发生，再完备的法律也无法改变在社会暗流中涌动的生存法则。

　　感觉许多美国人后来也都精明了起来。我回国后的一年，在北京的星巴克里坐着一个美国人，他和一个白领结了婚。可是他觉得身边的美女大概是看上他的美国身份吧，与我聊天的时候他坚决地说不会带他妻子去美国，因为他担心到了美国他的价值就完结了。

我知道当时很多人愿意去美国，可是我真的不能确定给保罗介绍另一个异国姻缘是否明智，会不会也是竹篮打水一场空。我回到旧金山时，把钻戒还给了保罗，也建议他以后先多多了解别人，再看缘分交往。我害怕成为一个事实上的跨国婚姻猎手的帮手，也害怕别人再次辜负保罗对婚姻的深情。

保罗一直在医院做护理员，懂得如何细心照顾人。他的一个女儿大学毕业后，在洛杉矶也当了护士。在美国，护士专业可能是最好找工作的，许多日本、韩国和东南亚的留学生那时都争着去学护理专业课。住过美国医院的人都感觉很好，估计是服务很到位的原因吧。

猫皇后

一

我研究生毕业前，离开了别墅区的海伦一家，在吉里大街邻近海边找了一个出租房，房东吉西是个日本人。

毕业仪式上我收到了记忆中最美的一捧玫瑰鲜花。捧着那把花儿回到吉西家，一进门碰上了从海边给流浪猫喂食刚刚归来还戴着遮阳帽的吉西。她正在埋头整理杂物，看到我手里捧着鲜花回家时眼前一亮，放下了手中的杂活儿。她一边聊天，一边表示要教我如何保养鲜花，让这些美保持得更持久。看得出来这个日本人喜欢花道由来已久。她拿出一个漂亮的花瓶放在门厅的玄关桌子上，让我把包着鲜花的纸打开，说这些花儿和人一样需要透气和洗澡。我好奇地跟着她，把这捧花放进清水里，一根一根的

《 海 边 的 猫 》

————

25cm×25cm

油画布

2020 年

花儿在水中舒展开腰肢，她给花儿洗去尘埃，然后再让花儿如同美艳的娃娃一样出浴，装进那盛着清水的花瓶里。花儿高低相错着开放，搭配出一组极美的鲜花图。感觉那些花儿愉悦地对着我们，也是一张张笑盈盈的美人脸呢。

　　吉西当时五十多岁，依旧白皙的皮肤还透着粉红色，她侍弄一捧鲜花的样子令人觉得特别美而亲切。那匆忙奔赴前程的留学生活是缺乏这些养花常识的，估计吉西少女时代在日本修过花道课，而今无意中给我上了第一次花道课。那次偶然的与这花的相遇，让她短暂地忘记在美国生活的种种不如意，她浑身上下难得地流露出一股天真美好的少女情怀。

　　插完花，在等待每日忙碌于日本城内画廊的先生回家的空档时间，吉西盛情邀请我共饮一杯清酒，餐桌上摆着生姜片等家常日本小菜几碟。那天无意中展示给我的花艺，让一个被生活压弯了腰的日本太太忽然间好像年轻了起来，我们愉快地坐在餐桌上对饮起来。吉西美式厨房的案板相对于她的身材有点高，不过这点小问题难不住东方人的智慧，她别出心裁用竹片做了一个脚垫。吉西笑着说，她每次做饭时，脚底踩在有些弯弯的竹片上，其实是一种很好的保健，因为人的脚部有许多穴位。二十几岁的我还不会讲究这些，却也很欣赏她这些厨房实用小技巧。日本人节俭省钱的特点也时时处处在吉西关灯和节水的很多细节上体现出来，也值得我这缺乏生活经验年龄段的人学习和借鉴。

　　临近黄昏，天色渐渐暗下来，但天际依旧泛着蓝色。吉西先生还没有从日本城画廊回来。吉西回忆起往昔生活中繁华与落寞交织的旧事。这个风华正茂时嫁给了画家的日本女子，很怀念从前在日本的生活。来到美国后生活的种种不如意，也在一杯杯甜美清酒中被回味。

此刻的我想起那往事中的吉西，忽然明白了日本人何以如此钟爱这清酒的滋味了。也许因为每个人都会在清酒甜美清冽的感觉中回味起人生的种种味道，现实生活中如影相随的一份无奈又究竟如何使得自己错失了曾经想要的生活滋味呢。

花园里长得一丛丛的瘦高植物，开着紫色小花，淡雅清新，和北京开春二月兰的花色很相似。吉西说，这么大花园需要种点花，花儿开得美，让人心生愉悦。吉西爱用日本的首饰打扮自己，将一个很别致的珍珠发卡别在发梢上。我称赞她的发饰美，她说当初来美国时，她的首饰盒里是满满当当的金银珠宝。可是后来发生的事，让她很受伤。吉西原来兴奋的脸色变得黯淡。原来到了美国之后，家里曾遭到盗窃，她的宝贝首饰都被盗了。尽管抢劫的事情并不新鲜，但是在朗朗乾坤之下公然入室盗窃，与我想象中的美国太不一样了。吉西继续用手比画着，说她哭了很久，眼泪都流干了。从那以后，她在家中安装了防盗系统，直接连线到旧金山警察局。那次经历让她的心感觉破碎了一般，她从此在这异国他乡对人也多了一份小心和警惕。她看我带着年轻人那种涉世不深的神态，说看上去你不信这世道那么坏呀。她也是来到美国后，才遇到从前没有遇到过的事情。那次遇到盗窃最伤心的时候，先生并不太在意，也没有安抚她。她说男人只会锦上添花，女人们拥有年轻风情的时候，男人们都会很宠爱，可是男人的情谊难以长久。她一边用发夹梳理着头发，一边自说自话，对她先生与天下的男人统统狠狠地损贬了一番。

吉西很高兴我租了她的半地下房间，见到左邻右舍，就介绍说是刚刚毕业的研究生，新搬进来的，请多多关照。一开始领着我进屋看的时候，房子里堆满了画框和作品。我搬进前收拾了一番，模样渐渐有了改观。吉西想起来了就下楼察看一番。

尽管吉西对天下男人似乎很有意见，对我家先生却另眼相看。唯一一次听到她开口夸这个世界上还有好男人，是在我先生当时来旧金山探亲的时候。他简单的行囊装得满满当当，都是我爱吃的零食。吉西看到他为我生活的方便忙着各种收拾。那些日子因为他的到来，我那半地下室房间好像立马亮堂了许多。那天，吉西特意下楼来到半地下室，矜持地站在房间门口，我们赶紧邀请她进来。她似乎很乐意来到我小小的正变得越来越整洁的居室坐坐。她先对房间的变化大赞了一番，说自己楼上的房子都比不上这里干净。然后又夸奖他是个好丈夫，说日本男人从来都不会帮着太太干家务。吉西眼中看到的中国式的温情和体恤的丈夫，确实与她日本先生的一贯冷漠有着如此的不同。她喝过清酒的脸上放着一种羡慕的光芒，原来人性中对爱与温暖的渴望是同样的，人内心的生命之火总是会生出情感，都需要一份寄托，缺乏爱的吉西大概感觉更强烈吧。日本人平日里的礼节如此周到，常常让不明就里的西方人处处视作美德，可是表面的温情也许仿佛一条漂亮的纱巾遮住了内心的冷漠。

那几天，我们进进出出，总感觉背后有一双羡慕的目光注视着我们，也许吉西眼前见到的一幕颠覆了她以往对男人世界的认知。她有时喜笑颜开地站在花园中，眼里散发着少见的光亮。看来爱与美丽是一对动人心弦的双胞胎。吉西干涸的心田中，如望梅止渴一般，渴望有爱的人生风景。

偶然会开车带着吉西去大超市"好事多"。从闲聊中得知，这一对有着日本贵族背景的夫妻，年轻时因为两家门当户对，在媒妁之言下结婚，婚后来到美国。然而，在美国的生活并没有设想得那么好，不过好在日本侨民抱团，大家经常走动，日本城因为精致有特色而生意兴隆，她先生常年在日本城卖画为生。

日本侨民谁家离开美国的时候，都会留下一大堆带不走的东西给其他日侨。吉西就经常拿回家一些不需要的物品放在车库，家里破烂的东西越来越堆积如山。吉西先生很反感她把家里搞得乱，常常在日本城的画廊一整天不回来。

吉西以在寂寞的山坡上四处寻找流浪猫为乐，因为没有孩子，生活有些孤寂。而她的日本亲戚都比她过得好，日本的亲戚侄辈专程来旧金山看望他们，都觉得她日子过得太寒碜，常在家里吃了顿家常便饭就走了。吉西抱怨男人都不好。是啊，年轻人不懂生活，都羡慕他们郎才女貌的婚姻，羡慕他们出洋留美的新生活。半辈子过去了，这个婚姻里爱情早已荡然无存。无爱无后的空虚日子里，吉西每日只能找我这个房客来叙说着人生的无奈。她每天好像特别盼望着我下班回家聊天，估计那时候的我，像注入她生活的一股鲜活的清流，给她孤寂的生活带来了一些活力。但是，那份寂寞婚姻带给她的痛苦是无人能解的，也让这个日本女人心理失去平衡，日后看到我开心地体验美国的新生活，她就开始不停地涨房租。

二

吉西常年让一群流浪猫进入楼上的卧室，屋内各个角落都有猫留下的味道和猫毛。吉西先生显得很不耐烦，每次从日本城回到家，吃完饭就自顾自地去卧室，有时在走廊上遇到不识相挡路的猫儿，会狠狠踢上一脚，好像只有这样心里才痛快点。每次撞见这种狭路相逢给猫一脚的情景，吉西就凶巴巴地用日本话咒骂几句才解气。

这真是一对奇怪的夫妻。有一次我交给吉西五百美元的房租，吉西说吉西先生这个月的房租还没交给她呢，原来我和吉西先生都是吉西的房客啊。后来吉西因为我朋友临时留宿一晚要加收二十美元水电费，我已经有了心理准备，乖乖地交上费用。

几个月后，我因为探访圣荷西的同学而晚归，无意中撞见夜色中神奇的一幕。流浪猫们成群结队从海边山坡上归来，乘着夜色从狭小的后院小门鱼贯而入，那么一个看似无缚鸡之力的弱小妇人忽然间成为充满活力的猫族部落首领。平日我下班后，要么在屋内写信看书，要么和隔壁保罗的两个女儿一起弹钢琴，逗他们的老折耳猫玩耍。不知道此时此刻，在近在咫尺的家庭后院，出现一群流浪猫部落，而这位浑身散发着母爱的吉西，满面红光中用日语柔声呼唤着她的孩子们。后院放着水盆和猫粮，猫咪们吃饱喝足后，排着队尾随吉西进屋。吉西这个婚姻中的孤独妇人，此刻就是被一群流浪猫宠爱的皇后，神采飞扬地率领猫大军长驱直入。

那天晚上意外中撞见这种场面，不知道为什么内心深处有一种特别紧张和害怕的感觉，也许是觉得我不该看到她这些个人的隐私吧。哎！年轻时不理解人的这一切，到了心已沉静下来的年纪时，明白这个孤独寂寞的女人在猫群中找到了需要的温暖与安慰。只是这种成群结队的猫心安理得地占据主人领地的场面，实在有些匪夷所思。流浪猫上楼后，吉西下来锁门熄灯。从自己的小屋望出去，我看到她蹒跚上楼，似乎带着点酒后的醉态。我仿佛看到在异国他乡的风雨中，孤独寂寞妇人和一群流浪猫咪相互慰藉，夜幕中开启了一场浩大的狂欢派对。

那一群猫夜色中入户的景象一直萦绕在脑中，我一直想象着各种情节，这群猫到底是如何让平日胆小的吉西夜色中入戏一般地换了个模样呢。

周末，贪睡的年龄里做了一回早起的鸟儿。海边湿热的感觉中，我准备上楼冲个凉，轻手轻脚生怕碰到地上的什么东西，走进二楼的客厅。客厅的地面上铺着地毯，上面是一个日式榻榻米，吉西侧身躺着。一群流浪猫如孩子一般依偎在榻榻米四周。

听到动静，吉西睁开眼睛，面色中带着睡醒后的满足感。

"起来这么早啊。"她一手揉揉眼睛，一手摸着还在打着呼噜毛茸茸的野猫。

"这一群猫是我的孩子。"她解释说。

我不经意间还是打扰到了流浪猫和猫皇后的温柔梦境，带着歉意向吉西问候早安。

大概吉西平日里都是早早地起床，榻榻米也是夜晚临时摆上，我一直没有亲眼见到这种情景。那天我似乎明白了吉西先生为什么那么不喜欢在家里多待一会，估计是讨厌这一群猫抢走了他与太太同枕共寝的时光。这个无爱的婚姻已如空壳一般，却被平日里温顺礼貌的外表遮盖住了。

三

吉西先生头发花白，身材微胖。他一整天都待在日本城，在画板上忙碌，不到饭点不回来。吉西做好了饭，摆上了餐桌，吉西先生在太太对面坐下，很沉默地吃一顿饭，然后就径回自己的房间。

吉西经常抱怨说，日本男人不如中国男人，很多日本女人结婚时都以为找到了门当户对的人，可是在婚姻里并没有得到期望的幸福。我觉到她神情落寞时喝着清酒的模样很迷人，那时并不太理解吉西言语中的那丝无奈。

我那半地下室的卧室门口就放着一堆一堆的画板，我好奇地翻动那些画板。很多是旧金山的海景画，有些是熟悉的旧金山城市的一角，但并不是那种精美而令人感动的艺术品。车库里还有一堆吉西先生的陈年旧画，它们与吉西收集的日本侨民离美时留下的旧物件放在一起，提示着这里就像是被时光遗忘的角落。那些无人问津的画作和吉西的生活状态一样，散发着落寞而寂寥的味道。

有次，我周日去了趟日本城，果真找到了吉西先生的小小画廊。吉西先生正闲坐着，店里有些冷清。吉西先生见到我来，有些惊讶，赶紧起身，很客气地让我坐下。他与我闲聊，问我是不是知道中国的端细砚台，我说不知道啊。茶这种文化当时离我的生活有些遥远，后来才慢慢喜欢上茶，很多年后在一个偶然的机会，在茶友乔影的帮助下，我才弄明白吉西先生心心想念的端细砚台原来是皇家贡品砚台。

吉西先生说，日本人都很喜欢那种砚台，回中国时候可否帮他带个回来。他接着讲了一些关于日本人如何喜欢中国墨宝之类的话题。这次在日本城里遇到他，大概是我听到他说话最多的一次了。吉西先生是那么一个执着追求古风的画家，心里是极为渴望艺术知音的，可是因在生活中和太太很少有共同语言，在我印象中他是一个常年都沉默寡言的男人。可惜吉西一直沉浸在日本传统教育中要求的那种勤俭持家和琐碎的杂务里，并不明了丈夫内心的那些艺术感觉与追求，才导致两人相对无言地过着后半辈子的寂寞人生。原来在那些门当户对的婚姻里，很多人相处了一辈子，却始终无缘分，无法走进彼此更深一层的内心世界。

四

有一天，吉西先生出去看棒球，那是他画画之外的另一个爱好。吉西从海边喂完猫回到家，邀请我上二楼客厅一起喝日本抹茶。在二楼玄关长条桌子上，摆着一排照片。照片里，吉西年轻时候是一个美人儿，先生意气风发，彼此幸福地依偎在一起。吉西夫妇身后是一群着装华丽的家族成员。年轻的吉西现在变成一个生活苟且、一身劳顿的妇人了。吉西摘下头上的太阳帽，挂在墙上，习惯性地轻拍一下身上的衣服。她拿起一张照片，向我介绍她家族中有些名望的成员。记得她说她的侄女嫁给了一个颇有名气的日本相扑运动员。

我们在长沙发上坐下，前面是小木茶几，上面放着烧水用的茶壶，白色透着沙点的粗瓷茶杯整齐地排列在黑漆器盘子上。她并不讲究的外表下竟然藏着如此精致的一面。吉西介绍说，日本人喜欢喝抹茶消遣。她把茶粉放进敞口的白色茶碗里，小心地端起水已烧开的茶壶，冲泡碗中茶粉。她左手捧着茶碗，右手拿起一个竹刷，在碗里均匀地轻轻搅动，居室内慢慢散发着一缕缕清香了。吉西准备了一些干果。那一碗抹茶茶色青翠欲滴，喝起来清新爽口，令人精神顿时为之一爽。

那个下午喝了一次抹茶之后，我们走得近了些。吉西也体贴地说，楼下房间的卫生间太小，有诸多不便，以后尽可以使用她二楼客厅边上大一点的卫生间洗浴。

吉西保持着日本人节俭认真的特点。每次我上楼使用那个带风景的卫生间，心情愉悦，就会使用的时间长了一些。几次下来，吉西就说，我洗浴一次的用水量够她洗浴好几次的了，希望我注意节约用水，每次不要超过五分钟。她提醒我在马路边停车时，一定要停到位，前后要留好距离，方便车辆出行。有时她对一些细节唠叨不停，令我很不耐烦。吉西平时很少开车，有一回想去超市购物，我主动提出可以开车送她去。我因为不熟悉道路，绕了点路。吉西就劲地怪我不应该这么走，浪费了资源。我心里觉得这是多大的事，况且我是好心帮忙开个车，为此还与她拌了嘴。

如今想起这些，觉得吉西是一个复杂的人，也是一个精细过日子的人。她因为内心失落，听任一群野猫占据她的家庭，即便家里凌乱不堪，也无心打理。她像一位落魄中的灰姑娘，晚上经常无事就找我聊日本娘家的好日子，更让她客居他乡的日子多了几分乡愁和落寞。这种淡淡的忧伤感与我当时积极向上的心态形成一种另类的反差，因此我对她所言并不以为然。

我还是同情她就这么扛着寂寞，屡弱的身影背负着婚姻的空壳，艰难喘息着独自走一生一世。她毕竟有过好日子，有很多好的生活习惯，她的唠叨自有一番道理。她曾经说过中国与日本的人均寿命差距在于生活品质不同，这句话挺在理的，可以借鉴并激励我自己做一个既热爱工作又享受生活的人。她说起日本洗手间冲水马桶的各种便利，那份骄傲和自豪溢于言表，看来马桶早已经是当年日本人标榜生活条件优越的一个标志性符号了。

前几年夏天，旧地重游，来到吉里大街尽头的吉西故居，发现从前住过的房屋早已换了门牌名称，门口快递上的名字都是一些陌生人的名字。当年吉西喜爱的花园里没有生长任何绿色植物，孤寂的花园在夕阳下仿佛已经失去了芳华，诉说着岁月的沧桑。当年内心迷茫的吉西如同婚姻牢笼中的困兽，很多次对着我感慨自己的后半生不知何去何从。假如朝好的方向想象一下，也许吉西先生和太太已经回到日本去了，落叶归根安度晚年了吧。吉西喜欢紫色的花，很爱梳头打扮和化妆变美，也痴情地爱着流浪猫们，这样的女人本身是热爱生活的。也许错的是时运不济，她生于贵族并被家庭安排嫁给了另外一个贵族，不幸的是嫁给了一个不爱她的人。

站在曾经开满了紫色鲜花的花园前，望着早已经易主了的无花的花园，想起邻居保罗那段揪心的日子，对人生的感慨更深了。一时觉得旧金山从前生活中遇到的故人在荒凉的时空隧道中几乎都是极为不真实的幻影，经历十几年的各种生活中的大浪淘沙后来到旧址，却只能独自怀旧。也许许多年以后，眼前的一切连同这熟悉的街景和花园房屋大概都会悄然无息地消失在一片未知的茫茫时空。

**梦
醒
时
分**

一

人生如梦似幻的感觉从很小就跟着我。住到普莱森顿山处处是富人的地方，我总觉得他们的生活不真实，这些眼前的富有在某一天会随时消失。"9·11"事件之后，美国经济进入了走下坡路的轮回，因为斯科特的公司举步维艰，海伦的幸福生活也结束了。美国的经历让我觉得自己应该随时随地依靠自己的能力去感受幸福，这样的幸福更长久一些。那些建立在沙漠的大厦总是经不起一波风吹雨打的冲击，暂时的幸福感最终会像海市蜃楼一样，在经济气候的变化中消失不见。

记得香港回归那一年，北外的访问学者朱教授到湾区讲学，很多昔日校友都因为朱教授的到来而渐渐联系上了。

朱教授是一位儒雅的教书匠，讲着一口纯正的英式英语，据说连英国的播音人士都心服口服，以为是英国人在说着母语。当年在校园里，教授英语的老师讲的都是英式英语，并以此传统为自豪，美式英语还没有流行。朱教授"文革"时期坚持私下里收听英国广播公司电台英文节目，他自以为躲在被窝里很安全，无人会知晓。"文革"结束后，一墙之隔的工人邻居有一天在闲聊中无意说起教授年轻时候的小秘密。朱教授为此百感交集，感叹人间真情还在，两人也成了无话不谈的好朋友。

走出校园数年后重新相聚在一起，发现彼此的人生已发生很大变化。定居美国是很多人的梦想，大家都说在美国人生终极目标三个：永久居民、终身的工作和博士学位。

江南女子思思当年追随阿木的步伐去南方城市打拼，居然也兜兜转转来到了旧金山。再见思思时，她已经是一个可爱混血小男孩的母亲，每次去她家小酌怡情之时，就会听她讲述阿木与她心连心的从前故事。他们去南方的日子没有想象的那么容易，两个人最终因经济问题大吵一架后分了手。她独自一人到美国留学，遇见很绅士的一个美国人就把自己嫁了。在这人生如戏的感觉里，思思羡慕我跟先生特别平常随意却也透着体贴入微的任何一个举动，然后痴痴地说阿木也曾这么待她的。

思思那些年回北京，第一件事情就是去见她仍难以忘怀的阿木，曾经深爱过她的男人也一如既往地安排好她和儿子住进宾馆，然后匆匆逃离旧日情人。那些过往情感，不管是曾经的真，还是曾经的假，都已经彻底成为过去。几年前电影《无问西东》上演，折射出几代人青春的迷茫和对真爱的追寻。思思触景生情，想起了阿木从前对她的好，哭着看了好多遍，可惜人生没有电影那般回放的机会了。

人生山一程水一程，发现心灵相通的爱才是一生至爱，这份爱却是如此可遇不可求，一旦失去了不会再回来。很多人遇见过真心所爱，最终阴差阳错地丢在了时光流转的人生路上。

思思就这样一边抱着混血儿子，一边想着从前真心爱过她的阿木。因为这种心理，也和美国老公渐行渐远。

人生多么像钱钟书的《围城》，那些进进出出理想围城的人，心里其实都曾经在进退之间徘徊不定。那些错过曾经生命中的真情与初衷的人，走了一段路想回头，却再也回不去了，一路上都在回忆从前的爱与美好。

二

　　结束任期回国的几个年轻同事，因为无法安放好对旧金山的那份眷念之情，都匆匆辞掉国内的工作，前来新大陆作为新移民继续奋斗。从外地借调来的白水夫妇回国后不久又回到了美国，那时美国显得那么宽松大度包容，像一个可以容下任何靠岸小船的大码头。原本端着铁饭碗的阿海等人也辞掉了国内工作，如龙虾下海一般纷至沓来，寻找属于他们的美国梦。可是现实中的美国不再是曾经在温室里隔空相望那般的迷人与华丽。"9·11"事件之后的经济危机展示着资本主义冷酷无情的一面，经济严冬如同一个严厉的关口，考验着新移民们的生存能力与来美国的决心。

　　有一天，我接到阿海电话，问我在美国过得开心不开心。他说自己也不理解当初怎么就辞了职，现在很想念从前的踏实日子。我不知道怎么安慰他。他在电话一端叹气，说当初拿着因私护照去美国大使馆申请签证时，签证官对他放弃公务员身份表示不解。他回答说，自己想换一个活法。他劲头十足地一头扎进美国的汪洋大海里。而现在，现实的寒流把他冻醒了。

　　白水结束借调回国后不久，带着夫人都都又回到旧金山闯荡，年幼的孩子留在父母家里。白水每周去唐人街上班，因为理发手艺极好，脑子活络，获得与老板五五分成的双赢合作。我和闺蜜开蒙都喜欢去他工作的店铺。他会细心地为我们做发型，而我每次去找他，他都很厚道地不好意思收费。我告诉他我拿着工资，而他每天收入都得看客流量，自己人不必客气。

　　都都是个漂亮的大眼妹子，特别喜欢带着我周末去纳帕一带逛工厂直销的时装店和高档化妆品店。与会享受生活的妹子一起

《 记 忆 中 的 浪 漫 》

————

25cm×30cm

卡纸画

2019 年

玩耍，也渐渐了解她来美国后的微妙内心变化。

都都对我说："你进步太多，短时间内拿到了学位，找到了工作，你老公也在原有的轨道上进步。"

"我就没有那么幸运，"她叹了口气，"他在唐人街有今天没有明天的打工日子过得快没感觉了。"

听闻此话，我暗暗地为白水以后的日子捏了一把汗。后来我好几次提醒白水多多关心夫人的感受。那时他们在旧金山和其他人合租一个三居室的公寓房。我和她在一起的时候，都都不知道与什么人一直煲电话粥。过一会儿又给唐人街上班的白水打电话说她与我在一起呢，不信你听一听，她就把话筒放在我嘴边让我证明一下，然后她好像变得踏实了些。也许当人一心朝着相反方向走的时候，在良心偶然惊醒的片刻，也会做出弥补过失的举动，以求得片刻安宁吧。那时，都都在旅行社做事，她每次带团归来总是这么说，"那些跟大老板一起的妞根本就没有我漂亮，可是老板愿意一掷千金，给那些看上去没长相没大脑的傻瓜去买奢侈品哦"。看着她羡慕不已的样子，我知道她对另类生活开始心动了，像是寻找猎物一样寻觅目标。

都都周末约着我去雷诺吃龙虾饭。她说美国最好吃的龙虾饭就在雷诺的酒店，因为有赌城的生意，所以物美价廉。

我是到旧金山后才第一次品尝到龙虾的美味。有一次和先生去农贸市场，在摊位前看到一只少了一条腿的龙虾。摊主是一个身材矮胖的墨西哥人，说话很幽默，使劲夸那个龙虾勇猛善战，所以才少了一条腿，因而做出菜来也一定会美味无比。我们被他说动了，当即花了五美元买下。我完全不懂得如何去煮食大龙虾，可在海边长大的先生说那龙虾随便做出来，味道都会很好。他在厨房里忙了大半天，果然烹饪出一道鲜美的龙虾大餐。那只独腿龙虾的浓浓鲜香，似乎至今还隐隐约约存在于心中呢。

在美国，除了沙漠中的拉斯维加斯以及雷诺等赌场，印第安人可以在其保留地上经营赌场生意。资本主义对原住民的恩惠大概源于当初白人殖民者来美洲大陆之时，他们用大量的美酒从原住民手里换取土地，印第安人沉醉在酒精的幻觉中而无力自拔，最终丧失了原本属于自己的家园。那些保留地算是白人殖民者仁慈怜悯的结果。人类中的一些聪明人总是利用人性的弱点达到自己的目的。这种游戏循环往复，如一把利剑重新分配着社会食物链上的利益。

那一次，白水没有跟着我们，旅行社一个年长几岁的阿森与我们同行。到了雷诺，那里有各种牌局，空气中飘浮着输还是赢的紧张悬念。在迷离的灯光中，各种肤色的人忙着试手气，服务员端着饮料机警地搜寻任何一个走好运的客人。虽然玩心因为上学早已收拾起来，但我也小来了一把怡情。旁边一个女子收获了好运，那老虎机吃了几口赌资就忽然出现了三个连成一条红线的恺撒大帝头像，整个老虎机铃声大作，红灯开始忽闪忽闪亮起来。看见这个刚刚喂了几口的老虎在唱歌，赌城的服务员最喜欢这种场面，嘟着红唇，扭动着穿了短裙的腰肢，端着盘子殷勤地问那不知所措的人需要什么帮助。那人顺手抓起老虎机下面的一把零钱给了对方。美艳的服务员兴奋地恭喜那人中了大奖，那女子因为激动脸色红彤彤的。赌场的管理人员也来了，在一声恭喜中开出了缴税单子。

都都与阿森在一个圆桌上玩上了"21点"，两人暧昧亲密地共饮一杯果汁，赌码也不分彼此地使用。上洗手间的功夫，都都还会细心地补妆，让自己看上去更加迷人性感，还说阿森可是大学毕业，比白水不知道强多少呢。我尴尬极了，曾几何时，勤劳手巧的白水还在吉里大街工作的时候，怕夫人吃不惯食堂，经常为她开小灶，在家里做回锅肉和很多好吃的。那时他们可是一副很幸福的模样呢。刚刚来美国一年的时间，现实中的落差就让这对昔日恩爱的夫妻生出了嫌隙。归途中经过工厂直销店，爱美的都都一定要去购物，那阿森也是一个劲儿地刷卡，讨得佳人欢心。

回到旧金山，白水似乎觉察了什么，问我路上阿森是否给他夫人买东西了，我说可能是借用一下卡吧。那时候首次办理信用卡还得有人担保，挺麻烦的。面对白水的半信半疑，我觉得自己惭愧地无法如实相告。人都喜欢风平浪静的日子，害怕突然间掀起轩然大波的那种事情。又一次他们吵架后，我私下劝白水别遇事就发火，多多关照夫人，别让她起了二心，白水愤愤不平地说爱咋滴就咋滴，地球离开谁都可以转动。

大概白水也有风雨欲来的预感吧，他对我站在他一边一直都很感激，多年以来断断续续保持联系。在我回国后的一天，突然接到白水从旧金山打来的电话，说了一句，都都她走了，就哽咽了。隔着宽宽的太平洋，我无法隔空安慰昔日同事人生的变故。

美国不是想象中的天堂，它如同炼狱一般考验着所有对它心存幻想的人。在随波而来踏浪而去的人生故事里，有多少有心人能静下心来，认真感受过生命中爱的呼唤？那是唯一来自幸福源头的声音。又有多少人能够在三十年河东三十年河西的时代里踩准了节奏，寻得当初的梦想呢。

人都说初心最美好。那些丢掉了初心的人，都在各种内心与外力之间挣扎着，一生也许无法绕过良心上的别扭感觉。那些随了初心的人，有很多如今依旧夫唱妇随，也有彼此之间越走越远的，因为彼此不再能给予爱与好的能量，这就是实属不易的人生吧。

几年前去美国西部的探访之旅，再次见到了昔日的同事，发现他们还像二三十岁时那样奋斗，努力生存在曾经让他们为之心动的城市，可是在内心的种种落寞中已经勉强地与命运和解不争了。

阿海改行成了中医理疗师，在湾区开了一家以祖传推拿为业的小诊所，依靠祖辈的手艺勤劳致富，祖传的手艺继续护佑着后人。

白水在经营旅行社的生意，经常带着国内的旅游团去拉斯维加斯。他已经将从前闲暇时的业余爱好变成了在美国谋生的职业，自己也从过去的赌场玩者变成了旅游从业者。

第六章 ✳

潮起潮落

211

江南烟雨中的商船

一

　　新世纪第一年的夏天，将近两年的求学生涯结束了，又顺利找到了工作，可谓好事成双，心情是愉快而轻松的，感觉阳光也从未如此灿烂过。这份工作把我和现实世界链接了起来。听公司介绍说有很多时候需要派我回国出差，我想象着自己随时出现在北京，给先生一个大大的惊喜，甚至吓他一大跳，那将是一个多么神奇的场面。

　　尼先生少小离家移民来美，年轻时在唐人街开了个印刷复印的小门脸谋生。早期美国的《平权法案》给了其独一无二的机遇，承包商的外包服务项目必须给少数族裔企业一定的份额。尼先生乘着美国社会的机遇东风，在二十年时间里将复印小店铺成功发展为拥有现代厂房设备及大片可出租地产的中型印刷企业，硅谷的惠普、微软等都是公司的大客户。唐人街华人十分羡慕，都夸他运气好。

　　20世纪90年代，国内发展如火如荼。在令国人趋之若鹜的招商投资的潮流中，事业如日中天的尼先生又恰好遇上了口才与胆量俱佳的代理人王先生，远在异国他乡华侨们内心深处的乡愁和骨子里与生俱来的中华儿女的情绪被调动了起来。尼先生在北京、上海邻近火车站寸土寸金的地段购买了写字楼作办公室，成立了办事处，代理人的夫人也顺其自然掌管了办事处的工作。尼先生说，他选择这些地段的房产，看中了火车站的交通便利，员工出行方便又省钱。在别人眼里，尼先生是一个很成功的老板。在我眼里，他是一个很节俭的有钱人，他早年的节俭习惯并没有因为发了财而改变。

尼先生在代理人的牵线下，决定在苏南的运河古城投资，设立一家从事彩印业务的合资企业。他把二手印刷机器从遥远的大洋彼岸不远万里运到了镇上，在一片农家地上挖地三尺建了厂房。代理人自然也推荐了他的拜把子兄弟担任了合资企业负责人。

但是尼先生在美国的好运与奇迹并没有在中国复制。投资项目似乎开局不利，尼先生承诺的投资已经到位，但合作伙伴承诺办理的事项一直没有落实，合资企业在法律上名不正言不顺，这让习惯了美国企业运行规则的尼先生紧张得寝食难安，害怕这个投资到最后连那个竖立在农家地上厂房上的那几片瓦在法律上都站不住脚。他投进去的美元也一直见不到任何收益，而且窟窿越挖越大。在双方旷日持久的拉锯战中，开始出现了日益尖锐的矛盾，引发了一堆利益纠葛。菩萨好敬小鬼难缠。尼先生有时一到合资企业办公，就会遇上被以往的生意伙伴威胁和电话骚扰的狼狈局面。招聘我到公司的时候，尼先生到了山穷水尽的地步，他意识到走下去都是陷阱，但又不能不硬着头皮去面对。

人生路上，许多缘分在不经意间早已经开始。我在尼先生办公室见到了那位代理人。巧合的是，在第一次来美探亲的飞机上，我座位旁边就是这位先生和他白净端庄的夫人。他们旅途中的谈话引起了我的兴趣。在填写入境卡时候，我注意到她纤长的手指摩挲着那本深绿色护照皮，言语中带着许多骄傲。对我手上的深红色护照，她也好奇地瞥了几眼。彼此之间鲜明对比的护照颜色，让快到美国时莫名的兴奋增加了几分诙谐幽默。这一次路途偶遇，在人海中擦肩而过的匆匆一瞥，很快就忘记了。人生真是无处不相逢，命运之手又推着我们以另类方式再次相遇。那些生命里无意间路过的陌路人，也许只是为了打个招呼，他们会在下一段旅程中与我们又不期而遇，带着考验与挑战如约而至，甚至成为狭路相逢的对手。

二

尼先生对这笔投资还抱着期待，那天会面后，他把厚厚的一大堆如山一样的投资案例文件放在了我崭新的办公桌上，让我研究一个走出困境的办法。看着自己今后不得不面对的难题，才明白也许这一切挑战在当初来美国的途中就如影相随地跟着我了，直到我走进尼先生的办公室，才又再现了吧。那年月，所有已在美国的人鼓励初来乍到地年轻人的一句话就是：不是鲤鱼不跃龙门，不是猛龙不过江，既来之则安之吧。来自中国的每一个人，本来就是飞越太平洋龙的传人与后代，何惧这么复杂的商业案子呢。

我一开始并没有意识到，这是一个牵扯那么多复杂利益的案例，而且今后的所有努力就是在挽救一项失败的投资，编写一个反面商业教材。如今隔了一段岁月再回望时，和当初身临其境时就有了不同的感慨了。任何时代，在社会利益的丛林深处，一群出生在食物链顶端的人，天生就是丛林猎人中的高手，因为其深谙丛林法则的生存之道，故而总能适时地寻觅到猎物。

尼先生当时是旧金山与上海友城委成员。他希望拜会运河古城的领导，请求政府给予协调。我起草了信，尼先生很快在信上签了字。

2001年年底，我陪同尼先生回中国出差。上海这个商业发达、思想开放、中西文化结合的地方，是我们此行的第一站。我对这个城市一直怀着一种好感。浦东新区生机勃勃，一如加州的硅谷。很多人都有外滩情节，我每次到上海必然也去一趟，感受历史的烟云和美丽的外滩夜景。

尼先生是个很懂得人情世故的长者，他理解我那个年纪的人内心需要什么，就主动放我几天假，让我和家人有团聚的机会。他说，以后会有更多机会派我回国出差。面对一位仁厚长者的善意，我暗暗下定决心把工作做好。

陪着尼先生去苏州换个心情走动。这里离运河古城不远，世界五百强大企业如鸟儿投林一般纷纷在这里落户，一片生机勃勃。望着苏州工业园里秀美林荫大道两旁一个个富有活力的现代企业，尼先生老泪纵横，感慨地说，怎么就没有到这里投资啊。那一幕捶胸顿足痛心疾首模样，一直在我脑海中回放。在社会丛林法则中，人可以不精明，但不可以失去基本的明察秋毫、分辨真假的生存能力。

接着去了苏南小镇。像那些遇到难事就拜佛的人一样，尼先生带着一行人直奔天宁寺拜佛烧香。走进千年古寺的大殿内，在远离尘世喧嚣的气氛中，尼先生走到庙堂前，带头抽了个签，大概是中签。我也抽了一个，是上上签，喜悦地展示给尼先生看。他会心地笑了，说我是福将。

终于见到了尼先生在中国的合资企业。那是一个理想主义者所构思的蓝图。在乡下一隅，崭新的大楼被四周农田包围着，办公区按照美国的风格设计，员工宿舍楼整整齐齐，一排排印刷机静静躺在厂房内。眼前这个从资料上熟悉过多次的企业，给人凄凉败落的感觉。尼先生多次来到这座城市，也见过不少人，但他那套美国人思维不怎么管用，与合作伙伴之间也是话不投机半句多。

尼先生反映的投资问题引起了当地政府的重视，一位思路清晰的领导亲自会见了尼先生，并答应协调解决合作中存在的问题，包括解决土地转让的相关法律手续等，帮助企业名正言顺运转起来。尼先生也畅快地说出郁积在心里的怨言和要求，心情大好。

此行颇有收获。尼先生心头又燃起了希望，我似乎成了尼先生家族企业内少见的有勇有谋的军师了，许多的棘手事也都被尼先生以信任的感觉交付给我处理。

最频繁的出差集中在 2002 年，我在北京到南方的那一条线上飞来飞去。当时北京直飞古城的飞机还是图 154 客机，那款飞机出了好几次事故，每次乘坐都让人很担心。好在到年底，这款客机就正式停止运行了。

南方的阴雨天真多，烦琐的诸多事情也会让心情变得像阴雨天似的。很多次我在黎明的曙光中，在古城的街道上走走停停，路边有许多晨练的人们，不远处高大威猛的新楼拔地而起，感觉这个城市的实力也在逐渐振兴起来。

在招商引资的年代，许多的合资企业伙伴之间因为理念不同，很难在同一个平台看待发展中遇到的挑战与问题。像尼先生遇到的这类事情不知有多少呢。尼先生是不幸中的幸运者。企业遗留的问题重新回到解决的轨道上，加上很多次地来回穿梭，功夫不负有心人，他的这艘大船终于名正言顺，可以合法运行在河道里了，时运最不济时，也可以成为一个法律手续齐全的拍卖品。在旧金山当地侨领的调解下，尼先生与代理人的矛盾渐渐缓解了，过去经常遇到的各种搅局骚扰也渐渐停止了。然而冰冻三尺非一日之寒，那些数年积累遗留下来的复杂问题不会全部都顺风顺水立马得到解决，还有不少隐藏的问题会突然以各种各样的形式冒出来，偶尔地还会遇上突然闯入者，扬言要找过去的管理者算一笔旧账，让社会经验不足的我难以招架，怪不得尼先生以前没有多大兴趣来到这个地方，真正身临其境让我明白了从前不明白的事。但尼先生显然已经大大舒了一口气，每次来到当地的心情与从前经常被骚扰的狼狈局面不可同日而语了。

三

很多生于斯长于斯的青年人羡慕我这份在数个城市之间飞人一样来去自由的工作，有的提出来希望来公司就职。麻烦多的企业，很多人反而觉得机会多吧。而我内心一直都不曾放松片刻，这是别人所不了解的。在江南烟雨蒙蒙中跟着一艘商船起伏跌宕，也没有多少闲情逸致去欣赏那乾隆皇帝下江南经过的古城美景。

投资项目接下来的主要问题是如何生存下去。尼先生习惯于以美国思维和方式掌舵一艘商海里的船。可是，中国市场自有其运行的规则和文化。尼先生在美国唐人街开启的商业神话，未能像期待的那样成功复制，其间的落差让人读懂了国情的巨大差异。二三线城市里的世俗给我上了一堂国情课，让我对商业社会里人性的贪婪、人性的弱点保持着一种本能的距离，日常琐碎的桌上桌下的各种交易，淹没了我从前雄心勃勃让这艘大船再次起航的信心，我想要逃离的感觉越来越强烈了。一个市场报价的单子，七零八碎地被每一关卡刮油后，根本就难以覆盖企业剩下的生产成本和人员的开支。在当地市场上低端的设备和低廉的价格竞争面前，尼先生高端的设备和生产线根本就无法生存立足。

"世俗这样强大，强大到生不出改变它们的念头来。"回想那些人情世故和日常琐碎的桌上桌下各种交易，可以用电影《无问西东》这句典型的台词来总结。它精准点中了穴位。

人生经历的好多事，只有回头再望时，才恍然觉得"不识庐山真面目，只缘身在此山中。"那时候，我做着侠女一般济世扶危的大梦，觉得美国所学的专业让我智慧倍增，可是在世俗这堂课前显得那么水土不服，在为利而来的各路人马前那么不堪一击。

四

几年之前的一天，我忽然接到尼先生的一个电话，他语气中带着兴奋，告诉我他在中国投资的厂房连同地皮已经被当地政府征购了。所谓有心栽花花不开，无心插柳柳成荫。尼先生虽然实业没赚，副业倒赚得了，也算是好人有好报。

很多人一生只爱为财而忙。那些年海外投资那么流行，究竟谁遇到了谁，那都是周瑜打黄盖，两相情愿的事。我恰巧在那出戏撑不下去时，当了一回帮忙谢幕的人。

一个人的成败的确需要运气，运气好的人如尼先生，美国的一次好运就已经足够让他和后代衣食无忧过日子。但是，假如一个人把自己偶然遇到的好运气当成了某种资本投到另一个地方，其结果很可能是为自己和他人找麻烦而已。

　　每年，尼先生不忘发来祝福和问候。退休后的尼先生估计亦是不停歇地在脑海中放映着自己从唐人街小门脸起家的幸运，随着历史的潮起潮落，他如今的所思所想，大概都是些让他觉得受益良多的人和事吧。当年我带着一腔热情和勇气，替他把那艘快要沉入太湖底的商船拉住了，也让他保住自己在唐人街商业发迹史中的荣誉，令他在家族晚辈面前保住颜面。否则，晚年的他也许正在望着故国而伤神落泪呢。斯人也算是走运的善良之辈，老天保佑，加上我的一己之勇，误打误撞，居然解开了那个乱麻一般的局面。也因为那场经历，我毅然决然地远离了商海，让我得以淡然地静观云卷云舒，看日升日落。这是当年敬业与挑战之后，生活给予一个人最好的感悟和境遇了。

　　儿时喜爱的万花筒，其实也是一种人生万象的微缩景观。人生真如同变幻莫测的万花筒，每次努力地摇一摇，总会有不同以往的无穷变幻，惊喜之后，继续快乐地摇一摇梦的万花筒。

遇上星探的女孩

　　旧金山东湾大桥不远处的圣马特奥附近当时有一家叫"丁厨师"的杭州小馆，餐馆的主人老丁是来自杭州的特级厨师，在杭州当地餐饮界里颇有些名气，曾被借调到非洲一个使馆工作，任期结束后带着家人来到美国。也是老天眷顾，老丁的女儿在好莱坞招募演员的时候被幸运地选上，这给老丁一家带来了好运。

　　这段母亲在女儿的鼓励下去试镜头，结果女儿意外走上演艺之路的故事，很多次听老丁夫妇谈起。当时刚移民过来的丁一陪着母亲在洛杉矶街头逛街，一路蹦蹦跳跳走着。看到街边排着一条长队，队伍里都是些四十多岁的中年妇女，就好奇地走过去打听，原来电影公司正在为新片《喜福会》招募华裔女演员。丁一怂恿母亲报名，母亲也就抱着试试看的心情排起了队。

母亲排队的时候，丁一上楼去了趟洗手间，在洗手间门口匆忙中与一个大高个女人相遇，撞在了那人的怀里。丁一小脸涨红着连忙说对不起。对方惊奇地盯着她的小脸蛋看，像发现了新大陆似的问："你想演戏吗？今天可是个好日子啊。"原来小姑娘无意中撞上了美国星探戈兰德，这一场奇妙的相遇就此开启了丁一的电影缘。

戈兰德领着十岁的丁一去试镜，现场递给她一段台词。

"准备10分钟能上吗？"

"3分钟就够了。"小姑娘初生牛犊不怕虎。

丁一从未接触过演戏，还不知道什么是紧张呢，在镜头前表现得自然大方。前后试镜十次，丁一迎来了平生第一次"触电"经历，她在影片《喜福会》里扮演了少年安梅。

丁一小时候曾在歌舞团学习过舞蹈，也许天生就有艺术细胞吧，初次拍戏就顺风顺水。小小年纪很有主见，她准备剧本时把对手的台词也背了下来，临场发挥自如，剧组很满意。《喜福会》上映后获得了奥斯卡提名。紧接着，丁一又一连接拍了几部电影，成了与时代华纳签约的首位华人演员。

生活中的机缘巧合，改善了老丁一家的处境。女儿演出挣来的"第一桶金"，帮助父母开了一家杭州小馆，取名"丁厨师"。铺面不大，摆了几张小餐桌，在一条并不起眼的街上。在老丁这个特级厨师精心打理下，小馆子推出了叫花鸡、西湖醋鱼和鲜鲫鱼汤等杭帮菜肴，独特风味吸引了当地不少食客，门口经常排起长队，生意红火。老丁想着把生意做大些，就在邻近大街上租了一个大一些的商铺，后院也有停车的地方，把餐馆搬了过去。

餐馆变大，老丁变得更加忙碌，每天清晨赶早市，然后开门迎客，一直忙到半夜关门打烊，经常到第二天凌晨一、二点才能休息。但老丁依然觉得生意不如想象得那么红火。

偶然的机会，老丁应家乡之邀回国参加国庆50周年活动，发现国内的餐饮业发展机会多，杭帮菜在上海、杭州等城市正是兴旺，就决定转让餐馆，回国创业。

老丁庆幸自己赶上了发展的大好时机，他在国内的餐饮果然做得风生水起。回忆起当年的决定，老丁说在美国开餐馆，消费规模上不去，做得再好，也只不过谋个生计。

『9·11』事件后的美国

"9·11"事件发生的时候，我正在国内，第二天准备回旧金山。夜里，先生的工作手机响个不停。我一开始觉得只是一件普通意义上的恐怖袭击事件。然而，21世纪之初彻底改变世界的大事已经发生了。

一大早，我打了出租车去机场，司机告诉我去美国的航班可能全部停飞了。到了机场，果然乘坐的美联航的航班已经取消，而且不知道何时恢复。

电视里不停地播放矗立云霄的世贸大楼被恐怖分子挟持的飞机撞击的画面，恐怖感冲击着内心深处的神经。平日里在美国大片中出现的场景被演绎成现实版的恐怖事件，让美国从一个阳光明媚的地方变成了黑色的人间地狱。

　　大学的老师和朋友们通过电子邮件询问彼此是否平安，有没有亲属在纽约等。灾难让人们变得团结，关心彼此。

　　也许因为北约轰炸我驻南斯拉夫使馆的悲剧事件，让当时很多国人对美国的好感消失了，但我还是对那些无辜百姓的不幸命运感到难过。看热闹的吃瓜群众拿着无情的灾难去幸灾乐祸，在我看来是一种心胸狭隘的陋习。如今随着当下中国国情的变化，我们已能在复杂多变的国际事务中成熟行事，提倡人类命运共同体。当年街头巷尾的那种对"9·11"事件的争议和复杂心态已经很遥远了。

　　"9·11"事件不仅彻底改变了美国人的日常生活，而且时至今日仍影响着世界各个角落。从那场世纪灾难以后，冗长复杂、细致琐碎的安全检查犹如家常便饭一样，无处不在。这是人类对自身命运艰难多舛的无奈抵挡，也是人类对于安全感的最后捍卫和挣扎。

　　前几年再回去美国的时候，经历了美国机场的各种安检，看到一群群旅客无奈脱鞋、解皮带的辛苦状态，内心有一种感触和悲哀升腾起来。很怀念"9·11"事件之前美国的那份宽松。

　　终于有了飞往美国的航班。一路上没有人聊天说话，大家沉默的背后是对未知的一种恐惧。在一架沉默的飞机上，一群沉默的旅客，飞向一个被突发事件带到极端没有安全感的国家，第一次觉得一路上压抑极了，时间似乎格外悠长和漫无边际。

　　"9·11"事件后美国人的危机感有时候到了夸张的地步。硅谷的街头，常出现这样的情景，抬头看到一架飞机在低空飞行，人们就会心慌慌，害怕被突然从天而降的恐怖分子袭击。

　　公司很多订单来自硅谷的大企业，尼先生开会的时候眉头紧锁起来，他意识到危机正在到来。电脑部的杰夫第一个走人了，他神态轻松地跟我说，他准备和女朋友驾车旅游去了。这人是个电脑工作狂，特别聪明。他在房价还不高的时候在公司附近买了一套公寓，经济不好时，他出租了房子，潇洒走了。

尼先生也开始三天两头往中国跑，他说心情不好的时候就特别想回中国。在中国，尼先生总是感慨万千，说中国人表情好放松，不像美国人，有根神经总是绷得很紧。尼先生回中国后就与过去的老朋友们联络感情。看他压力好大，还有思乡的愁绪，我就想着那些移民美国的人，肯定要经历各种变数和人生的不易，身处异乡的孤独大概是每个海外华人的心病吧。

在美国的丛林法则里，运行着强者生存、弱者淘汰的不二之法。在明亮宽敞的办公室里面，我忙碌地处理着国内的各项事务，那一刻的我还沉浸在解决问题的思绪中，并没有注意到美国的经济状况开始每况愈下。

一

打道回府

有一阵子，觉得自己第一次可以独立在美国立足了。看到我的新生活在旧金山顺利开始了，有热心人劝我，让你家先生也过来吧。可是他工作时那么卖力就是因为喜欢那份工作，外企的高薪诱惑也没有动摇他，令他像许多人一样下海求职呀。在人生的又一个十字路口，我徘徊着，想念他陪伴在身边的日子，心里有些空洞洞的。我开始用在美国学到的辩论方法评判未来将何去何从。每一次想到一个留在美国的理由，就用绿色的笔写下来，再想到一个回国的理由就用红色笔写下来，久而久之，我们日后就会有一个将来不后悔的计划。

周末空闲时，就犯了去中国城的瘾。每日都是开车，周末就坐吉里大街上的无轨电车去唐人街。唐人街的中餐馆很多，比较有名气的是南京小馆、四川餐馆等特色菜。大概人到了国外，在异乡漫长的日子所积累的乡愁会在享受中国美食中慢慢化解掉吧，中餐馆生意好与乡愁有很大关系。每次跑去唐人街，一抬头看到孙中山先生题词的"天下为公"几个大字，就觉得异常亲切，感觉回到了祖国的某个地方，想念先生的心情也一下子变好了。

在唐人街狭长的克莱街上，每每看到那些熟悉的中国面孔——许多广东籍老人坐在街头卖手工的粽子，我就不忍心见这些老人家在异乡的那份辛苦，顺手买一些，看到那些皱纹沧桑的脸上无意间流露出来一丝慈祥开心的笑意，我内心就会感到莫名的欢喜。

"9·11"事件之后，在周围的压力与紧迫感上升到极点的时候，我开始认真考虑回国的事情。

我和先生在电话中、在邮件里，隔着太平洋探讨各种未知的人生命题。我会问他，你希望五十岁的时候，在美国生活应该是什么样子呢？他笑着说，很可能在吭哧吭哧地撰写评论文章，等待稿酬吧。我既感性，也理性，阅读了很多周边人的故事，没有迷失在旧金山给我的梦幻境地，内心希望和他一起走向未来的目标。当我们冷静一下，认真审视自己内心的归宿、人生的价值，也越来越明白人生不可随波逐流，不是可以拿去拉斯维加斯赌场试试手气的赌码。在美国，满眼看到的都是些从头到脚忙活的打工中年人，他们步履疲惫地背负着美国梦，这不是我所愿见到的生活。

在美国逛街逛地摊，其实是一项颇为接地气、很适合二十多岁喜欢走路时期的年轻人的运动，有时能从意外收获的书籍或者与人的邂逅中受到精神层面的触动。

　　周末午后，阳光灿烂的山城迷人如往日，我走到一个地摊前停下脚步。门口坐着的老妇人看到我走过来，眼睛发亮，苍老面容上带着惊喜的表情。她问我是不是中国人，我点点头。她突然激动地站了起来，说稍等一下，然后挪动着有些臃肿发福的身体回屋内去了。我觉得好生奇怪。

　　老妇人一会儿缓缓地从家里出来，手里拿着一个有点眼熟的红色小本本。她坐下，递给我那个红色本本。红色本本看上去还很新，翻开一看，居然是一个哈尔滨兵工厂的工作证，照片上美丽的俄罗斯女孩笑得一脸甜美灿烂，工作证上注明姑娘的芳龄 18 岁。

　　我看着眼前的老妇人，感觉她有一段无处诉说、尘封多年的中国往事。"你怎么有这个中国的工作证啊？"我不明就里地问。

　　老妇人泪眼汪汪，说自己是出生在哈尔滨的俄罗斯人，父亲是铁路工人，她从一出生就生活在那片土地上，所以她认为自己是个事实上的中国人。父辈们流过汗水的那座美丽城市哈尔滨，在她海外漂泊的日子里，常常出现在梦里。她 18 岁进入兵工厂，和厂里的俄罗斯青年结婚。后来中苏关系不好了，她与丈夫开始了背井离乡的生活。她说父亲因为常年劳作，病倒在那片土地上，安葬在哈尔滨的俄罗斯人墓地，永远安息在她曾经的梦里家乡。

　　两人离开中国后去了澳大利亚，她跟那个因心情不好经常酗酒的俄罗斯男人在澳大利亚没过几天好日子。后来离婚了孤身来到美国。在这里遇到了一个美国退伍老兵，待她很好，就结婚一直住在旧金山。可是她的魂还一直留在哈尔滨。

　　听完这个在思念中苦度余生的老妇人的故事，我不知道如何安慰她，唯有陪着她黯然落泪，感到一个人的命运一旦与国家之间的恩恩怨怨纠缠在一起，只能听任命运的变迁，留下许多的无奈。

记得出差中第一次回北京，一下飞机就去了公司驻北京的办事处，等到下班回家，快到三里屯街道了，才想起不知道新家在哪一栋楼呢。赶紧给先生上班的地方打电话，可是他已经下班了。灵机一动就跟他单位值班的人说自己刚刚回国，不记得自己新家的地址，麻烦他查看一下。对方愣了一下，就爽快地答应去查看。然后我拎着包回到家时，看到他已经在等着我的归来。那个四白落地新装修的家，是他完全交付给装修队去完成的草率粗糙作品。我踏进家的第一感受，就是旧金山和北京生活水平的落差和心中的失落感。他也看出了我内心的那一丝失落。我其实没有嗔怪他，他一个人的精力实在顾不上这么多的细节。我不在家的日子，这个家只是他每日工作后的临时旅店而已，因为心无挂碍而疏于打理。我心中默默地想在以后回北京的日子里，一定用心让这个小家重新变得熠熠生辉吧。

二

尼先生对我希望回国的想法一开始并不理解，后来觉得将我派回中国，可以集中精力处理那一大堆国内头疼的事情，又答应将我派回北京办事处工作。

走的时候，我把那辆朝夕相处的福特车停在公司车场。其实这辆车已经出色完成了使命，只是心里很不舍，又安慰着自己，也许今后回美出差可以开，因此没有处理掉它。公司印度裔同事阿里答应替我照料一段时间。

　　那个帮我办理工作签证的律师很不理解我为什么要回国，他期待我继续办理绿卡等所有希望留下来的人照理应走的程序，他还神秘兮兮地说找个人结婚是留美最快的方法，还暗示北大毕业的他依旧是单身呢。我遗憾地告诉律师，本人早已经结过婚了哦。他看着我说，你怎么会对那人感情如此深呢，还说不少人都什么什么了。我说我的魂都留在那个婚姻里了，在美国就是一个空空的躯壳而已。他说你这话听着怪吓唬人的，我可不敢对你有任何想法。话音刚落，我们都笑了。

　　导师萨丽在我回国前，特地邀请我至其东湾家中，为我饯行。爵士乐缓缓地流淌在耳畔，小猫咪在音乐声里蹦来蹦去，自娱自乐。我们喝着咖啡，畅谈未来。萨丽是一个唯爱为信仰的人，对我终于下定决心回国与家人团聚感到高兴。

　　我回国后，陆续传来公司有员工被解雇的消息。阿里也失业了，他把车钥匙放在公司。那辆黑色福特车从此就寂寂无声地待在车场里，无人问津。设计部门的一个员工发来邮件说，打算来北京旅游，还问怎么安排行程。因为经济不好，大家多少有些担心随时会卷铺盖走人。

　　在每一个人生驿站驻留，不知道下一站去哪里，可是去了生活一段时间，会莫名其妙地喜欢上，渐渐地就觉得那个地方因熟悉而变得亲切了，在心里生根发芽了。走着走着，更觉得过往曾生活过的那些异乡好像是自己的第二故乡了。离开旧金山时，感到连根拔起，痛彻心扉，回到北京恍恍惚惚许久，才元神归位。

　　旧金山让我因为梦想的力量而蜕变，这个大码头让我增长了见识，磨炼出驾驭人生航向的坚定信念。庆幸自己青春岁月里没有虚度时间，也庆幸自己及时回归，有机会参与到国内风起云涌的新一波经济浪潮，从大浪淘沙中收获人生的喜悦。

假如没有旧金山的那一番经历，也许就没有了后面的种种可能吧。人生也许会陷落在世俗的尘网之中，仅仅为了生活而奔波劳碌着。这一段岁月里加州阳光下的积极进取乐观向上的状态，让我在往后的人生遇到任何危途时，总能找到努力的途径，看清远方迷雾中的方向。回顾一路，内心感谢旧金山这个驿站曾经赋予我的正能量与那一道唯爱的风景所指引的人生方向。青春岁月里能够穿越尘世中的种种诱惑和考验，都因为这个阶段的经历早已经夯实了自己内心深处的方向感，日后的人生与灵魂自然也愈来愈厚实。

三

人们总说习惯了好的环境后，适应以前环境的能力就变差了。有时赶上北京风沙飞扬的季节，满眼的黄色沙土让人无处躲藏，这时候就会不自觉地怀念旧金山的海天一色风和日丽，看着照片有流泪的感觉。旧金山往事中那些温暖的感觉一直跟着我回北京后的生活，让我不时想起曾经热心帮助过我的美国邻居，保罗、莱昂和玛丽安娜也会在节日里寄来圣诞贺卡和照片，只是在都市的快节奏里，我没有及时回复那些言辞真切的信函，至今引以为憾。不过，温情的友谊一直以来都储存在我内心的一个地方，我想着有朝一日我会回去，给他们一个意外的惊喜。有时候，又觉得是上天垂爱于我，在美国的经济严冬来临之前就让我随着感觉，迈开了大踏步回国的步伐。

　　终于可以放慢节奏，坐下来喝杯咖啡，和先生一起规划一下
未来的生活。在美国所学的课目，感觉最实用的是辩论课程。每
当遇到重要的问题，把彼此的想法一一列出来，写在本子上，开
诚布公地分享内心所想，找到共同的观点。我决定把积蓄分为投
资和生活两部分，我们需要在未来的婴儿到来之前，让家庭的小
船驶得稳当一些。他的薪水还是很微薄，时常需要拿着美元换些
人民币贴补家用。

　　丰联广场星巴克咖啡店是消磨时光的一个场所，要一杯咖啡，
翻阅一下时尚杂志，等待他下班一起回家。商场里许多熟悉的面
孔都是那时候开始认识的。一家内衣店到现在都是同样的人在经
营。我每次去店里，店员从价格到尺寸都不让我操心地给予最佳
的服务，双方都开心满意，可见人人都会念旧的。

　　2003 年的新年即将到来，丰联广场彩色的霓虹灯闪烁着。我
在三里屯的家里准备了一棵小小的圣诞树，从丰联的屈臣氏购买
了一大一小的圣诞袜，挂在圣诞树上。在美国过圣诞时，房东海
伦送给我一双圣诞袜，上面写着我的名字，我特意带回了北京，
这些都带着温暖的美好记忆。我到处走走，看到了适合的礼物就
悄悄收藏起来。我希望未来的小婴儿一出生也能沐浴在爱与温暖
的阳光里，相信童话的美好，相信爱。

　　家里一直保存着一个大大的绒毛小熊维尼。大学毕业后在公司
圣诞年会上参与抽奖，手气好的我抽到了这只可爱的小熊。小熊维
尼头戴绿红相间的圣诞帽，身披同款色调的围巾，表情也是十分的
甜美可爱。女同事很羡慕我得了这款可爱的礼物。可是想着这只小
熊是圣诞节和新年带给我的好兆头，觉得无法割爱，就这样把小熊
带回了家。很多年没有孩子的丁克族生活里，小熊就像一个乖小孩

静静地躺在家里，很温馨的感觉。后来小宝宝喜欢看小熊维尼动画片，自然也喜欢上了小熊这款传家宝一样的玩具。家里的东西越来越多，有时候小熊维尼难免会受到冷落遗忘，被塞进了储物间。但每当到了圣诞节的时候，我总会想起幸运小熊维尼。

2003 年，北京女人街附近的新使馆区开始动工了。从这里再往东去不远，就是四环了。我喜欢那片看得见树林的土地。那片小树林与朝阳公园隔街相望，林子里有一个汽车电影院。

北京的房地产开发如火如荼，地产商争分夺秒圈地，把一座座楼盘从二环、三环向四环以外方向推进，原先住在胡同里的人也越搬越远。三里屯新开的楼盘看着很吸引人，可是它就像是空中悬物，普通人必须踮起脚尖费很大的劲去摸，也不能确保摸得着。平民百姓的收入，似乎永远也追不上开发商的脚步和攀升的房价。

「非典」时期的三里屯

当内心渴望平静时候，永续的生活潮流会突然掀起一股惊涛骇浪，让你应接不暇。这一年春天，原本静好的岁月，突然被一个叫"非典"的疫情暴发扰乱了，新世纪的第一场公共卫生危机降临，人们一时恐慌不已。

那时间，真怀疑世界末日是否到来了。在一片传闻和流言中，北京市的官员突然被免，医院里人满为患，广东出现了超级传播者，北京小汤山医院以惊人的速度建成。人们谈"非典"色变，放慢了匆忙的脚步，躲进了家里，第一次感到人与人面对面交流竟会是一件十分可怕的事。

同住三里屯的小赵在大学教书，"非典"时期学校停课，正好在家看孩子。闲聊时，小赵说小孩子没有冬天的棉裤穿，我灵机一动，就把从旧金山带回的一条工装裤改成了小孩子的牛仔开裆棉裤，在那样严寒又没有保姆照顾的冬天，这开裆裤子还挺管用的。

小赵给孩子取了个乳名"点点"，"点"与"典"两个字正好谐音，好多人都以为取这个有趣的名字与"非典"这事有关。其实，小男孩出生在"非典"之前，不过这个机缘巧合确实很有纪念意义。"非典"后，院子里的新婴儿纷纷出生了。

最近听小赵说点点这个男孩子准备上大学了，我才一下子想起来这段特殊的日子。岁月一浪接一浪，那翻天覆地横行无忌的"非典"在岁月里留下的痕迹竟如此这般的浅显，反省陋习的深刻一课也如泥沙般从手指缝里悄悄溜走了。我觉得竟然如此彻底地忘记"非典"，那简直就是人会选择性记忆的一个明证了。

猴年小宝宝

第二年就是猴年了。

春天里，玉兰花开的季节，可爱的小宝宝如期而至。一个生下来会在梦里呵呵笑出声的小天使，让初为人父母的我们着迷。

小蝌蚪出生在猴年，很巧的是，爷爷和爸爸也出生在猴年，典型的三代属猴呢。这婴儿如天使一般见人就笑，很快就会调皮捣蛋，会知疼知暖地叫妈妈，小婴儿任何一点新的变化都给生活带来幸福感。

我带着小蝌蚪，一条街逛下去，有小女孩突然趴在婴儿车上，朝小蝌蚪嫩嫩的脸上轻吻一下。去丰联广场的屈臣氏，怀抱中的小蝌蚪东张西望看热闹。一个时尚女子从背后快步上来，忍不住往小蝌蚪脸上快速亲吻了一口，然后一溜烟跑了，口中还念念有词，说太可爱了。

随着小蝌蚪的到来，三里屯小两居变得狭小了。我们像草场的牧民一样，随着婴儿的长大，不停寻找新的牧场。依靠工资和积蓄生活，一旦看上喜欢的公寓，就得精打细算，准备过一段紧日子。当初为了改善条件而购置的房屋，在经济的浪潮中不经意间成为一笔好投资。

尼先生和夫人又从旧金山来到北京，他们对我当初一心一意地付出一直心怀感激，特意来看我和小蝌蚪，表达祝福。

小蝌蚪三个月大时，爸爸决定参加留学考试，结果如愿以偿，准备到乔治华盛顿大学进修一年。我们面临是否一起去美国陪读的问题。想着可爱的小蝌蚪，爸爸有些不忍离开，可是小蝌蚪又那么小，时时需要照顾，一起去美国，会不会影响学业呢？我们一时拿不定主意。爸爸说，那就申请了签证先备着吧。

我带着小蝌蚪去申请签证，还得到了美国人的优先服务。申请签证的人群排成了长龙，夏天的太阳晒得人有些晕眩，但是好像每个人都很有耐心。终于顺着长龙进入大使馆签证处内了，表情严肃的签证官们审视着每一份资料。签证官抬头看到了队伍中有人抱着婴儿，很绅士地招呼我俩往前站。人群中闪开了一道空隙，签证官接过资料一边审理，一边安抚说："小宝贝，很快就会办完。"

我们离开签证长龙，穿过秀水街，人群中忽然一阵骚动，接着看见远处一个戴着墨镜瘦瘦的女子身影闪过，年轻的追星族们在高呼"我爱你"。那个年代的中国，是明星到处登场的年代。

在小婴儿最可爱的半岁的时候，想着先生为期一年的学习一定会很紧张，小孩子夜间会毫无理由哭闹，而且北京郊区的国际学校已经有个空职位，等着我休完产假去上班。种种现实的原因，去美国陪读的事情就搁浅了。

其实从作为母亲的那一刻，我好像就不再是曾经单纯的犹如到处寻找花园玩的小鹿斑比了。母亲的身份给了我一个全新的自我定位，内心已经悄然起了某种改变。在一个崭新的世界里，我不再以自我为中心了，二人世界也好像避让到了生活舞台的另外一侧。一种新的母亲情怀让我尝试着更加全局地照料起一个家，用心抚养一个可爱的满地爬的婴儿。

到了开学时间，小蝌蚪爸爸一步一回头地走向北京机场内前往美国的登机口处。我怀抱着可爱的小人儿来送行，依依不舍地看着他远去的身影，渐渐消失在人流里。此刻小蝌蚪因为前几日半夜受凉患了哮喘。这是孩子出生以来，遇到的第一次离别，虽然他还不明白离别的含意。天知道，这个时候的孩子也许真的有记忆啊，因为半年后的圣诞前夜再一次来机场接机的时候，小婴儿看见了爸爸，居然把小手里的奶瓶往爸爸嘴里塞，让爸爸品尝一口自己的美味牛奶。我惊讶于父子之间天然的血脉相连。

生命中可爱的婴儿，一下子把我拉到了生活的车水马龙里。我到顺义东郊农场的国际学校上班，开始挣奶粉钱。我们在紧挨学校有些陈旧的居民楼里租了一个二居室。除了国际学校和周边的别墅，东郊的商业氛围还不浓。每天都紧张而忙碌地上班，回家照顾小蝌蚪，看着他一天天长大，小胳膊、小腿儿像藕节一般结实健康，红红的小脸蛋像红富士苹果一般招人喜爱。

东郊农场新建的国际学校正在蓄势待发。这块土地上的农民可以不用种地就看到了一年的收成。黄色的围墙将校园围了起来，墙外是绿色的农田和正在修建中的别墅区。校园内各种设施，诸如教学楼、图书室、篮球馆、游泳池以及绿色草坪的操场，一应俱全，让人心旷神怡。

每逢周末，我带着小蝌蚪一起到安静的校园里，小婴儿开始蹒跚学步了。我会用英文和婴儿对话，他好像听得懂我说什么似的。慢慢地，家里墙上悬挂的那些色彩艳丽的图片上的英文他也会读了。

小蝌蚪爸爸在新年之前放假回到北京，行囊中满满地装着可爱的玩具。小蝌蚪最喜欢爸爸带回来的会说英文的五彩电子球。电子球上的彩灯一闪一闪，一拍手，电子球就滚动，小蝌蚪开心地笑了。

美国中部游学记

先生在美国紧张学习之余，每日都发来电子邮件。等到小婴儿学会迈步了，在南飞的燕归来的季节里，他如期完成学业。回国前，大学方面安排他们到美国中西部游学考察。他详细告诉我游学中每日所遇到的事，仔细到让我感觉，他以为我会随时光临他在异国他乡的某个地方。

5 月 24 日

我已经到纽约，住在30 & 30旅馆913房，总机电话是212-68919××。周三上午我们离开这里。今天乘火车到达纽约后，在银行等人时，出去在门口公用电话亭打了一个电话，回来时警察找了过来，原来是我的行李箱放在大厅没有看管，银行就立刻报警了。已让同事将我的行李直接送到他的住所。此次旅行结束后，我还回到这里。

《 兰 花 》

————

20cm×30cm

油画布

2020 年

5 月 26 日

起了个大早，现在已在芝加哥了。在纽约期间，遇上了阴雨天，气温有点低。纽约有各种背景的移民，可以见到拉美裔、非裔、华人和其他亚裔美国人，背景相当复杂。纽约城显得吵闹、杂乱。行走在百老汇大街上，沿街到处是垃圾。司机也很不耐烦，不停地按喇叭。路上车流量很大。新到这里的人第一感觉可能不会喜欢纽约。纽约的夜景令人印象深刻。同事开车带着我们经过一座桥，纽约的夜景很美，是一座适合远眺的城市。

一大早，从纽约乘机一个半小时抵达伊利诺伊州的芝加哥市。这个城市地处美国中西部，属于美国农业地带。芝加哥以美食、制造业和建筑著称，享有建筑博物馆的美名。城市建筑看起来精致、装饰讲究。我们住的酒店于 1927 年开业。对面是 1920 年开业的德雷克酒店，我进去看了看，内部装饰也很考究。芝加哥有许多高层建筑。同行的人感叹说，芝加哥建筑高大、美丽。听起来像是在说一个修长漂亮的女人。北京同样有许多的高楼大厦，可是并没有这种美感。

这里的同事自掏腰包请大家吃了一顿很好的晚餐，又开车带着我们转了转。记得旧金山有个珍宝岛，从岛上看旧金山夜晚的城市灯光还是挺吸引人的。芝加哥的夜景也挺美，唯一的区别是比旧金山城市规模更大、灯光更亮。芝加哥有许多大企业，波音公司于 2001 年将其总部从西雅图迁至芝加哥。麦当劳的第一个分店是开在芝加哥。这个城市有音乐、布鲁斯和爵士，这次没有机会去欣赏了。我们参观了世界贸易中心以及一个非裔美国人的非政府组织。你知道历史上为少数民族争取权益的杰西·杰克逊吧？我们在这里进行了很好的交流。

明天早上我们从这里出发去伊利诺伊州的州府斯普林菲尔德，中途将经过美国农业区。

5 月 27 日

我们早上九点半左右乘车从芝加哥出发，4 小时后到达斯普林菲尔德。途经伊利诺伊州的农村地区，在一个镇上停留，会见了伊利诺伊州农业局的成员。由于时间短暂，我们利用午餐时间进行了很有意义的交谈。我提了一些问题，得到了很有趣的信息。伊利诺伊州农业局是一家代表农民利益的私人组织。全州八成农民缴纳会费加入了该组织。农民中有一半的人接受过本科教育。这是因为该州要求从事农业的人员须接受过一定的教育。家庭平均的年收入是 6 万美元。全州 3/4 的土地为农业用地，有 1/7 的人口从事农业。一些农民拥有更多的土地，也更加富裕。有的家庭拥有 2 平方英里的土地。但是一些年轻人认为自己挣得钱不如城里人多，想离开土地。这一点与中国农村的情况有些相似。

入住了斯普林菲尔德的"品质旅馆"，现在使用大厅里免费的网络上网。斯普林菲尔德因亚伯拉罕·林肯而出名，林肯曾经在此做过律师，之后竞选总统。今天我们参观了林肯博物馆，十分棒的一次体验。博物馆不久前才对公众开放。博物馆里有三维影院，借助高科技介绍林肯的事迹。有一个三维电影叫《鬼魂》，舞台上呈现了林肯的书房，内有书架和各类物品，一个年轻人与历史进行对话。舞台上出现了书本、箱子等物品以及林肯的形象。战场、烟火、枪炮和士兵等许多历史性场景也在舞台上再现了。

林肯夫人来自美国中西部地区。林肯就任总统后，林肯夫人一直与当时华盛顿特区上流社会的女性们斗争，因此时人认为林肯夫人性格粗鲁，缺乏教养。有一位白人憎恶林肯主张解放南部各州的黑奴，因而在福特剧院对林肯进行刺杀。此人进入了林肯夫妇所在的包厢，向林肯头部左侧开了致命一枪。当时，两人正依偎而坐，手握着手，这不符合主流社会的习俗。林肯夫人还问总统，如果凯丝知道我们这样子，她会怎么反应呢。林肯说，她绝对想不到这一点。这是林肯生前留下的最后的一句话。

斯普林菲尔德人为林肯而骄傲。许多商品与建筑以林肯命名。博物馆在对公众开展爱国主义教育，但一点也不生硬。中国可以从中学习。

中西部的美国人热情、友善。国际访客中心举行了一个欢迎招待会，让我们轻松交流。两位老者陪着我们参观了博物馆，交通工具也没收费。其中一个老人特别友好，一直微笑着。我估计他有 70 岁了。

5 月 30 日

今天，去了新墨西哥州一个城市的印第安人文化中心。我们参观了一个展览，观赏了一场来自陶斯村的印第安艺术家表演的舞蹈。印第安人相信自己来自土地，命运与大地紧密相连。土著文化传统上是口口相传，有说书人，我留意到展览上的许多照片中有一群孩子围着印第安妇女听故事的场面。印第安人语言中没有类似"再见"这种词。

印第安人的舞蹈分为社交舞蹈和宗教舞蹈。宗教舞蹈只在社区内表演，不对外人开放。我们欣赏的舞蹈属于社交舞蹈，在重要节庆时表演。

在新墨西哥州，印第安人居住地被称为"村落"，共有9个村落，讲4种不同的方言。这些印第安人部落实行自治，有自己的学校。新墨西哥州以外的印第安人村落是游牧土著人居住的保留地。与游牧土著人不同，这里的土著人有固定居所。

印第安男性表演的舞蹈节奏快，竞争性强。女性的舞蹈节奏慢，而且不需要太多的技巧，看起来这些女性舞蹈与平时走路的样子差不多。这样说有些夸张，但还是很接近事实。有些人认为这种差异反映了土著文化中男女之间不同的社会地位。

我在商店里转了转，都是一些手工艺品。有些工艺品有签名，价格就比其他手工艺品高出很多。我选了一款叫"捉梦人"的工艺品，据说在印第安人中很流行。在印第安人文化中，"捉梦人"帮助驱除梦魇，让小孩子只做好梦。我想你会喜欢的。

5月31日

今天我们到了新墨西哥州州府圣塔菲。圣塔菲上有许多画廊，是继纽约、洛杉矶之后美国第三大艺术品市场。我们参观了镇上最大的画廊，了解圣塔菲艺术发展历史。19世纪末，一群年轻人为探寻土著文化来到西部。他们先到达科罗拉多州的丹佛，然后向南到达圣塔菲并建立了艺术社团，培养了12名艺术家。1916年，又有5名艺术家来到这里致力于土著文化的研究，只不过名气上不如之前的艺术家。这家画廊珍藏了这些艺术家的许多作品。

我又到另外一家画廊走了走，主人刚从纽约来到这里，当时她正在画廊里创作。

走在大街上，随处可见各式画廊。回旅馆的路上，途经一条街，画廊一个挨一个，整条街长度超过1英里。

　　我发现许多作品标价相当昂贵，有些卖数千美元，有的则高达20万美元。在第一家画廊里，作品一旦出售，要收取30%的销售税。其中展示的作品有一半是艺术家本人的，另外一半属于别人的作品。客户来自世界各地，包括许多富有的中国人。

　　有数据显示，圣塔菲人口中每6人就有1人在画廊工作，可见画廊对当地人是多么重要了。

　　下午，我与同事去了萨丽父母家，他们住在土坯房里，这是当地典型的村落建筑。房屋外墙类似泥巴的黄色，屋顶是平平的。整个院子占地约有1英亩①。

　　萨丽父母都已经80多岁了。萨丽的母亲拄着拐杖，父亲使用助听器。后院长满了松树，松子可用于制作糖果。萨丽的父亲曾经在一家糖果厂工作了很多年，这家糖果厂现在从中国进口不少松子。他曾拥有一家墨菲糖果店长达30年，10年前把店铺转卖了。萨丽长得更像她母亲。老两口见到我们很高兴，请我们喝了杯红酒。离开萨丽父母家后，我又去镇上的墨菲糖果店看了看。圣塔菲其实不大，很容易找到那家店。我和店里的售货员聊了聊，他们说生意很好。我想可能这是镇上唯一一家糖果店的缘故吧。

来自北极的礼物

　　小蝌蚪爸爸归来时，给刚刚学会迈步的小婴儿带回一个汽车安全座椅。小婴儿对这个奇怪的大玩具很好奇，拉着我们坐在小椅子上试一试，表情满意极了。他不知道这是汽车上使用的特殊用品，因

---

① 英亩，英制土地面积计量单位，1英亩约等于4046.86平方米。

为家里还没有汽车呢。

我们很快有了一辆凯越汽车，把安全椅摆上后座，小蝌蚪开心地坐上，等着去看外面的风景。小蝌蚪坐车多了，好像也慢慢明白我的开车技术了。有时会学着我叮嘱爸爸的模样，让我慢慢开车哦。

在美国留学时认识的阿蓝，多年来致力于中美民间交流的事情。阿蓝每次来北京时会带来一些美国最新出版的育儿书籍，我很喜欢《从尿布到约会》那本书。他和夫人一直过着丁克一族的生活。丁克一族的人大概觉得养孩子很麻烦，搞不定，看到可爱的婴儿如此占据我的生活，阿蓝笑着问我带孩子累不。我兴致勃勃地谈了孩子的一些趣事，告诉他，一会儿吃饭的时候，小婴儿也许就乖乖地在一边睡着了，他半信半疑。那天果然我的话应验了。在隔着竹帘的川味餐厅里，小人儿开始伸懒腰了，我们赶紧把两张椅子拼在一起，临时搭了个小床。我们席间又说了些旧金山的往事，小婴儿在一旁呼呼地睡着。等我们用完餐，小婴儿一个翻身也醒了。看到这有趣的一幕，阿蓝笑着说，早知道孩子这么好带，我也想要一个啦。

一直觉得婴儿有种与生俱来的感知能力，假如你懂他了，他会回应你内心对他的期待。有时候婴儿天真可爱的一笑，可以让人忘记岁月，忘记生活中的不顺与辛苦。

每次出行推着婴儿车，婴儿身上穿的衣服，头上戴的帽子，都会引起同事和街坊邻居的好奇，而这些都与旧金山的生活有些关联。对我而言，遥远的旧金山已经变成了婴儿洗澡用的一块带兜的纯棉裹布，一双小巧精致的鞋和一件别致的小外套。国际学校澳大利亚籍校长遇见了小可爱，以他惯有的夸张语调说："嗨，体面的小男孩，你从哪儿得到的可爱的鞋？"估计那个年代不仅中国人喜欢美国货，很多西方人也是如此吧。那所郊区的国际学校里，好几个要当妈妈的同事说，以后不用的时候，把婴儿车留给她用吧。

2006年，我们从五环租住的地方搬到了更远的六环。我在后院种上了葡萄，养了公鸡母鸡。冬天下雪了，院子里积了一层雪，小男孩和小伙伴一起堆雪人、打雪仗，因为发现母鸡生了几只鸡蛋而欢欣雀跃。小男孩开始喜欢听小火车托马斯的故事，每晚听着故事才会进入梦乡。故事里会说话的各种名字的火车都成了他的朋友。他喜欢和爸爸一起用积木搭建托马斯的列车轨道和火车站，托马斯的故事联通着他的内心和这个大千世界。

六环新居的第一个圣诞节前夜，听完了小火车托马斯的故事，小男孩带着圣诞帽子躺在被窝里，激动地等着圣诞老人的到来，久久不能进入梦乡。挂在门口的一双可爱的小圣诞袜子，本来是属于他的。可是小男孩已经学会思考和比较了。他觉得圣诞袜太小，很担心圣诞老人送来的礼物会放不下，软磨硬泡要求和大人换一换，直到看到自己的圣诞袜变成家里最大的一双，才放心地躺在被窝里，继续等待圣诞老人。客厅里彩灯闪烁的圣诞树下，那一列前后相连的火车车厢在托马斯引擎的带动下，努力地奔跑，鸣叫着经过绿色篱笆搭建的岔道口，欢快地兜圈子。

"圣诞老人什么时候到啊？"小可爱紧张地盯着窗户外面。因为心情紧张，他头上冒着一股热汗呢。

我安抚他说，"小宝贝，快点睡，因为圣诞老人只出现在梦里。"听了我的话，小可爱果然很快就进入了甜蜜的梦乡。

这个年纪最宝贵的也是最神奇的地方，就是相信童话的美好。

我默默地期望美与爱的情怀将与小宝贝一路相伴。

第二天一早，冬日暖阳出来了，阳光洒在代表着父母爱心的礼物上，让梦醒时分的小男孩雀跃不已。他急切地打开一个又一个礼物，拿着想象中的圣诞老人从北极送来的玩具，在客厅里一边兴奋地跑来跑去，一边嗯呀嗯呀地哼唱。有着鎏金名字的紫红色圣诞袜，有着圣诞树图像的圣诞袜以及一双有小狗头像的圣诞袜，都鼓鼓地挂在床头。

2007 年夏天，小蝌蚪爸爸又被新的使命召唤了，这一次前往的地方是高原西藏。每当小男孩想爸爸的时候，我会开车带着他去五环边的"中国铁道博物馆"，那里收藏着很多历史上的各种火车。他趴在火车司机座位上，很认真地说："妈妈，我会开火车了，现在就去西藏找爸爸。"在列车室内的一张全国地图前，小男孩手指着北京，我手指着拉萨，将两地连接起来，他忽然无师自通地行了此生第一个敬礼，此刻所有的思念都无声地流露在这个手势中。

奥运会前里斯来访

小蝌蚪爸爸去了西藏。一天，自由撰稿人里斯发来邮件，告诉我他即将来中国采访。

我在海沃德大学时，里斯在新闻媒体课上教授新闻写作。我们在总领馆的一次活动中曾经见过面，在校园里不期相遇，他很惊讶，也很好奇我怎么会出现在校园里。我以"一家两制"的比喻告诉他，我们各自去完成自己喜欢的梦想，然后再一起分享所有的成果。他觉得新时代的中国人与从前很不一样，年轻人有更多个人的追求和见解。

里斯是美国左翼人士。出生于洛杉矶，1965 年就读于加州伯克利大学，曾积极参与美国校园反对越战运动。1967 年的 10 月，里斯和几个同学一起发起"停止征募士兵周"活动，被美国当局逮捕，在全美引发轰动，人称"奥克兰七君子"事件。后来无罪释放。

里斯喜欢研究爵士乐的发展，他认为所有的主义和发展在任何文化和时代背景下都和音乐有种内在的联系。里斯经常去伯克利大学听爵士音乐会，欣赏那些或前卫或复古的爵士乐表演。他邀请我一起去采访美国很有名的一位爵士乐女高音。那个黑人女歌手看上去患有很重的呼吸道疾病，神奇的是她一开口唱歌就变成一个完全不同的人。艺术的光辉闪耀在她的身上，一旦停止歌唱，她又开始不停地咳嗽。那次采访中，我看到了艺术是如何支撑一个人的生命与灵魂的。里斯告诉我那个女高音在百老汇很有名气。大概半年以后，那个艺术家去世了，里斯感叹自己有幸在艺术家生命最后时光里能完成对她的采访。我从旧金山回北京生活后，里斯会时不时来个邮件问起我们的近况。因为他的缘故，我开始关注和喜欢上了爵士乐，每当路易斯·阿姆斯特朗的浑厚低沉的嗓音响起来，在那种震荡心灵的爵士鼓声中，美国校园生活的种种往事历历在目。

家里的阿姨听说有美国客人来，这让她很激动。阿姨大半辈子在东郊农场当会计，还从没有这么近距离接触过美国人呢。

里斯长期以自由撰稿人身份谋生，有时在大学里兼职，经济上过得并不宽裕。北京城里动辄上千元一晚的宾馆让清贫的撰稿人很为难。我说，如果不嫌远，可以在六环附近找个地方。他愉快地说，远一点比贵一点更实际。

里斯 20 世纪 80 年代来过中国。2007 年的北京，热情而富有

《 记 者 里 斯 》

———

29.5cm×21cm

水彩画

2021 年

活力，地标性建筑鸟巢、奥运村以及新的地铁轻轨等迎奥运设施正在兴建，奥运东风中欣欣向荣的气象让他赞叹当下中国的飞速进步与发展。他认为中国物质贫乏的时代已经远去，中国人变得更加善于独立思考。他还记得我"一家两制"的玩笑呢，说中国在香港、澳门的"一国两制"很成功，而我这"一家两制"设想也渐入佳境了。

时隔多年，里斯很高兴再次来北京采访，很希望能接触到普通民众，了解社会变革时期人们内心深处真实的声音，听到有别于外界对中国的模式化看法，从而得出更加真实合理的结论。

东郊农场的阿姨听了这话很开心，说这个老美好，还挺关心贫下中农的生存发展。一辈子只在郊区生活的阿姨，也淡定地坐下来和美帝朋友话桑麻了，我在一边给他们当翻译。

在里斯身上，年轻时反对越战的那股激进锐气，似乎并没有因为岁月的消磨而减少。他一直以一种开放性的态度持续关注中国、古巴和伊朗等发展中国家的情况，笔耕不辍。他对资本主义社会多持批判态度，对底层民众抱着同情心，一直坚守在穷人立场上与社会中的不公平现象抗争。他的夫人和儿子都是劳工律师。这一家子真是美国社会中少有的劳模之家。

我拿出旧金山时去他家做客的老照片，他感叹时光流逝，说那时的我们多么年轻。里斯问我为何没有考虑去西藏生活。在美国人思维里，夫妻分居两地是一件难以接受的事，他们认为没有了感情的婚姻才可以这样不在一起。我告诉他，主要是担心孩子小，不适应高原环境。进藏时每个人都会有高原反应，而且时间久了，人的心脏和肺部会因为缺氧而渐渐地改变。但我们还是很珍惜去西藏的机会，准备在孩子长大一些后再安排。

　　里斯按照计划去了三里屯使馆区附近的爵士乐酒吧，准备采访现场演出的乐手们。那家酒吧是由来自美国加州的一个华裔青年经营，很多中外情侣喜欢来酒吧欢度周末。到了酒吧，大概里斯的那个美国老乡刚刚开始在中国开店淘金吧，要求收取听爵士乐的门票，资本的锱铢必较让原本兴趣很浓的里斯临时决定放弃采访。

　　从里斯身上我看到美国人的经济压力真大。作为自由撰稿人，他每次争取到国外采访的机会，申请到的预算总是紧巴巴的，不得不精打细算。

　　里斯经常发表音乐评论，许多想要走红的歌手找他写评论文章。北京一个音乐制作公司找到里斯，请其对一位新出道的萨姓歌手做个采访。那天我开车陪他去时尚大厦采访，路上他问我知不知道这个歌手，我向一些朋友打听，都说不了解。事后他说，这个公司看好这个歌手，想让其在国际音乐圈里走红。他见到歌手本人长相很美，声音也甜美。但是里斯觉得公司需要有一个更好的计划。因为一个歌手要走向世界，并产生共鸣和影响力，不是通过宣传造势和几篇音乐评论就能够实现的。

　　时隔二十年重返中国采访，里斯以其美国式思维和角度快速重新组装一个新北京印象。北京的活力，特别是这个城市迎接奥运东风中欣欣向荣的气象，让他赞叹当下中国的飞速进步与发展。他觉得奥运前中国的种种迹象，更像是一个物质丰富新时代来临的信号。

　　作为自由撰稿人，他的感觉是敏锐的。那几年遍地开花的基础设施建设，让中国进入了一个经济腾飞的黄金期。北京奥运会之前，京津城际铁路正式开通，一个全新的高铁时代正在走来。

两年后，中国成为世界第二大经济体。很多人幸运地参与了一次社会财富的分享之旅。有些人习惯于生活在自己的世界里，有些人因为本身就处于弱势，被特大的经济浪潮打到了谷底。人们之间的差距一下子就拉开了。

里斯一周后离开北京，前往西藏寻找更多的中国故事。

发小做了移民律师

发小宝琴从波特兰回中国，我去见她。我们是前后脚不约而同去了美国。她去了犹他州，在杨百翰大学攻读法律博士。她拿到学位的那一天，发誓今生再也不读书了，读得够够的啦。那时候，我们仅仅凭着语言基础去攻读一门难度很大的学科，学习过程很痛苦。可是我们曾经都是学校的好学生，再难也要坚持下来。

她在犹他州时，我和她煲起电话粥没完没了，为此每月多缴很多电话费。女孩子家年轻的时候怎么那么多知心话啊。美国情报机构的监听器肯定就安插在公寓的电话里了，我经常听到"嗡嗡"的回响声，有时是吧嗒一下第三方挂电话声音，我都想笑了，因为我们从小一起长大的，冗长的电话中说的都是些芝麻大点的小心思，估计每次都磨掉了监听者的有限耐心。

在美国这个原始森林深处，陷阱确实无处不在。这林子太深太大了，意志稍稍弱一点的，一不小心就会踏进老猎手们精心布置好的陷阱里。人在艰难时，很容易见到本真性情。也许是初生牛犊不怕虎，也许是因为一往无前不惧危途的性格使然吧，反正在关键时刻，仿佛有神明指路一般总能指引着我走在光明之路上，也不经意地发现，鲜艳的五星红旗多年以来一直都在心头坚实地竖立和飘扬着呢。

宝琴大学毕业后就职于西安航空公司，觉得没有发展空间，无奈地走出国门。她考了托福，联系好美国的大学后，公司方面又说考虑给她一直想要的岗位，可是开弓没有回头箭啦，宝琴一个女孩子，最后下了决心飞去了美国。到了人生地不熟的犹他州，交通住宿都没谱。摩门教的人主动来接她，安排临时的住处，在学业和生活上给予帮助，对她而言不啻是雪中送炭，心里自然感激。她决定入教，因为她想"过一种稳定平静的生活"，虽然她清楚追求内心平静是一个很漫长的过程。摩门教有很多规矩，包括不能喝茶，但她慢慢地也都适应了。拿到法律博士后，她去波特兰开了一家移民律师事务所。

宝琴是一个赤脚狂奔在理想道路上的人。我们的缘分始于儿时，从小学四年级同班开始，宝琴这个小班长就成了我的学习榜样，好像有她在旁，学习起来就格外起劲。宝琴当时写着一手优雅的柳体字，下课时她赶作业，我喜欢站在一旁看她写字，内心仿佛被一种升腾起来的美感召唤着，之后便凝神静气开始模仿这种在我眼里特别优美的字体。遇到她真切地感受到学习上"与谁同行"很关键。渐渐地，我这么一个超级爱玩、上树摘果子捅马蜂窝的丫头竟然也成为别人眼中的学霸。后来我去北外，她去吉林大学，每次途经北京都要到我那里歇个脚，然后再倒车去长春。她这辈子真是出来跑的命。如今每次回国，都要在北京停留一下，然后再飞回西安。

宝琴现在是三个孩子的母亲了。几年前我去波特兰看望她，闲聊中谈起了那几年在北京理财的经历。

她大儿子一旁听了，突然问她："妈妈，为什么阿姨比我们能够更快成为百万富翁呢？你干吗不先在北京成为百万富翁再来美国呀？”

“儿子，如果在中国，我只能生你一个。”宝琴解释说，“你现在多好，还有弟弟妹妹呢。”

“妈妈有我一个就足够了。如果你是百万富翁，就我一个孩子，多好啊。”大儿子噘着嘴说。

孩子幼稚的问题让人发笑，也令人思索。

我从旧金山回国时，中国经济处于高速发展期，那时候北京六环的房子很边缘也很便宜。美国正处于克林顿总统的经济繁荣期，美元很坚挺。后来美国发生了“9 · 11”事件，又遭遇了金融危机，开始走下坡路。中国则实现了飞跃。每个人的命运，都在这巨变的时代中起起伏伏。

第七章 ＊

圣地
情怀

　　书架上摆着一本 2010 年带回来的援藏纪念册。刚刚找书时，发现这本书竟然原模原样还没拆封呢。小心翼翼地打开，重温一下拉萨那一段还很新鲜的记忆。

　　一本书，一段尘封的记忆。

　　书中第一页是晚霞中的布达拉宫，让人内心瞬间变得十分柔软。再往下翻看，没有找到多少关于那些援藏人真实而努力地将生命播撒在圣地的抒情描写，很多是一些缺乏温度的文字和考察照片，心里有些失望。有几个援友意外地永远倒在这片高天厚土上，包括一位在海拔很高的地方工作的北京援友，都已经准备领取纪念册了，却突然遭遇不测。也是巧合，在纪念册里，唯有这个援友生前提供的照片是一张没有人物的风景照，很特别。西藏的神圣感一直留在内心，有朝一日，心里实在想念它了，就去那条曾经驻足发呆的转经路，以宁静的心态看看那些五体投地的朝圣者姿态吧，在朝圣的土地上看懂人生归路与生命的真谛，那才是对西藏的真情再回首。

几度春秋献高原

　　西藏，很早就和我们有了某种缘分。大学毕业，举目无亲，结婚时居住在方庄青年公寓，认识了隔壁楼上待我们亲如子女的一对老夫妻——大半辈子在高原工作的郭叔叔和张阿姨。他们常常请我们去

《 秘 境 》

———

60cm×50cm

油画布

2021 年

家里吃饭，听他们讲述从前随解放军进藏工作的许多动人故事。郭叔叔和张阿姨在 20 世纪 50 年代先后入藏，直到 70 年代末才回到内地，把青春年华献给了高原。

我们认识的时候，郭叔叔和张阿姨刚刚退休，三个孩子已经各自成家立业。张阿姨随十八军入藏时刚刚 18 岁，根本就不懂得即将去的高原地区对她以后的人生意味着什么呢。那次一群年轻的女兵乘车沿着青藏线入藏，途经海拔很高的念青唐古拉山时，大家都感到了呼吸急促、头里发晕。张阿姨拿着行李下车时一下就栽倒在地，失去了知觉。她模模糊糊中听到周围一片哭叫声，有人掐着她的人中穴位，她开始慢慢地恢复了意识，大家都因为她死而复生喜极而泣。张阿姨常说自己命大，大概那一次就是个明证。入藏后，她作为工作小组成员进入拉萨的寺庙，刚开始因为担心安全，自己佩戴了一把勃朗宁手枪。其实那时年少腼腆而胆小的女兵根本没有开过枪呢。入驻甘丹寺后，她很快就和喇嘛们愉快相处，也用不着那些武装了。

张阿姨亲切可人，很快就结识了好多藏族朋友，随着彼此信任增加，女人们开始向她吐露心声。看来亲和力是通达人心的最好武器。她进藏那会儿还是单身呢，郭叔叔是部队里的笔杆子，在部队这个大熔炉，两个人越走越近。很多藏族女性的婚姻都是家中父兄安排，而且很多藏族汉子都酗酒，酒后自然容易撒泼。因此，藏族妇女特别羡慕张阿姨的自由恋爱。张阿姨经常出面调解家庭里的矛盾，藏族妇女也乐意对她说说掏心窝子的话，说她们喜欢汉族男子待妻子好。

张阿姨说，郭叔叔那时英俊潇洒，还是个笔杆子，颇有好人缘，尤其是藏族女青年对郭叔叔青睐有加呢。"那你就不担心吗？"我惊讶地问。她爽朗地笑起来，脸上带了点恋爱中小姑娘才有的红晕，说郭叔叔也知道这些女青年喜欢他，可是那时我清秀干练，也同样很有魅力的，面对工作，所有个人的担忧都放在了一边啦。想一想那个时代的军人真是具备高尚情操，他们将工作视为历史赋予自己的光荣使命，在个人的恋爱情感问题上，因为共同的价值目标而互相信任。

在西藏相识相爱，成了家。张阿姨说，结婚后才真正体会到高原生活的严酷考验。那时在高原，由于医疗条件特别困难，生了病，尤其是呼吸道病很危险。十八军军长张国华 3 岁的女儿在部队前往西藏的路上得了急性肺炎，而张军长忙于工作，等到回家后发现孩子已经没救了。这些身边随军家庭的沉重现实，警醒着年轻的张阿姨和郭叔叔。他们在几个孩子相继出生后，把孩子们都送回平原生活。男孩老二安顿在郭叔叔老家，老大和小女儿生活在张阿姨老家，由两家老人分别照顾着。在孩子最需要父母的年纪里，不管心中多么不舍，张阿姨和郭叔叔也无奈地让孩子离开自己身边，一家人分散在三个不同地方生活，又难得见上一面，这样亲情就有了一层隔膜。人是需要情感的社会细胞，可是现实生活阻隔着正常情感的交流，一旦情感补偿不到位，这些细胞就面临着个体的危机。当时张阿姨与我说起这些孩子们的往事，就会止不住流泪。

我那时还不是特别懂得他们从前在高原生活的不可承受之重。我只是觉得，在为信仰而工作的激情年代，一个人因为经受住了生命禁区的洗礼而倍感生命的珍贵，也更加乐观看待人生。我因此对张阿姨也多了一份理解和亲近。老人家阅历丰富，把我当作他们的孩子一般，我时常把工作上的不适应说给他们听，慢慢聊着，内心的浮躁不知不觉地消失了。那代人走南闯北的阅历像是我眼中古老的物件，喜欢听她说说在西藏的山口晕倒后奇迹般复生的传奇经历，听她聊聊与藏族朋友不同寻常的友谊。我喜欢忘年交的朋友，这犹如经过岁月沉淀的美酒，慢慢品来别有滋味。我也喜欢张阿姨从老家湖南带过来的带着岁月痕迹的小木椅，多像我小时候在祖母家用过的那些老物件呀，我找到了回家的感觉。

听了老两口那么多的故事，2007 秋天小蝌蚪爸爸进藏工作了，简直就像是一个故事中两代人接力援藏的续集。

一步到天边

2008 年春天，人们在期待中迎接历史性的北京奥运会，拉萨突然发生了"3·14"打砸抢烧事件，气氛很紧张。那段时间，不时有小道消息传来。有一天听说他单位有同事外出路上被围殴了，头上流着血回到了单位，这更让我觉得他身处危险之境。

在北京的办公室，议论起西藏发生的事，有个同事说孔繁森这样的英雄是援藏人的榜样。说者无心，听者有意。闻听此言，我难过极了，也很受刺激，很长时间都不想和那个其实并没有什么恶意的同事说话。我和小蝌蚪留守在北京，真觉得时间过得太慢了，慢到令人感觉是在扳着手指数日子呀。那时就想着不如辞掉工作，陪着他一起在那个危险之地待着，内心会觉得安稳些吧，陪着他共渡难关远胜过他独自面对。长期待在这缺氧的高原上，人体的红细胞和白细胞都会变得不同于常人，心脏的变形和肺部的压力会让人难受，可是已经没有什么能阻止我一往无前地投奔远在拉萨的他。爱在的地方就是女人的全部世界，那时候我的世界就在高原。这些年，不知不觉中陪着他从校园到社会，从北京到旧金山，又从美国回到北京，走了这么多地方，最让人感受到惊险就是从北京一步踏入遥远的西部边陲，往前再迈出一步就像是跨出天边的感觉了。

那年夏天，我初上高原。下飞机那一刻看到的蓝天白云，感觉就如同电影画面一样不真实。缺氧、头晕、呕吐，大自然似乎在和人类开着玩笑，也好像在嘲笑调侃比自己弱小的生命。小蝌蚪休息两天后慢慢缓过劲来，开始东奔西跑了。天蒙蒙亮，武警战士开始了操练。小男孩儿看到配枪的战士都是一脸的崇拜。小朋友格桑和小蝌蚪经常追着这些人在院子里转。那些人特别能吃苦耐劳，每天自己洗衣服，晒在平房外面就去操练了。高原就像和人类开玩笑一样，刚才还艳阳高照，谁知道一会就下起太阳雨了，晒在外面的衣服被这忽然而至的急雨淋得湿乎乎的。战士们出操回来，就重新洗衣，再放在阳光下晒。

我们去布达拉宫广场，小蝌蚪常常扛着他的玩具枪，摆出兵哥哥酷酷的姿态。这种士兵情结一直延续到我们去印度那几年。从印度打道回府之时，小蝌蚪准备把一大箱各种玩具枪带回国。他在箱子外面用英文标注上"gun"的字眼。我说你不想平安回国了呀，这么明目张胆地拿着满满一箱子枪，恐怕直接就在海关被扣下来了。他这才勉强同意送掉一部分玩具给门口的印度保安，因为保安的儿子和小蝌蚪一般大，正是喜欢玩具的年龄。

西藏的江南林芝，海拔比拉萨低数百米，拉萨人就说这里是吸氧的好地方。在鲁朗林海，蓝天白云，林间流淌着雪山融化后的清澈小溪。小蝌蚪说口渴了，就从小溪里掬一捧水直接喝了，清凉甘甜。小男孩知道虫草是个好东西，在市场上看见当地人卖虫草，就想伸手，那样子是想品尝一下吧，我赶紧轻轻按住了他的小手，这母子互动的温馨一幕被不知藏在什么地方的记者"啪啪"拍了下来。短期援藏的高个子同事有一天拿着报纸过来，说你们的照片上了《西藏日报》的头版头条了。我颇为吃惊，没想到一次出游就上了报纸，还当了一回买虫草的游客。

唯一一次去纳木错的经历，也改变着我心目中的西藏。在传说中的神湖，小男孩儿气喘吁吁地跟着当地人找到了路边的帐篷，跟人家说要休息，牧民很热情地接待了陌路相逢的客人。我感觉精神还好，独自往纳木错湖区走过去。蓝色的湖泊平静深邃，湖底深不见底。远处的山坡上，牦牛和岩羊在啃着什么东西，这荒芜之地，真不知道可以吃到什么呢。

几个脸上带着红红高原印记的小孩来到跟前搭讪，真没注意他们从哪里突然冒出来的，他们从口袋里摸出天然水晶块问我要不要。那几个小水晶块看着晶莹剔透的，我问他们从哪里找到的。小孩儿说是从附近的山上捡拾的。我取出十元钱，孩子们拿了钱，到别处去了，他们并不贪心。凭着对高原的浅浅的初次接触，我很喜欢藏民的淳朴，以后每去一个地方，只要看到藏族小孩儿，就想做点什么，让他们开心，有时会将手中的未开封的饮料和牛奶送给他们。

湖边有一块巨大的石头，还有经幡和玛尼堆，传说修行的人虔诚地绕着走一圈，就会在湖里望到来生缘。我格外小心虔诚地绕着走了一圈，然后就去湖边望了一会，不过我这样一个凡人毕竟缺乏高僧们观湖察看前生后世的法力。神湖被常年积雪的神山和丘陵包围着，偌大的湖面看不见哪怕一丁点儿人活动的痕迹。神湖在天之涯、海之角的孤独寂寞中远离人间烟尘，人们对她敬若神明，湖水中的生灵肯定越长越有灵气，难道不会像传说中的千年白蛇一样修炼成仙了吗？胡思乱想中，忽然想念起都市的人间烟火味道来，真害怕那一刻寂静神奇湖面上有什么怪物或者超自然力量显现，将我拖入湖中，从此销声匿迹。

我步履匆匆地离开这神秘的湖水，回到路边的帐篷，心才算安稳下来。藏族人笑着说，难得来一次，这么着急呀。其实当时我真的被神湖无边的孤寂与凄美震慑住了，我害怕高原的神秘力量。去了趟纳木错，好像就为了感受人心灵深处无人能抵达之处的孤独与无边，在大自然威力下感受个体的脆弱与无助。到了高原，人才会感到自己的渺小和无力。

假期总是短暂的。拉萨与北京相距甚远，更多的时候我们两头牵挂着呢。

小小援藏人

2009 年夏天，父子俩一起上高原，这回是坐火车去拉萨。想着一路上听着动听的高原歌曲，看看沿途的美景，也可以慢慢适应海拔的变化。这条天路够漫长的，火车走了将近两天两夜。

小蝌蚪到拉萨第一小学借读，我让三姨专门从北京去拉萨照顾，接送小蝌蚪上下学。拉萨一小的班级上忽然来了个临时插班的汉族小男孩，同学们都很好奇。小男孩闷声不响地坐在最后一排，老师也不知道他听懂了没有。

远在美国的小姨给小蝌蚪送了一对对讲机，这个时候派上了用场。对讲机一个由小蝌蚪自己拿着，一个放在爸爸办公室，小蝌蚪与小朋友在外面玩时，无论在院子里什么角落，父子俩随时可以联系上。

　　小蝌蚪与藏族小同学相处得很融洽。调皮的格桑小朋友与小蝌蚪在同一个班级，两个小男孩走得更近了，放学后就粘在一起。格桑的爸爸也在院子里工作，平日里喜欢与朋友相邀喝酒尽兴，院子里有许多关于格桑爸爸喝酒的传闻，而格桑的妈妈喜欢打麻将牌。父母各有各的喜好，小格桑就这样快乐地散养着。从小在高原上生活，格桑生性开朗爱热闹，到处摸爬滚打，是一个招人喜欢又招人嫌的孩子。这孩子特聪明，情商也高，小伙伴被格桑的顽皮惹恼生气了，格桑会就地翻筋斗，直到把人逗乐。有一天晚上，我看着他们有滋有味地一起玩奥特曼游戏。到了9点钟，小蝌蚪对格桑说，明天还要上学，该回家睡觉啦。格桑在地板上打了个滚，很不情愿地离开了。结果过了一会儿，格桑又来敲门，说爸爸妈妈还没有回家呢。

　　每天中午，小蝌蚪放学回来，父子俩会讨论一下学校的课程，儿子特别认真的样子，一问一答，父子间的默契在那缓慢的高原时光里释放出一缕缕浓浓的亲情。每逢援友们聚会，从此就多了一个小小的身影，大家都说小蝌蚪是这一批最小的援藏人。

　　小男孩正是最活泼又淘气的年纪，特别着迷在纸上乱涂鸦，画风自成一体。记得在北京的时候，小男孩天天听大人议论奥运会的事，也是似懂非懂。奥运会结束了，我带他去看鸟巢。小蝌蚪看得很仔细，还问鸟巢里的运动员到哪去了呀。我当时就有些后悔奥运会期间没有带他去看一场比赛。回到家，小男孩拿起钢笔，一会儿就画出了一个有模有样的鸟巢，让我甚为惊讶。我就向西藏大学的老师询问是否需要专门请人辅导，老师看了涂鸦画，说就让他按照自己内心的感觉画画吧，千万别到处找老师学画，这样反而会打破了自带的画画天分。小男孩对语文特别感兴趣，也不知道是什么激发了他的语言天赋，经常听到他口中念念有词，朗朗上口的成语脱口而出。他特别喜欢小学的语文老师，回到北京后，他想念从前的拉萨一小，尤其是语文课堂，说如果把拉萨一小的老师请到北京就好了。

我在北京有一天突然接到三姨的电话，语气慌慌张张，都快要急哭了，原来放学时在校门口没有接到孩子。我安慰她说，小蝌蚪知道自己该干啥，不会丢了，也不会跟别人走的。我赶紧联系小蝌蚪爸爸，他着实吓了一跳，过了一会儿，他笑着说听到儿子在楼下喊爸爸呢。我才松了一口气。一问才知道放学时到了校门口，同学们都有大人接，就他一个人等着。他觉得姨姥姥行动太慢了，就独自顺着人流往回走。我问他怎么过的马路，因为那条街上平时车挺多的，从拉萨一小到爸爸工作的地方，有四五个路口和红绿灯。放学时接学生的车就更多了，过路口得特别小心，多危险啊。他居然说："妈妈我知道的，我跟着前面的人走，人家停，我就停，人家走，我就跟着走呀。"听得出来小蝌蚪对自己安全走回来很自豪。我夸奖了他的机智，告诉他下不为例，以后放学一定等等姨姥姥，别再让姨姥姥受惊吓。后来也没有再发生类似的事情了。

小男孩上高原好多次了，是个名副其实的"小小援藏人"了。每次回北京，小男孩晒不黑的小脸上都有两朵高原红，这是西藏的特有烙印。他坐在行李车上，东张西望，一眼看到前来迎接的妈妈，就笑得两个眼睛像是月牙儿一样弯弯的。每次上高原，他都会有呕吐、头晕等症状，两三天后才渐渐适应，可是每次出发去西藏，像是小战士一样，独自背着小包，潇洒地挥一挥手。我惊讶于他超出年龄的小男子汉气概。

西藏让每个人都成长了。这么多年过去了，问儿子那些日记中写的事情，他居然什么都记得，说那个和爸爸每天联络的对讲机，功能太多了，调好频道和爸爸说话，会突然冒出警察的说话声，还有饭店服务员说上菜呢。

挖虫草的小伙

每年采挖虫草的季节，当地人就去高海拔地区寻找冬虫夏草。一天下午，小蝌蚪与格桑在院子里玩，一个皮肤黝黑的藏族小伙子经过院子门口，走过来问我要不要虫草。早就耳闻虫草的特效，看他诚恳的样子就让他拿来看看。小伙子说去取货，一会儿就拎着包来了。打开一看都是刚挖出来的，还带着新鲜泥土味道呢。我问他这么多泥巴怎么吃呢，小伙子说"拿牙刷刷干净，晾干了炖汤喝啦"。看他说得那么轻巧，我就把那一斤新鲜虫草全买下来了。看着小伙子用牙刷一个一个卖力地刷泥巴，我觉得把这么一大把虫草清理干净，得一夜无眠吧。小伙子边刷虫草，边聊天，说自己没有工作，还得养两个小孩子，一年到头就靠这几个月的虫草收入，日子过得也不容易啊。

小伙子说，这虫草找起来是个辛苦活，要看运气。运气好时一天能挖到几十根虫草。虫草很神奇，经常从一个山头跑到另一个山头，今年挖到了虫草，明年再去那个地方时可能就找不见了。

我跟着小伙子一起在传达室刷着刷着天黑了下来，大概想着孩子在家呢，小伙子开始心不在焉了，说羡慕别人都有好工作，日子过得旱涝保收。听他这么说，我眼泪都快要掉下来了。这时，来了几个短期援藏的年轻人，都说"让他赶紧回家吧，我们帮忙一起刷"。我就让小伙子回家去了。我们几个人在小小的传达室内，奋力地刷到半夜才散去。

大家辛苦帮忙了一晚上，我答应第二天做虫草炖鸭汤给大伙补身体。我去了一站地外的菜市场——那里有很多四川来的人做生意。那一锅汤，说不尽的好味道，香味跑满了厨房内外，几个年轻人平时自己宿舍里不怎么开火，凑合着在外面餐馆吃，因此吃得喝得都格外香。

纯天然的美味

高原上的美食种类有限，似乎掰着手指头都能数得过来，却皆是都市人追求的纯天然美味。

经历了拉萨的都市生活，也去过荒凉而高寒的那曲，原以为高原瓦蓝纯净的天空下只有那一路的苍茫和荒凉感，没想到峰回路转，竟然发现了一片西藏的小江南。林芝到处葱葱绿绿，河流像是明镜一般蜿蜒曲折地穿行在公路边上。那里的农户们不设猪圈，却把庄稼地圈了起来，好让藏香猪自由散养着，满地跑来跑去，这与印度神牛在大街上四处溜达颇有些相似。藏族人喜欢烤藏香猪，肉片切出来晶莹透明。回到北京了，西藏那些难得的美味让人挺怀念的。实在太想了，有一次托朋友从林芝的农户那里提前半年预订了一头香猪，年底果然就寄过来了。

林芝的松茸更是营养价值极高的美味，吃过那道新摘下来的松茸炒青菜后，记忆中的松茸味道便很难忘怀。当地老乡介绍说，西藏人家喜欢用质地坚硬的青冈（当地人称槲栎树为青冈）做院墙的防护栏杆，青冈根部腐化后就长出了青冈菌（当地人称松茸为青冈菌），老乡们拿回家做菜，特别好吃。松茸一般生长在松树和青冈混交的原始林地上。20 世纪 80 年代西藏旅游业渐渐发展起来，日本人来到西藏，发现了松茸这个营养价值极高的美味，就开始从西藏大量进口，松茸的价格也开始翻跟头，本来寻常百姓家的一道小菜就成了国际市场的香饽饽了。

郭叔叔介绍我们认识了他的藏族朋友白涛叔叔，我们去藏式小院做客，和当地人话桑麻的感觉很是美好。在白涛叔叔家的露台上，面向布达拉宫方向，吃着藏族人每日食用的青稞糌粑，品尝牦牛奶做的奶渣，喝着红茶调制的甜茶，拿着藏刀在一大块煮熟了的牦牛肉上慢慢切着，觉得拉萨的日子也是悠哉乐哉的。过去贵族的生活中才会有的上好的印度红茶，如今这些都成了寻常百姓的日用品了。大家都说牦牛是个宝，在草地上喝着泉水、吃着虫草长大，大凡在这片净土上生长的动物，何尝不都是这样的呢。

新式的潮流进入到西藏也很快，时尚的酒吧在拉萨人民路上开着，特别有气氛，与北京三里屯酒吧一样的有格调。那一年年历的照片里，我们三个人坐在拉姆木小屋——那是新开张的一家藏餐吧，我很喜欢。白涛叔叔带我们到了大昭寺附近的牦牛屋藏餐吧，这家的餐饮结合了西餐与藏餐的特点，可能是经常接待游客的缘故吧。小蝌蚪对这家藏餐吧情有独钟，每逢周末就嚷嚷着要去，这餐吧就成了父子俩消磨时间的一个地方。小蝌蚪喜欢新鲜西红柿酱汤，配着新出炉的小面包吃得美滋滋的。添了几次小面包后，服务员说不能再免费提供了。

高原会改变人

在高原，能够生长的植物和动物都是自然界生存的强者，能量也格外的大。高原上生存的人也不例外，他们坚信强悍的生存法则。据说过去藏族女人在牦牛圈里生孩子，经过一晚寒风洗礼如果婴儿无恙，母亲会认为这个婴儿为上天所赐，因为高原严酷的自然环境时时提醒人，唯有后代强大祖祖辈辈才能繁衍生息。这种古老的生存法则，我一直都不理解，过去那里母婴死亡率特别高，加上医疗条件差，高原的人们把生死看淡，但是把幼弱者推向风雪寒气中求得强者以延续生命，我真地觉得接受不了。然而在自然界那里，一切都有其生存的顺序和逻辑，让强者为大，将弱者淘汰，也让人对自然更加心存敬畏了。

从小在无神论环境下长大的我，初到西藏，就像面对一本读不懂的天书，处处都是谜和新奇。藏族人自出生下来，生存目的好像就是为了信仰，因为四周具备足够的佛教徒生长的大环境，宗教生活占据了一生。听说在藏族传统文化里，一个家庭就像现在的父母希望孩子都能上大学一样，会想办法让男孩加入寺庙，期望将来有个好前程。走进布达拉宫和大昭寺，惊喜地看到了历史课本上熟悉的松赞干布和文成公主的等身像，也对藏族人的那一份虔诚特别心动。他们好像每次朝圣后都洗尽了身上的铅华，一身轻松地摆脱了世上的劳顿。

当初对高原生活的担心真是有道理的。在城市生活中养成的快节奏并不会因为到了高原就自然消失。有时遇上着急上火的事情，就会忘了身处何处，一路小跑地爬楼梯，等明白过来就已经止不住地心脏狂跳气喘吁吁了。平时并不在意的慢性胃病、鼻炎和其他小毛病，在高原上似乎会被放大。冬季，空气中的氧气又少了许多，先生经常会整夜浅眠多梦，真正尝到了高原的威力。可能每个人的身体反应也不一样，同去援藏的小彭说在冬季，晚上睡得很香，早上都醒不过来。很多一直靠着惯性支撑着的生命体验在发生变化，心脏和肺部的变形深藏于身体内部，更加超出思维常规的是向往神秘来生的人们在朝圣的路上虔诚跪拜，让人一下子觉得有些恍恍惚惚了。一切都在新的平衡中。

藏族人遵从天葬的习俗。因为这种习俗的延续，在广袤的高原上看不到任何坟场，不见古人的丝毫痕迹，心里格外觉出空茫与无我的虚空，感觉走到西藏就是到了天的尽头，最后就得去想"人活着的目的"这个哲学问题了。

很多来自内地寻找心灵归宿的文艺青年们，三三两两席地而坐，晒着高原的太阳，看着转经的人们，进庙会脱帽，见佛就拜过，好像来到西藏就会找回自己的幸运，看到了人生的方向。

好友秋杨是前往西藏众多旅人中的一个传奇人物。那一年，在珠峰的寒风雨雪中她艰难登顶，窄小帐篷外面是从前探路者倒卧在地已化作了地标的一堆尸骨。高原的无边荒芜与神秘，无时无刻不在心灵上形成冲击。站在高原之巅，她对人生有了新的领悟，从此就与高原结下不解之缘，多年来尽己之力帮助当地民众，成为最钟情的民间援藏者。

我在北京和拉萨之间，很多次独自出行，有时遇到飞机在高空气流中极度颠簸，真的颠簸到以为自己就要被命运之神扔到苍穹之外去了，所以每次都觉得能活着走出飞机就是一种幸福和幸运了。去了西藏必然会经历那些生死的心理考验，每一次经历都是一次胆量的历练，感恩那一段不平凡的阅历，让我们拥有了后来面对更多世事的那种淡然与洒脱。男人独自面对世界的孤独，我曾经也不大懂得。真实的体验过高原之后，我学会了用心去体会。那个被称为地球第三极的高原，教会我如何在生活变化来临时，让彼此心中保持爱和被爱的信心，在互相的真实给予中不断成长强大。

　　西藏一个无处不在的风俗是敬酒唱歌，客人给主人每敬一杯酒，主人就来一首歌曲表达彼此之间的深情厚谊。藏族人热情淳朴，第一次入藏，我就喜欢上了这种特别的人文气氛。上了几次高原，晒过紫外线特别强烈的太阳后，有人开始说我越长越像西藏人啦。藏服穿在我身上就像是量身定做的一般合适，更像是地道的高原女子了。品尝藏餐，听着藏歌，甚至跟随当地人进入不同流派的寺庙，不管是格鲁派、噶举派，还是宁玛派、萨迦派，每走一地都听得入神，那些生死轮回的唐卡画面似乎蕴含了某种神秘暗语，潜意识里感觉自己在重新认识身边这个世界，回到北京也开始阅读那本很流行的《西藏生死之书》。

　　记得自由撰稿人里斯来北京采访时，曾经说过一个物质丰富的中国新时代即将到来，初闻此言我颇为激动了一番，庆幸从美国回来正好赶上了一个发展好时机。可当我去过了西藏，藏族人向死而生的意识与自己对生命的理解接轨后，从前的想法已悄然起了变化。那些以身体丈量土地的虔诚朝圣者，今生为修那遥远的来世，不知疲倦地行走在朝圣的路上，只为有一天来到这心中的圣地。他们口袋里也许没有几毛钱，可是内心如此坦荡宁静，没有那些无止境追求物欲的都市人身上的浮躁感。看看身边的人们都在为打造物质世界而忙碌，也许那一刻的对比，让灵魂深处的某种生命意识醒悟了吧。

　　圣地的诸多所见所闻浸润到了内心，有时候会困惑地望着天涯路上人生的驿站，扪心自问：人生真的需要背负那么多根本不需要的行囊上路吗？人的归宿又在哪里？在西藏转悠的时间里，心灵在藏族人拿着转经筒的路上兜兜转转，很自然地会反省过往的生活。

　　每次进藏生活一段时间再回到北京，看着偌大屋子的角角落落，一切都还是从前的样子，可是明显感觉内心有了微妙变化。忽然觉得物质丰富的家和藏族人简朴的人生相比怎么如此的累赘呀。从前满心欢喜的各种摆设，除了纯净的白色让目光可以停顿片刻，其他都显得那么的多余和拥挤，就像这繁忙的大都市一样。身边的物质越多，世俗与物欲带给人内心的繁复也在增加，生活会因此失去杠杆，去平衡不断索取的欲望。当初那些让人陶醉其中乐此不疲的美国梦，也像这物欲横流的人世一样不堪重负。原来在简单中才能遇见内心真正的需求。

　　西藏的确会莫名地改变一个人。

圣洁与简单

　　北京下雪的冬天来了，屋外的一切被裹成了白色世界。屋里温暖的暖风吹着，灯光下，我在阿姨的指点下认真地织一件藏蓝色毛衣。傍晚时候织毛衣，是让心灵平静下来的最好方法，尤其在这雪花纷飞的日子。

　　我所见过和经历过的西藏，一个佛教徒们心中的圣地，是很接近理想主义者生活的一方净土。大片的蓝天白云，掬一捧可以直接饮用的纯净雪山融化的溪水，牦牛的乳汁甘甜浓香，藏药的奇妙，藏族人的纯朴，都是记忆中的最真实而美好的西藏画面。

　　那一段人间天堂的旅途，曾经给予我内心深处许多莫名的触动。生活就像是被重新过滤了一遍，过去习以为常的感觉已经渐渐地改变。圣洁与简单，是留在心头唯一最深刻的记忆。

　　我想起大学导师萨丽对我说过的那句话，人类的情感永远都是生活内在的驱动力，要相信爱就是你人生的最大财富。是的，

《 水 面 的 色 彩 》

——

50cm×60cm

油画布

2020 年

爱就是我们此生的信仰。记住心里最初的想法，脚步朝着最初的
梦想方向迈进，生活变得真实多了。别了，圣地的布达拉！

带着高原红到上海 一

  上海 2010 年举办世博会，小蝌蚪爸爸被临时派
往西藏馆工作。撤离西藏奔赴上海，就像当初进藏时一样地迅速。
小蝌蚪提前离开拉萨一小，跟着去了上海。出发前夕，望着早已
很像一个家的居室内各种绿色植物和角角落落，心中十分不舍。
儿子把学习用品和滑板车送给小朋友格桑了，格桑和他爸爸含着
眼泪与我们话别，小格桑认真地说长大后要来北京。

  在世博会的芬兰馆中，圣诞老人在一片冰天雪地中坐着驯鹿
拉的雪橇出现了。儿子在芬兰馆内拍下了他此生第一次觉得真正
见到圣诞老人那激动而温馨的一刻。儿子红扑扑的小脸贴着圣诞
老人的白胡子，笑得幸福而甜蜜。

  那一年在北京，离圣诞节还有一个月呢，儿子就早早惦记起
礼物啦，央求爸爸给远在北极的圣诞老人早点通个电话。爸爸说
可以呀，国际长途得等会儿呢，一会儿请圣诞老人把电话打到妈
妈手机上。于是乎，爸爸借故就出去了，然后妈妈手机就响起了，
儿子激动地接听电话，用简单的英文应答。他问圣诞老人什么时
间到北京呀，然后就是报出各种心仪礼物的名字。我们在一旁悄
悄记下。

  世博会让我再次与上海这个不夜城结缘。曾经一起在峥嵘岁
月里为尼先生的商船战斗的故友们，热情地带着我和小蝌蚪去上

海豫园吃小笼包，逛上海外滩的小铺子，去董家渡的裁缝铺子置办衬衫和西装。我也带着小蝌蚪去浦东逛科技馆和各种公园。

　　来到上海，自然要与在旧金山工作时认识的胡姐姐聚一聚。土生土长的老上海胡姐姐天生带着都市的时尚感和她祖籍宁波人的敏锐直觉，在上海商业圈干得风生水起，每个人生阶段见到她都可看到她人生不同的风景线。

　　世博会那一次相见，已经是我离开美国扎根北京多年之后的老友重逢了。我们约好在外滩的一个西餐厅见面，她也一样怀着激动的心情等我。带着高原上的烟尘和苍凉的印记，我和儿子风尘仆仆从刚刚入住的世博酒店直奔外滩。上海的出租司机一路上都在跟我们热情地聊天，说老友从那么大老远见面难得啊，还问我带礼物了没有，上海人的聪明伶俐从这些忙碌的司机身上就看到了。

　　西餐厅见到了妆容精致、不失优雅的胡姐姐，落座下来，大家畅谈彼此的近况。儿子稚嫩小脸上的高原红还很显眼，胡姐姐怜爱地看着这么小就去西藏读书的小男孩，送了一个小游戏机。小孩儿果然开开心心到一旁玩去了。胡姐姐说要的就是这效果，这样我们可以安心谈话了。记得那一顿饭吃了很久，因为小蝌蚪爸爸答应下班也会赶过来，可是他的工作好像永远也做不完似的。一开始说六点半到，然后说推迟到七点多到，最后接近九点才到。我们为岁月中人生的不易相见而干杯。

二

每次见到胡姐姐，过去的岁月就仿佛电影胶片一样回放。当年胡姐姐来到人生地不熟的旧金山待产，我帮她安排了住处。她的公寓恰好在我从前住过的一个社区，公寓户型也相仿。每次进入社区，我就不由自主想起福特车撞歪了计时杆那段囧事，然后小心翼翼地停好车，上楼去看她。江南人很爱美食，她在公寓里煲汤和熬粥，让日子过得像在上海一样。在她的公寓里，我下意识地寻找熟悉的痕迹，看着熟悉的开放式厨房和纯木制家具，坐下来梦游一样品味从前的生活。胡姐姐当然不明就里，热情地一边张罗吃这吃那，一边兴致勃勃地谈论她的股票和股市行情。

我们在纳帕逛街的时候，她忽然来了紧急状况，也因此亲历了美国急救医疗体系的高效与便捷。

那时我开着那辆黑色福特车驰骋在旧金山去往纳帕的路上，车上坐着身怀六甲的时尚辣妈胡姐姐。美国真是一个购物天堂，当时国内的国际名牌还贵得离谱。我们到了一家购物中心，琳琅满目的精品店呈现在面前，价格上比旧金山市里很多品牌店铺还便宜三分之一。看着那些平日天价般昂贵的品牌如今唾手可得，辣妈似乎忘记了自己孕妈的身份，快速穿梭在自己喜爱的品牌中间，一家一家地试穿时装，我一路追上她都费劲。看她拿着几大袋买好的东西还以雷厉风行姿态向着下一个店面走去，浑然忘我，我也忘了本来大家就是出门散心的初衷啦。

我们一家一家逛得忘乎所以，惦记的是下一家店的惊喜，到了一家名头很响亮的店铺，胡姐姐忽然觉得孩子胎动，羊水破了，一股热浪让她蓦然想起自己的准妈妈身份，大叫一声"不好了"，吓坏了毫无经验的我。店里两位美国靓妹遇上此等突发事件倒也临危不乱，很快取来了一张临时行军床，让她赶紧躺平。接着就打了紧急援助电话，电话那端的接线员问了很多问题后，建议以最快的速度回到平日就诊的旧金山儿童医院。于是乎，店里几个人小心地扶着辣妈坐上了那辆黑色的福特车。那天晚上，小宝贝儿在旧金山儿童医院平安出生了，胡姐姐有惊无险的纳帕购物之旅就成了她的一段别样的美好回忆。当时开车回到旧金山已是下班时间，所有的当班医生都在一通电话后十几分钟内到达了产房，小宝贝儿的出生出奇得顺利。胡姐姐感动地对我说，医生态度非常好，助产护士觉悟也高，真是全程高端护理。虽然事后胡姐姐付了一笔不菲的医药费，不过胡姐姐说这钱花得很值。

三

胡姐姐说过的名言就是："我们做生意的，也需要第一时间感受时代跳动的脉搏"。这么多年过去了，我心服口服。这些做生意的天分，自然让胡姐姐成了弄潮儿。胡姐姐把握商机很准，投资理财样样精通。我刚从旧金山回国工作那一段时间，每次路过上海，我向她请教公司那一堆投资上的事情，她总是很有见地地告诉我一些解决方案。我喜欢胡姐姐分享她感悟的生意心得，听她开心叙述赤手空拳在上海滩打天下的故事，我知道真正的财富是在一个人的头脑里和诚信度里。当年在浦东高科技区参观的时候，那些楼盘与后来相比还是白菜价呢，我满脑筋想的是公司的事，匆匆与在上海理财的良机擦肩而过。历史短短几年就翻开了新的一页，这巨大的变化感觉如在朦胧的梦里一般。

上海人大概天生适合做生意，外滩那一座座矗立的古老建筑就像是一部世界商业史书，告诉人们历史的变迁与沧桑中曾经的辉煌与没落。我喜欢到南京路上走走，看看外滩那些特别有感觉的建筑，觉得它们在和现代人对话，告诉人们辉煌中拥有的，也会在大浪淘沙中失去。

很多时候，别人的成功经验似乎很难复制，可是重要的是它们在自己意识里已经留下了某种信念。就像是曾经散落的种子，遇到了合适的气候，在岁月的流逝中不经意间发芽开花。后来我在生活中理财的收获和当初与胡姐姐的那一段交往密不可分。人生真是与谁同行过很重要，听惯了别人口中的人生美景，当自己的人生列车遇到类似的好风景时，就知道机遇来了。

当年我从旧金山经过上海去那个南方小镇，不被她理解，说怎么人家都是挤破头去美国，你倒好，大老远从美国回来插队了。我喜欢上海人的犀利与明白世故，每次看到胡姐姐苦口婆心教导我，心里很感动，但是我内心有自己的方向，我终归需要回归自己人生的港湾。

经历了高原的洗礼，再次来到上海，有些晒黑的皮肤里是日渐消退的青春，她看我的眼神满是怜惜之情。这一次她并没有埋怨我。如同当年在纳帕的品牌店里一样，胡姐姐依旧对时尚情有独钟，她带着我去淮海路上她最喜爱的外贸品牌店里，找寻曾经的购物的乐趣。她千叮咛万嘱咐，说着如何保养身体，如何让自己保持青春的话题，我知道，她心疼我在岁月中一路追随的那份辛苦和无怨无悔。人生峰回路转中，友谊地久天长的曲子不时在岁月里温柔地奏响，洗掉一路的风尘与疲惫。

第八章 ✳

印度
慢时光

听从内心的声音

一

时光里，下一刻，总是那么地不可预计。一起去拉萨的同事中，小彭带着漂亮的藏族姑娘，直接翻过喜马拉雅山心情愉悦地去了山的另一边，一个处处充满佛教符号的地方——尼泊尔的加德满都。先生即将去的下一站旅途是佛教发源地印度的加尔各答。

我对印度最初也是最深刻的印象，大概来自 20 世纪 70 年代末满大街流行的印度电影《流浪者》中的"拉兹之歌"了："到处流浪，呜呜呜呜"。少年时期，时尚的小城青年都喜欢学着拉兹的样子，留着拉兹发型和穿着新潮的喇叭裤。那年月小城中的人接触外面的文化还很少，因此模仿的意愿也似乎格外强烈，很多人向往印度电影中的异域风情和别样有趣的生活。似水流年中，来自印度电影的时尚早已被循环往复的潮流冲刷远去了，那首耳熟能详带着悲情的拉兹之歌，早已成了那个年代别具特色的标志和一代人的共同记忆。

周围的人开始替我们担忧，说印度的卫生条件不好，那里处处飘着贫民窟的味道，我刚刚平复下来的心情也随之不安了。记得我还向大学时期的闺蜜表达过担忧。大学时光里，闺蜜健谈而善思，每次与伊人夜谈，总能尽兴而归，心中装满了春天与花香回到宿舍。伊人像是一个哲人总能看透表象的浮躁，让那些随波逐流的众生刹那间露出本色。青葱岁月转眼即逝，我们进入了不同的人生轨迹，一路上各自寻着爱与美好前行。伊人在生活大熔炉里已经愈炼愈刚，她带着不苟言笑的口气劝我"别拖后腿"。我觉得自己好惭愧，原本人性中许多柔软的话语到了嘴边就硬硬地咽了下去。心里还惦记着曾经那么密切的无话不聊的朋友，而电话另一端的语气告诉我，彼此已经被生活塑造成了不同的材质。

此行就像是踩着"西游记后传"的节奏，天竺之国，就在前方，少安毋躁，放下所有的担心，整理好行囊。因为未到过炎热的地域，不知道怎么整理好行头呢。凭着直觉，我在西装边上，放了一件丝绸短袖唐装，从未穿过唐装的他看见了，本能地一口拒绝。我说去那么湿热的地方，不可能总是穿着那么正经的厚厚西装，这轻薄的丝绸衣服就先带上备着，穿不穿再说吧。之后的热带日子里，雨季时十分湿热，又会遇上停电的情况，还多亏了这丝绸的清凉。

小蝌蚪彼时在朝阳实验上学，还是以学业为重吧，继续坚守原地。

春节里，我们赴印度探亲。飞机降落到天竺之国了，看见加尔各答机场有很多持枪站岗的军人，不过还是友好的感觉。手持护照从军人中穿过，接我们的胖胖的老杨一边老练地和印度人拍肩膀打招呼，一边把我们的行李从海关的安检机器上取下来。机场的热浪混合着咖喱味道让我对这个热带国家有了粗略的认识。坐着印度司机开的车子，处处可见英文的路标和广告。道路两旁的椰子树长得很浓密，第一感觉是此地风情异域，节奏缓慢，遍地翠绿，很有些自然诗意。

探亲期间，我们去了加尔各答植物园，看到好大的一片榕树

《 大 王 莲 》

————

50cm×40cm

油画布

2020 年

林，榕树的根系和须反复相连，根变成须，须再变成下一个树杈
的根，结果一片树林繁衍而生。这种古老的榕树在街道上特别多，
树枝上披挂着多彩的布条，与高原上随处可见的经幡颇有相似之
处，印度人把老树当成树神啊！第一次见到了大王莲，一片片浮
莲生长得特别茂盛，远远地看，像极了传说中琼楼玉宇里仙子乘
坐着绿萝伞的仙境。在这个恒河最大支流胡格利河畔的自然景观
公园里，还有英国殖民时期保存下来的雅致的图书馆，在公园门
口又邂逅了让小蝌蚪一见就倾心的兔兔小黑，顿时觉得这个城市
还不错啊。看起来，一并没有外人对印度现状忧虑的那些情况，
亲身体验永远胜过传言。

二

假期过得很快，我们匆匆赶回北京，继续北京的生活。我们
又开始盼着下一个假期，盼着早点去那个人人以为脏乱差的印度。
感觉也好起来了，生活中的天空仿佛也呈现出了一缕玫瑰色的
彩虹。

也许是天意弄人，多年的到处奔波，身体内暗藏的一丝丝焦
虑会在人最放松的时候以疾病的形式造访。那一年秋天，在学校
例行体检中发现了异常情况。老大夫语重心长地告诫我得去专业
医院检查了，她的眼里满满地都是担忧，我的心直往下沉。这不
刚刚觉得生活走出了内心的节奏感，天空中就平地响雷般刮起了
一场暴风雨。

先生正巧回来开会，我们在三里屯的"为人民服务"餐馆里

坐着。我假装轻描淡写、故作轻松地说，看看体检报告吧，老天也许要我一个人先离开了。经历过高原，亦看过《西藏生死书》，此时我觉得好幸运此生去过西藏，也许冥冥之中真有天堂吧。那一顿饭真不知是什么滋味，反正为人民服务餐厅的餐食是否美味他全部不记得了。老天考验人的花样真是意想不到。我说出了想说的话，看着他一脸凝重，一句玩笑话就冒出来："哇，这是老天爷想再给你一次自由啊。"这话戳中了心里的痛点了。

在北京最吓人的什么专科什么权威的医院，我觉得自己命悬一线，闭着眼睛踏进命运之门吧。李医生是高大耿直的山东人，去过西藏旅游，对我们在高原上生活过的人满眼同情。他一面看着片子，一面埋怨先生，怎么这么晚才来啊。李医生答应带着一个团队亲自做这台手术，算是给受了惊吓的他一丝安慰。后来要签那个生死书了，他签字的手有些微抖，他抬头看了一眼李医生，似乎找回了一些信心。

后来的事情就不知道了。出了手术台，看见好友开蒙的母亲也来了，陪着我先生坐在外面椅子上。那个像母亲一般关爱我们的阿姨是一位军医，我听见了她说话的声音。周围的医生说："努力睁开眼睛，使最大的劲儿。"可是我的左眼怎么使劲，就是睁不开。而且想说话时候，发现嗓子也是哑了。他明白我想喝水，我点点头像是和人间终于接上头了。

在那间病房里，我经历了如地狱般的内心针扎的感觉，其实那时候在我眼前反复浮现的是小蝌蚪那无助的眼神，他可怜的小模样也是我内心最疼的、最不忍的现世牵挂了。

2011年冬天，经历了生死考验，从医院回到家里休养。这个冬天，窗外似乎特别寒冷，室内老锅炉却烧得格外起劲，家里温暖如春。一波一波的朋友来探望。闺蜜开蒙一家子难得全来了，她一进门就带着活力，说你家也太惬意了，暖气烧得这么好，我都不想走了。我明白她想让我感觉好起来。她和先生都是留美归来，是懂得人间各种故事的人。他们坐下来了，陪我聊了大半天，看到现在的情况，建议到，"一家人全部去印度吧，这样不影响你先生工作，儿子上学问题就地解决，你也可以专心静养身体。"他们懂得操心这些事，能给出最明智的建议。

也许生活中最好的状态就是一切随缘，听从来自内心的声音。来年，身体恢复了一些元气，小蝌蚪也完成了一个学期的课程，我们一起去了印度。

身心归零

一

书架上印度木雕象鼻神神态悠闲，将我拉回仿佛上古慢时光里的加尔各答。印度的生活总带有一种归隐山林的原始气息，时时提醒身处现代社会身不由己忙碌的人们放慢匆忙的脚步。

住所一层对着花园的镂空阳台被巧妙地改成了一间有落地窗的小茶室，为日后的活动增色不少。第一次使用从云南运来的茶台，略懂茶道的同事小李兴致勃勃地在当地人好奇眼光的注视下进行"关公巡城""韩信点兵"的茶道表演。一个一袭白衣、大眼睛雪白皮肤的印度女子优雅而谦逊地站立在看热闹的人后面。我请服务生去拿一把椅子，请她坐下观看和品茶。她友好地微笑，注视人的眼光很温和，那是我第一次注意到这个相貌美好、举止优雅的印度女子。

　　以后又在中医针灸大会和中文学校的活动中见到了她。一来二去的，就认识了这个对中医特别感兴趣的印度女子布托娜。我因为做手术后左眼皮抬不起来，见面时，出于医生的职业敏锐，她一下子就注意到我眼皮的异样，向我提了建议，说可以试试中医的针灸和艾灸，帮助克服手术后遗症。那时我正因手术后的这个问题甚为苦恼，这个待人亲切、目光里带着怜惜的人，让我觉得在他乡遇到了故知一般。

　　布托娜家中几代人都是医生，她父亲是个很好的西医，而她在年轻时独辟蹊径去中国天津学习中医针灸，并且深信《黄帝内经》指导人们养生所具有的积极力量。这位痴迷中医的印度女子在我大病初愈的日子格外关照着我。我被她说的很多养身理论所鼓舞，每日在花园打打太极，身体日渐恢复起来。她送我一个五彩颜色的画板，让我每天盯上一会，练习注视力。她告诉我印度人日常养生的小秘方，比如印度人喜欢光着脚走路，这样身体能接受到地球的能量。人穿上鞋后，鞋底会阻隔来自地球的神秘元素，所以在布托娜看来，文明将人与自然隔离了，工业化是违背人本性的。她认为只要从细微之处注意养生，身体康复是一种趋势，顺势而为就会让身体越来越好。听了她的建议，我也开始赤脚在屋外草坪上行走，慢慢地也觉得一种暖暖的感觉穿越土地传送到了身体。

　　品貌俱佳的布托娜嫁入了一个大家族，她丈夫在家中排行老二，憨厚沉稳，和她相比显得有些相貌平平。布托娜的女儿大概十三四岁，活泼可爱。这是一个幸福有爱的家庭。

　　有一次受邀到布托娜家做客，走进高门大院，院内一侧是一排平房，布托娜说这是她设在家中的诊所。每日找她看病的人很多，在家工作可以兼顾着照料孩子。居室内，吊顶天花板上有一些印度风格的装饰画。家里摆着古色古香的中式家具，卧室里居然有一张过去皇宫里才有的四根雕花柱子带着蚊帐的大床，我差点儿以为走进了大观园里的闺房呢。布托娜招待朋友很随缘随意，问大家在院子里还是屋里用餐。我说在屋里吧，她就让佣人端上来一堆印度菜来招待首次拜访她家的中国朋友。吃饭时，我注意到厅堂中挂着一个面目慈祥有些像她丈夫的男子相片，感觉这可能是家中一个已逝的成员。果然，布托娜说她先生的哥哥早年间过世了，哥哥的儿子就跟着他们一起生活。布托娜说这个家族长子的葬礼连新德里总统府都派人来参加了，听起来，这个英年早逝的兄长不是一般人呢。

饭后甜点，又是那个印度人醉心的甜腻腻的白色糖丸子。布托娜说这个甜点好吃，我觉得自己在味觉上很难接受这种对印度人来说特别过瘾的甜腻感。我告诉布托娜，中国人的甜点不同，饭后需要来一些便于消化的东西，比如酸酸甜甜的酸梅汤。我做的酸梅汤让这位喜欢养生的印度美人很着迷。于是我在同仁堂专门买一些煮酸梅汤的配料，回到印度时就送给她，这让她很感动。

在印度那几年，我的身体在不断康复着，她每次都会夸我的眼睛又可以睁大一些了。她最有意思的一句话就是，人一辈子把自己当作婴儿细心的关照，就会一直健康如初。后来回国后，我始终记得这句话，也常常想起婴儿的可爱模样，心里就开心。她的"婴儿论"还真有些道理，我们常说心里要归零，身体也可以归零，人需要从头开始关照自己啊。

287

二

　　印度的大热天就像个闷罐子，温度高湿气重，每天放学了，小蝌蚪就嚷嚷着要找个游泳池泡泡消消暑，可是周围像样一点的游泳设施并不多见。后来同事推荐了附近一家小酒店，说那家酒店虽然不大，但居然有对社区开放的游泳池，就带着我们一起去了。我请了一个印度游泳教练，小时候一直不会水下憋气的小蝌蚪居然很快学会了游泳。教练因此相信小蝌蚪是个天生的游泳好手。后来在加尔各答国际学校里，小蝌蚪在年级游泳比赛中拿了几个小项目的金牌和银牌，这让他在英文环境中多了许多自信。小蝌蚪在印度同学中有不少忠实粉丝，黑眼睛的艾伦经常与小蝌蚪结伴去泳池里玩。

　　过了一些时日，我们去游泳时意外地遇见布托娜，才知道这酒店是她丈夫经营的一个古老的酒店，她每日忙完了诊所的事，有时也会来酒店照看一下。那次我们在游泳，她就在池边上的酒吧里坐着，准备了几杯天然饮料，等着我们游泳后一起聊一会儿。她看到小蝌蚪玩得尽兴，也仿佛像是看到自己的孩子一样由衷喜爱。泳池边上的草坪有一个秋千，我请布托娜一起坐上去。她居然有点害羞，说如果不是我，她根本就放不开，也许她已经习惯于在大家族中举手投足都要保持淑女风范吧。而遇到了我，她好像变得和我一样的调皮，放下平日的端庄，让身心放松一些。她说我们在一起就像是一对和而不同的双胞胎，总能找到共同的乐趣。

　　泳池边上一草一木都是那么的熟悉，在那里遇到的"乌鸦翻包"事件更让人记忆深刻。小蝌蚪游完泳，就觉得很饿，我会在包里带上些水果和饼干。不知道水池边大树上的乌鸦怎么看见了，

每次趁我们下水就飞过来用嘴巴嗖嗖，有一次居然翻开了包，把
芒果吃掉了一半。池边的服务生赶紧大声呵斥，我请他们把乌鸦
吃的水果扔掉，他们确认我们不要了，就把水果拿回柜台，一会
儿榨了汁，有滋有味地和另一个服务生喝了起来。看着他们在餐
厅里享用乌鸦吃剩的水果的样子，我百思不得其解呢。印度人说
乌鸦对他们来说就是邻居，并不觉得乌鸦碰了的东西很脏。

三

　　到了临别的日子，布托娜来了几次，言语间依依不舍，这份
情谊让我莫名的感动。感觉她好像是要把印度的日子深深地雕刻
在我生命中，她一边努力地雕刻一边想着该如何雕刻。那些日子
的友谊铭刻于心，让离别多了些淡淡的忧伤。从前印象中，印度
人似乎对什么事都漫不经心，现在看来其实是挺看重感情的。一
位与同事们有工作往来的印度女子，去长城游玩时不慎摔了一跤
骨折了，听说我们要离任，坚持让抬着担架过来话别。

　　2019 年我带着小蝌蚪回了一趟加尔各答，带着中国的丝绸和
酸梅汤材料。布托娜对我们多年后的到访十分高兴。我拿出丝绸
衣服，她迫不及待地换上了，我们像一对中印双胞胎姐妹又团聚
在一起了。布托娜的女儿已经从医科大学毕业，成了一名继承祖
业的医生。布托娜和先生恩爱如初，见到我，他俩都特别开心。
她先生整日忙于酒店管理，百忙之中停下手中的工作见了个面，
并说来年想要去马尔代夫庆祝一下他们结婚二十五周年纪念日。

以自己的方式成事

一

　　加尔各答国际学校是一所具有 60 多年历史的国际学校，成立之初是为了满足在印度的英国籍学生的教育需要，后来发展成以本地师生为主的学校。儿子刚刚去上学的时候，只会简单的英文对话。我去学校见他的班主任，老师很发愁，担心孩子跟不上教学要求。学校没有人会中文，所以无从知晓他上课时能听懂多少。我和学校方面商量可否安排我在课堂上陪读。让家长进课堂陪读，对学校而言也是第一次。教师很支持我的想法，也感到如释重负，他们希望我的加入能够促进孩子与同学们的交流，帮助其尽快适应新的环境。

　　我加入了孩子们的集体，同学们热情又好奇。到了午餐时间，就围过来看看他带了些什么好吃的午餐，想尝一尝中国的美食。儿子大方地让同学们品尝中国饺子、包子。课间游戏的时候，他们也热情邀请儿子加入英式板球活动。学校的课程设置很丰富，除了英语和数学外，还有地理、科学、美术、音乐和体育，每周全校组织年级汇报演出，由各班学生轮流上台表演节目。这些课程对英语的要求超出了我的想象，地理课上介绍那些地球的远古历史，比如会讲到白垩纪和寒武纪等，单词很长，老师要求学生不仅会念而且每天会安排听写；科学课堂上，教师详细介绍鱼骨架不同部位和各种鱼鳍的称谓。我心里沉甸甸的，当初自以为国际学校学习轻松愉快的念头是多么不切实际呀。

　　儿子也有展示自己才艺的骄傲时刻，手工课堂上，儿子的动手能力让一板一眼的印度小同学开了眼界，他们很诧异他怎么那么手巧呀，手工老师也经常表扬儿子的创意。同学们都希望和他搭伴，小蝌蚪负责画出草图，印度同学负责填充色彩，双方分工明确，合作完成教师布置的手工作品。

虽然我们心里很着急，不知道巨大的教育体系差异如何去跨越，但是儿子表现得无所谓，他说上课很轻松呀，因为英语是他们的语言，他不需要懂太多，只要把语文数学学好就行了。我们来印度时，已经把国内的课本带了过来，每天放学后让他自学这些课程。

通过进课堂观察，我对他在学习上的困难有了直观感受。我感到孩子有自己的想法，我也不可能代替他完成角色的转换，重要的是发挥孩子的积极性，让他与同学之间沟通起来。

年级里要举行生物展示课，但没有生物化石，我听说后就托人从云南带来一个三叶虫化石，老师和同学们都很惊喜，七嘴八舌地打听化石的来历。儿子骄傲地告诉大家，中国云南有著名的石林，有很多古化石。过节的时候，我邀请他的同学和家长一起学做中国饺子，了解饺子的独特做法。儿子与同学们相互交流多了起来，就结交了很多好朋友。儿子的学业不知不觉中有了进展，跟上了教学节奏，每天自信满满地上学。作为父母，没有比看见孩子取得进步更高兴的事了。

有次聚会中遇到了睿智的克里希纳·博斯老太太。看到我一直为小蝌蚪的英文学习操心，博斯奶奶总是很有智慧地劝导我，说不要用大人的思维要求孩子，孩子有自己的方法去和世界沟通，知道如何适应新环境，并以自己的方式获得成功。每次见面，总和她有谈不完的话语。博斯老人出身于书香门第，嫁入名门，是一位思维敏捷、令人尊敬的老人。她有 40 年执教经验，培养的几个孩子都很出色，两个儿子分别获得哥伦比亚大学、剑桥大学的博士学位，女儿获得哈佛大学的博士学位。老人家 2020 年初去世了，世间少了一个有思想的灵魂，很怀念她睿智和慈祥的面容。

好多朋友问我怎么让孩子进入书的世界，其实父母的榜样是最好的教育，行胜于言嘛。我们都喜欢阅读，有时间就拿本书翻一翻，估计小孩子会很好奇，书本里怎么有那么多有趣的故事呀。睡觉前，讲讲书里好听的故事，一来二去，小蝌蚪听着听着就上瘾啦，每当安静下来的时候就闹着要听故事，没有故事就不睡觉了。小蝌蚪八个月大的时候，有一天我进入卧室，发现小人儿正趴在床上学着大人的模样翻书本呢，样子特认真，再仔细一瞧，书本还是倒着拿的。好友开蒙的母亲当年从美国千里迢迢带回一本《海底总动员》，他就迷上了小尼莫的海底世界。上了小学，小蝌蚪开始认字，也不再满足于等故事了，自己主动拿书看起来，读书的习惯也就慢慢形成了。

二

翻开一本书，发现里面夹了一封印度同学坦维给小蝌蚪的生日贺卡。那是个漂亮的小女孩，也是班上最聪明的孩子，每次见到小蝌蚪都下意识地想去摸他圆圆的头，对小蝌蚪充满了好奇。小蝌蚪过生日时，只请了班上经常一起玩耍的男孩子们，后来听坦维妈妈说，小姑娘很失望。在那个八九岁的年纪，小男孩大概不喜欢与女孩儿一起玩吧。有一次坦维又伸出小手摸了摸小蝌蚪的后脑勺，小蝌蚪这回生气了，下了最后通牒，对她说如果还想做朋友，今后不许再摸他的头。小女孩一下子不知所措，表示她还想做朋友啦。后来坦维遇见了小蝌蚪，有几次下意识举起手，突然又收住了，大概不想真的失去这个朋友吧。不知道那么小的孩子是怎么控制住自己的。坦维生日时候，请了小蝌蚪去她家。在那个可爱的年纪，小男孩和小女孩的世界如此不同，男孩的世界有游戏、有朋友和足球，女孩子的世界从那时候起情感就占据了一席之地。也只有在天真纯真的年代里，才会留下这些可爱的痕迹。

小蝌蚪回中国之前，坦维特意让妈妈陪她来告别亲爱的小伙伴。小蝌蚪在印度同学中人缘超级好，离开时小朋友艾伦认真地说，他的半条命都被带走啦。我觉得印度人从小就会表达情感，小小年纪就有这个意识，人因为懂得爱，才会更加珍惜人生的所有遇见吧。

兔子奇缘

一

想念儿子在草地上追逐过的玩伴兔子小黑。这是一段印度生活中人与动物亲密无间的美好缘分。

第一次去胡格利河岸边的加尔各答植物园时，我们尽兴穿越热带丛林，一出植物园大门，看到路边一个印度人推着一辆自行车在树下纳凉，笼子里有一窝兔子。有一只小兔的兔毛长得像熊猫一样黑白相间，小蝌蚪一眼就看上了，说太喜欢这只熊猫兔啦，然后就一把抱住不撒手了。于是我跟印度人商量想买这只兔子，对方倒是爽快地一口答应了。第一次出游，就抱回后来儿子喜欢了好几年的小兔小黑。

坐着三轮车慢悠悠穿行在牛狗横行的街头，回到那刚刚铺了

《 母 子 》

────

50cm×40cm

油画布

2020 年

新草坪的院子。松开手，小黑从怀里跳了下来，来到草坪上。茶室外墙根处长着一棵铁树，小黑在草坪上玩累了，就待在铁树下乘起凉来。

小蝌蚪每天会让小黑在草坪上遛一遛，然后自己追着兔兔跑，有时童心未泯的爸爸也加入追兔的活动，直到兔兔跑到铁树下躲起来。这时父子俩一起趴在草地上，小蝌蚪爬到爸爸身上，两眼看着树下乘凉的小黑发呆，享受那份安然闲适。

小蝌蚪与小黑相处时间长了，对兔兔越来越喜欢了。他把小黑抱到书桌上，让小黑陪着他一起做作业。小黑有时乘人不备溜走了，顺着楼梯往上爬。

有一天，小蝌蚪拿着毛笔写大字，忽然灵感来了，随手几笔，一气呵成，画出了一只活灵活现的兔子，让所有的人惊为神来之笔。我们都喜欢这兔画的神似与灵动，纷纷下笔模仿，结果啼笑皆非，因为那画作只能是童心所成。这纯真的稚子之画被珍藏了多年，且百看不厌。画家莎莎说爱是艺术唯一的链接，小蝌蚪的兔子画真是应了莎莎的话，所有的真情与童趣都深藏在那看似无意而为的兔画中了。

兔子小黑也给小蝌蚪接二连三地制造生活中的各种小惊喜。初到印度那一年的三月艳阳天，一大早，小蝌蚪还在睡梦中，楼下传来爸爸激动地叫小蝌蚪的声音，结果等他睡眼蒙眬中走下来一看，立马就乐得嘴巴都合不拢了。原来兔子小黑不声不响地做兔妈妈了，生了一窝 6 只颜色各异的可爱小兔子。也是机缘巧合，那一天是小蝌蚪 7 岁生日，小黑平日与小蝌蚪形影不离，它以这种特殊的方式给了小蝌蚪来印度后的第一个生日大礼。

生日那天，小蝌蚪邀请了印度同学来家里玩，一群孩子也为这一窝兔子着迷。有一只小白兔尤其可爱，毛绒玩具一样萌，小伙伴叫它"小雪球"，谁捧在手心里都心生欢喜，怕它像冰雪一样地融化了。后来应同学们要求，一天在放学时间，我带着小雪球去学校接小蝌蚪。哇，没想到小雪球简直成了当天的校园明星了，那阵势像极了好莱坞明星出场的待遇。学校里一群孩子跟着小蝌蚪，所经之处，更多的孩子跟上来，结果小雪球就成了校园明星宠物了。那个英国国际学校从前哪里有过这样的一只宠物受到如此欢迎的阵势呀。

从此以后，经常有小伙伴放学后要求来家里看望小雪球，作为兔子的小主人，小蝌蚪也成了同学们争先恐后想要一起玩耍的最受欢迎的小伙伴了。那时小蝌蚪刚到印度不愿意开口说英文，辅导他的印度老师灵机一动，在纸张上画了一只兔子样子。于是乎小蝌蚪认真地写下一个英文单词"RABIT"，老师顺着那个单词，开始教他如何写兔子的胡须、眼睛、尾巴等，小蝌蚪很快就学会了。老师又鼓励他以"小兔子"为主题编写英文句子和小故事。无意中小兔子为小蝌蚪打开了学习英文的一扇大门，他愿意开口说英文了。

小蝌蚪与同学们的交流越来越多，英文也越说越利落。尤其喜欢与爸爸是导演的艾拉一起聊天。后来老师发现这两人太能聊天了，不得不把他们的座位调开了。小蝌蚪在校园里，总有一些忠实的印度粉丝围绕着他。他尽头十足地参加了学校组织的表演，在台上响亮地说着英文台词。

小蝌蚪过得快乐无忧，因为小兔子带着他走入了当地人生活。小伙伴们经常约着周末来和小蝌蚪做小组手工活动，一边跟兔子玩，一边看小蝌蚪灵巧地做着手工，然后同学们争抢着给小蝌蚪做的手工涂上颜色。那一次表演中，小伙伴们头上都戴上了各种纸叠的海洋热带鱼帽子，其中鲨鱼、鲸鱼和小丑鱼帽子最受大家欢迎了，事后有小伙伴也请小蝌蚪再为他们制作这样的手工。

兔子小雪球体型小巧，有一次小蝌蚪玩遥控汽车时就把小雪球放进了小车上，孩子天真的创意让大家好开心。可是乐极生悲，小蝌蚪往车上放小雪球时，不知道身后还有一只小黄兔子跟着呢，一回身，小脚丫不小心踩着了小黄兔子。结果悲催了，小黄兔子趴在地上起不来了。小蝌蚪把小黄兔子放回兔窝里，期待着妈妈小黑可以帮助小黄兔子疗伤。可是小黄兔子脆弱的生命在两天后就在小蝌蚪眼泪中结束了。好几天，小蝌蚪坐在楼梯上发呆，喃喃自语地说："对不起，小黄兔子，我不是有意的。"接着又忍不住地哇哇大哭。我安慰他说小黄兔子进入轮回之境了，印度人相信生命的轮回，兔子也一样会有来生的，这才稳住小蝌蚪悲伤的情绪。小蝌蚪把小黄兔子埋在院子里，为它专门竖了一个小墓碑。

兔妈妈小黑后来又生了一窝子小兔子，其中果然有一只毛发黄色的幼兔，小蝌蚪开心极了，特别耐心地对待这个失而复得的小黄兔子。他心里开始确信小黄兔子又投胎重生了，而且这只新生的小黄兔长得结实健壮。

小黑第三次做妈妈时又生了6只小兔子。在小兔子中，小蝌蚪最爱兔妈妈小黑，然后就是小黄了，其他的小兔子后来先后送给印度人收养了。

二

一群流浪狗常年守在住所周边，白天太阳光十分强烈，它们趴在地上大口喘气，一到晚上就开始进行抢地盘的江湖争斗，半夜三更是斗志不减。刚开始不习惯，后来想明白了，白天是人活动的世界，一到夜晚就换成狗道。流浪狗们尽情享受着流浪的自由，它们唯一不能改变的是食物链供应的不确定性，有了上顿可能没下顿。

门口有一只可怜巴巴的流浪狗，我对它动了恻隐之心，常拿些剩饭剩骨头给它。我们给它取了名字叫小黄。小黄自此就表现得十分忠诚，那种义气让我明白所有生灵都值得善待。傍晚我们去公园散步，小蝌蚪总是抱着小黑一起出门，让兔兔在草地上撒个欢。小黄就像是忠实的保镖跟随。遇到那些对兔子不怀好意的流浪狗，它就吼退它们。

公园旁边是一所学校，里边院子里有些健身设施，平时都是开放的。有一回校门不知怎么上了锁，我们找了一处有木椅的地方，站在椅子上翻墙进去，小黄也跟着从椅子上跳了进去。草坪上放了兔子，小黄在旁边守护，一副一有任何风吹草动就上去护驾的模样，真是让人记得它的好。我们翻墙出来的时候，小黄自己出不来，它开始发出绝望的叫声，好像害怕我们一走了之。小蝌蚪又跳进院内，把像面条一样瘫软的小黄扶上墙，让它逃出了夜晚独守公园的窘境。

离开加尔各答前，小蝌蚪特别想把小黑带回北京，可惜这小黑是从路人手里买来的，没有正式身份。回国后，小蝌蚪还常常闹着要回加尔各答看小黑。有一次可能受了点委屈，在北京的家里哭得稀里哗啦的，躺在床上呜呜咽咽地说太想念小黑兔子啦。真是可怜一片清澈的童心啊。

回国后那几年由于工作生活上的各种忙碌，偶尔委托昔日印度同事拍个小黑的照片视频发过来，以此宽慰小蝌蚪。再后来，再也收不到任何有关小黑的消息了，暗暗猜想大概印度热土上的小黑已经孤单离开了吧，但还是不敢告诉小蝌蚪，担心他受不了。

狐狸嘴里脱险的小狗

园丁来院子里铺草做绿地，拔掉花园里所有的杂草。唯有一株野生的小青藤，每日都向上生长，我看它生命力顽强，就特地让园丁留下来。那根藤紧贴着廊柱而生，并不占用花园里的空地。它在灿烂的热带阳光下向上生长，终于有一天抬起骄傲的头颅，迎空绽放出一簇簇惊艳的喇叭型花儿。后来才知道它的大名叫"凌霄花"，响当当的名字，很符合它冲天怒放的靓丽坚韧的气质。我庆幸园丁给了它一个生存的机会，它也没有辜负那份爱心与季节给予的蓬勃生命力。

枝叶茂密的无忧树长在院子四周，一只雏鸟从树上的鸟巢里突然掉了下来，在草地上无力地扑腾着。小蝌蚪把小鸟捡了回来，放在笼子里，每天喂养它。

小蝌蚪觉得小鸟需要吃到小虫，有一天把鸟笼挂在院内的树枝上。鸟爸爸和鸟妈妈果然很快发现了它们的小宝贝，惊喜地唧唧叫唤，传递着鸟类之间的情感。日复一日，鸟爸鸟妈总在没人的时候飞下来，用尖尖的鸟嘴给幼鸟喂虫子。小蝌蚪悄悄地从屋里看着这幼鸟儿如此幸福地享受天伦之爱，好像听懂了它们叽叽喳喳的爱的鸟语一样。看着小鸟渐渐长强壮了，我们打开了笼子，小鸟飞起来了，鸟爸鸟妈在不远的树上用美妙的鸟语欢迎它们的宝贝回家。鸟儿们绕着屋顶转了一圈，一起回归了大自然。有一天，那一对鸟爸鸟妈带着小鸟又飞来了后院，叽叽喳喳一阵叫唤，像是专门来此表达谢意。

记得那一次遇到小狗巴比，是在高尔夫球场边上的原始森林中。小狗主人是一个来自英国的高尔夫教练，他说这小狗是从狐狸嘴下救下来的，身上还带着伤呢。后来教练一家人要去泰国了，又无法为巴比办理手续，就把巴比连同一桶给小狗疗伤的药物委托给了我们。小蝌蚪和巴比相处愉快，因为巴比总是静悄悄地在一旁陪伴。

朋友听了巴比从狐狸嘴下获救的故事，更是觉得这只狗狗跟着我们一起享福了。也许冥冥之中自有天意吧，一个弱小的生命在我们眼前日益健壮起来，真是一种成就感哦。

记忆中，我在茶舍里喝茶看书，蝴蝶在茶室外树花之间飞来飞去，巴比在茶室外门口卧着，小兔子在旁边铁树下乘凉，一只巨大蜗牛在茶桌腿上慢慢地爬着，这只蜗牛是小蝌蚪下雨天在外面发现的。那些热带的小动物们有如印度人一样在热情中带着自在宁静之感。印度之行圆了小蝌蚪的童梦，所到之处都是与小动物的善缘。因为对小动物的爱心，这种善缘一直持续在后来的生活中。

我们回国前，巴比的眼神似乎可怜而无助。幸运的巴比要继续在印度安稳地生活，它曾经一窝生了7个小狗，比起子女众多的兔妈妈小黑真是一点也不逊色哈。

在印度，我们和小动物的缘分真是前所未有，那种人与自然

祥和的相处之道，与我内心深处的悲天悯人也是极其合拍的。人
与自然如此和谐，天人合一的环境让身心很容易得到自然的滋养
和彻底放松。

　　以前在硅谷一带居住的时候，夜晚从学校开车回住处的路上
经常会遇到鹿。为了不在路上撞到这些睁眼瞎子，很多美国人在
汽车的顶部装上一种哨子，鹿的耳朵很灵敏，听得到声音，就不
会莽撞地在高速公路上与车子相遇了。我也想起美国牛仔威廉从
前朝天放枪警告不识相的野鹿来后花园偷吃花朵的趣事。不管是
在发达国家和文明古国，人和自然生灵都应和谐相处，人类不应
去剥夺动物的生存环境。如果人人敬畏自然，平等对待这个生物
链的其他生灵，那该是一幅多好的画面。

　　2019 年，小蝌蚪初中毕业后了。为了还他的心愿，我们一起
千里迢迢重返旧地。在加尔各答静静的老时光里，一切似乎依旧，
然而从雇员拉姆结结巴巴的英文里得知，小狗巴比和兔兔小黑的
生命早已经结束了。我们无从了解更多关于这些可爱小动物的故
事了，也许每一个生命都有其使命，小黑、巴比遇到了爱小动物
的小蝌蚪，它们陪伴着小蝌蚪一起享受了童年的美好时光与天真
烂漫，这也许就是它们一生的光荣使命了。

　　隔着岁月的时空，幸运地再次见到盛开的凌霄花，亲切无比。
这凌霄花藤，极具个性。它低下高昂的头，弯着身子耐心地绕着
墙体，一直走到有阳光的那一端，这生存绽放的意识多么强烈。
这株野生的凌霄花藤，在贫瘠干涸之地顽强生长，也因此更加用
心寻找自己的生存空间。它拔地而起一冲云天的傲骨犹在，繁茂
的绿叶顺着干枯的老藤四下铺开，有如遮天蔽日的树冠，送来一
片庇荫。在不期而遇的再次相见中，由衷赞美它内在的坚韧不拔，

气质中那份傲然洒脱，外形里那股明艳与灿烂，这株有缘的天竺凌霄花，你让我隔着岁月感动，泪光闪烁。

一生最好去一次印度

一

在杂乱无序的表面现象下总能发现很多的惊喜。行走在大街上，从汽车、摩托车、三轮车到自行车，从行人到神牛、流浪狗，凡是能上路的都来了，让你惊讶中慢慢体会什么是真正的不可思议。

贫穷与富足、秩序与混乱可能只是一步之遥。也许是街角的一个转身，也许是街边高墙内大院的一步跨入，眼前出现的情景与方才的所见所闻似乎来自两个不同的世界。在那些外表斑驳的围墙内，可能是一个富甲一方的大户，他们住在殖民时期保留下来的百年老宅里，依旧过着世袭的贵族式生活。这是一个活着的天然博物馆，走一路看一路曾经真实的历史。它的历史没有书写在纸上，而是留在大地上、生活中，等着有心的人们去探索发现。这是一个包罗万象的地方，那里你能感受到古今合一、人与动物的和平共处，也能体会到贫穷与富贵几米间距离却互不干扰。

总之，尼采"存在即合理"的名言，印度社会给予了最好的诠释。人一生最好去一次印度。

二

　　每年十月，欢乐之都加尔各答进入气候宜人的旱季，城市社交生活也随之活跃了起来，各种活动的邀请应接不暇。晚宴和音乐会无疑是城市夜晚的灵魂。

　　晚上的社交活动一般在八点以后才开始。第一次去印度人家庭做客，主人提供了很多开胃点心和甜点，我基本都吃了。晚上九点半，女主人不时看下表，我以为是给客人告辞的信号，结果女主人招呼大家进入另一个房间，宣布晚餐开始，请大家用餐，我差点晕掉啦。用完餐，女主人端上一大盘看一眼就觉得超甜的甜点，热情介绍这个甜点怎么怎么得好，务必品尝。中国人讲究吃得早上床早，都不想睡之前再来个甜点，可是碰上热情好客的主人，实在不好意思辜负人家的一片好意。

　　参加婚礼才会明白什么是真正的人生大事。父母广邀亲朋好友来参加婚礼，为远道而来的亲戚安排住宿，婚礼的场面代表了父母在亲戚朋友中的地位。朋友拉加万的姐姐结婚时，在新郎家乡举行了一千多人的婚宴，因为有些亲戚没能来参加，又在娘家举办了千人婚宴。女孩出嫁时的彩礼由娘家人准备，彩礼的多少直接关系到女孩子今后在公公婆婆家的地位。所以穷人家的女孩越多，负担就越重。司机卡马塔住在一个贫民窟里，妻子为他生了 4 个男孩，同事们闲谈中说起这事，都觉得他好幸运，今后不用为嫁妆发愁了。

　　第一次参加活动，就赶上了印度著名的塔塔集团举办的酒会。塔塔总部灯火辉煌，楼顶上客人齐聚一堂，相互寒暄。晚风中远眺，这座城市的夜景很美，胡格利大桥跨越恒河支流胡格利河，气势如虹。夜晚的光环过滤了白昼的杂乱与喧闹，让这个城市露出其独特的风情和古典优雅的风骨。

因为疏于管理，加尔各答就像是常年不洗漱的美人一样邋邋遢遢，但褪去污渍，就会现出它的芳容。这个城市保留着殖民时期的浓厚印迹，英国风格的建筑因为年久失修失去往日的光彩，但依旧散发出浓厚的维多利亚时代的气息，见证着这个城市的历史变迁与文化的延续。英国人钟情的骑士精神与赛马活动、100 多年历史的高尔夫球场和俱乐部依旧活跃在这个城市。英式骑马运动在当地颇受欢迎。印度人是拿来主义者，他们将殖民者赶了出去，而殖民时期的语言、文化都被完整保留和吸纳，成为这个国家多元文化的一部分，融进了百姓的日常生活。

凭着直觉，加尔各答太像中国旧时代的上海了。我用上海比喻它，很多人不同意，说上海都市那么高大上，这里如何能够相比呢。一位研究城市建筑的印度专家告诉我，有个英国设计师曾经在两个城市都参与了建筑的设计。我查阅了一些资料，发现上海外滩的历史建筑很多建于 20 世纪初期，而加尔各答的老建筑建于 19 世纪中后期，两个城市的很多建筑设计是由当时来自欧洲的设计师完成的。

世界妇女俱乐部是外交官夫人经常活动的地方。每次收到邀请，我会准备一些中国风味的点心带过去，和法国、意大利、德国那些人高马大的夫人们品茶聊天。大家讨论最多的，还是自己跟随丈夫外交生涯里那些有趣的事儿。

社交圈里有不少名誉领事。这些名誉领事由外国委派当地人担任，不领取任何薪酬，称他们为"志愿外交官"更为贴切。巴西、智利、菲律宾等国家都在当地设了"名领"，那些人经常出现在各种活动上，也会举办晚宴和庭院音乐会，借此结识更多的人。

城市的发展，让交通不堪重负。每次从所在的郊区盐湖城去市中心，经常会因为交通不畅而头痛，也对参加市中心的活动心有余悸。好几次出行遇到严重堵车，只好半途返回。对方会热情地一路电话追着，说晚点到没有关系。

加尔各答的夜晚永远是奔放热情的派对，主人用心装饰派对的每个细节和每个角落，为了一场活动大费周章，令人不由得感动于当地人对社交生活的热情与执着。

塔坝的华人节日

塔坝是华人聚集生活的地方。第一次到塔坝，正赶上加尔各答华人迎新年活动。这里竟有如此完整的、家乡味很浓的传统节目，大年夜的舞狮放烟花，初一上门拜年，正月十五的庙会，以及一直延续到节后的春宴，一切都带着浓浓的乡情，我惊奇于此，仿佛时光倒流，一下子回到了儿时乡下熟悉而亲切的文化符号里。

历史总是在一个拐弯抹角的地方神奇地保留了它的原貌。从旧金山的唐人街到这里的塔坝，中国人的传统文化一直深藏于那些背井离乡的人们心底里。思乡的华人把自己带过去的习俗小心保留着，正因为身在异乡，才更加看重这些传统的价值，让自己与更久远的祖先保持关联，让身在异乡为异客的心灵得到安抚。

庙会的日子，我们去塔坝参加当地华人期待的传统民间节日。来自中国台湾的妙如法师很会做珍珠奶茶，她特别热忱于华人社区服务，为她的佛教信仰，也为众生平等而努力，在加尔各答传播佛教文化。庙会上，妙如法师拿出自己亲手做的奶茶热情招待我们。同事刚刚喝了一口就说感觉不舒服，没过一阵子，就嚷嚷

《 人 力 车 》

———

40cm×50cm

油画布

2020 年

着找洗手间。感觉那杯奶茶不知不觉地浸入身体，带着加尔各答湿热的气息，让五脏六腑一时半会儿适应不了。那次经历让我们对印度奶茶有了一丝敬畏之心。妙如法师后来在其他活动上再遇到我们，对我们不适应她的奶茶颇有些遗憾，说当地水质是个问题。我宽慰她说，水土不服也是很正常的。

　　同事们对路边摊位上的奶茶都有些介意，听说以前有人一喝完肚子就有反应，唯独办公室身材结实的老杨最能入乡随俗，表示自己经常尝试也没问题。结果有一次，在门口的奶茶摊位上，老杨受到了奶茶飘香的诱惑，勇敢地喝了一杯印度香料味道很浓的奶茶，还没到办公室楼就开始小跑起来。老杨这一次给所有人都做了一个反面教材，再也没人去路边喝奶茶了。佣人拉姆最拿手的就是煮点奶茶招待那些上门干活的印度人。我向他问到了印度奶茶的秘方，他介绍了一种叫"马萨拉"的调料，再加上纯净水、大吉岭红茶和鲜奶，做出来的奶茶感觉还不错呢。后来在很多的场合，大家都期待着我做的奶茶出现。

　　离开印度后，我曾经向爱写作的朋友聊起加尔各答华人的生活，希望那些故事在专栏作家的笔下得以流传。朋友答应去采访那些有故事的人，只可惜去的时候正值闷热的雨季，最后只是匆匆路过。如今在这个时光凝固的华人生活的一角，年轻的一代像他们的祖辈一样为了寻求更好的生活而纷纷移民国外，唐人文化在发展的潮流中日渐式微。

　　偶然，在加尔各答繁华的公园大道，看到一行斑驳的中国字"上海洗衣公司1936"，我们好奇地走进去，果然这里有一位20世纪30年代来自国内的老人在这里。老人家年过九旬，依然精神矍铄。十几岁时跟着哥哥从上海来到加尔各答，开了这家洗衣店铺，数十年如一日经营着这家店铺。老人儿孙满堂，儿子接过了他的家业，而孙子们都去了新德里等大城市。

一百多年前，一些客家人历经千辛、漂洋过海来到加尔各答谋生，在一片沼泽荒地上安家落户。莉莉的祖父来到塔坝时候，以便宜的价格圈了一大块土地。后来更多的中国人移民到塔坝，向莉莉家租了土地，在上面盖起了房子。莉莉说，由于时隔久远，租户们不知从什么时候开始渐渐地不交租金了，但她手里还保存着过去的租约呢。按照印度的法律，这些租用土地的人家今后出售房屋，必须征得莉莉家书面同意，并按比例分给她家一笔收入。莉莉的丈夫做着皮革的生意，日子过得殷实，也不想与乡里乡亲们较这个真了。塔坝华人从兴盛时期数万人下降到现在的数千人，其间随着两国关系的起起伏伏，经历了很多艰难。如今许多的华人后代已经移民其他国家，留下的大多是不愿再移民的老一辈人，生活过得安逸自在。

小小银针 印度缘

2012 年年初，在当地人举办的针灸讲座活动上，巧遇了来自中国杭州的女中医胡大夫。

会上，印度针灸协会负责人甘太特医生专门介绍了印度援华医疗队柯棣华大夫的事迹和针灸在印度的发展。第一次听着一群印度人大谈中医之道，觉得甚是新奇。

印度针灸协会与中国渊源已久，当年与柯棣华大夫一起来到延安的还有来自加尔各答的医生巴苏华。他在延安期间见识了针灸的神奇，决心把中国的中医精髓之一针灸带回到印度，培养了甘太特这样的一批本土针灸医生，建立了诊所和针灸协会。

茶歇时，一个加尔各答的朋友把女中医胡大夫带到我们面前。异国他乡中，国人相见，自然很是欢喜与亲切。

胡医生，60岁开外的江南人，个头小巧玲珑，面容清丽，精神矍铄。聊天中得知，胡医生退休后，热爱旅游的她云游四方时来到加尔各答，为德兰修女屋做志愿者，遇到这边很多穷苦印度人。平日里为当地民众义务把脉看病，因为她的乐善好施、健谈和平等待人的个性，与当地人结下一段中医缘，很受印度中医迷的追随。她住在普通的印度人家，吃住都随着当地人简朴而清淡的生活。她的清丽面容与奉献精神，让我想起80年代初的一部老电影《天云山传奇》中的宋薇，他们身上拥有一种物质时代日渐稀缺的精神追求。

在德兰修女屋，胡医生给修女们和当地没钱治病的患者使用中医针灸、火罐，缓解患者的苦痛。德兰修女20世纪30年代来到印度，她在大吉岭步行，看到沿途的穷苦人就给予帮助。后来离开了舒适的修道院，终其一生为印度的穷人服务。她成立了众多的临终关怀院，让穷人们得以在人生最后的时刻看到世间爱和温暖的光芒。

胡医生说，加尔各答气候湿热，很多当地人因此得了关节病痛，中医艾灸和梅花针特别适合这里的人群。孤儿院里有不少孤儿得了脑瘫和唐氏综合征，她和其他志愿者每日去那里做几个小时的义工。有一个小女孩患了唐氏综合征，因为其双腿一直挛缩在腹部，大人都无法正面抱她，胡医生以中医指针疗法和按摩为其治疗了一个月，原本很严重的症状明显减轻，小女孩也因为有她的关爱露出了阳光般灿烂笑容。听着胡医生讲述，我对祖国的中医医术能够融入这个热带天竺之国的民众血脉中而感到自豪。

我们当时在住所举办一个美食节，就邀请胡大夫来做客。我们坐在茶室先品茶，外面绿茵茵的草坪上，一排排靠着墙边的天竺扶桑花开得正艳，有两只斑斓的蝴蝶飞过来，在花朵上停留片刻又飞走了。大概久居于印度贫民区的热闹生活，这静谧的庭院让胡大夫雅兴大发，她走进绿茵茵的草坪，打了一套舒缓帅气的太极拳。看着像云中燕子般轻巧的中国女中医，客人们都拍手叫好，纷纷要求胡大夫传授一下。一向对中医很痴迷的印度医生布托娜自然不愿错过机会，她一袭白衣飘飘然，也很契合这样的场合。

那次表演后，几个有关节痛或者各种小毛病的客人，现场争相请中国医生把脉看病。因为胡大夫的出现和各种中医养生小知识的分享，整个晚上院子里都弥漫着中印文化相互吸引的温馨氛围。

因为年轻时独特的人生经历，胡大夫与中医结下了不解之缘。

她年轻时作为知识青年在北大荒参加劳动。夏天，有一次在地头趟地，汗水和着露水一起湿透了衣服，回到宿舍就病倒了。第二天更糟糕的是，她发现自己瘫痪在床，全身似乎动弹不得，再也不能下地干活了。那个激情年代建设大东北的知识青年在绝望中以为此生再也站立不起来了呢。老百姓请来了公社诊所的乡村医生给她看病，用了一些民间的土方，很好地缓解了病痛，最终帮助她挺过了难关。那一场年轻生命中的劫难就被一位民间华佗神奇地化解了，从此她对于祖国中医从内心深处有一种感恩戴德感。

恢复高考后，胡大夫与其他知青一样返城了。与西医打了一辈子交道医术精湛的父亲对她说，西医救命不治病，你就学一个能够治疗疾病的专业吧，她就报考了中医学院。

胡大夫从医多年，她具备传统中医所推崇的美德，饮食清淡，内心平和，她认为人不要生病就得从自身做起。

"休息是最好的良药，心情是最好的修身养性"，这是从医数十载一位老中医的心得。

天竺的慢时光里，巧遇了传播到异国文化脉络中的中国中医，也巧遇了一份中医关爱世人的大爱情怀，从此我亦着迷于中医的经典《黄帝内经》，爱不释手了。偶然接触了太极悠然的魅力，坚持练习，也许天道酬勤，身心皆安的人也渐渐恢复了精气神。

一

随遇而安的人

在这个城市里，那许多曾经只存在于乡村印象中的、在大都市生活里已不见踪影的古老传承，竟然神奇地活着。街头熙熙攘攘的百姓生活，似乎再熟悉不过的了。人力三轮车出现在街头巷尾，可以随时随地叫上一辆，坐上高高的座椅，在行走的节奏中走街串巷。货郎从某个街角吆喝着走过来，货担里有糖果和各种煎炸的风味小吃，都是些儿童们喜欢的东西。小贩在门口不远处的街头卖着煎饼、炒面，也有现场爆米花、榨甘蔗的。芒果成熟的季节，大街小巷传来头顶篓子的芒果大叔的叫卖声。当地人对芒果甜腻的味道情有独钟，将其做成各种美味的饮料和甜点，他们为自产的芒果佳品引以为豪。

那些货郎让我想起一幅幅童年家乡的画面。记忆中，小货郎们吆喝着从家门口经过，祖母会快快地迈着小步出门，赶着货郎的节奏，买下各种针头线脑的家用品。小孩们自然欢喜有人来，跟着上前凑热闹，争着看一看货郎小车上琳琅满目的各种诱惑。

院子里的兔兔小黑不知道什么时候蹦蹦跳跳跑了出来，门口岗亭值班的警察看见了，加入到与保安一起围追小黑的游戏中。

公园里，在那一大块长满野草的草坪上，孩子们光着脚丫子尽情地踢足球打板球，见来了一个中国小朋友，热情邀请加入他们的游戏。热带的阳光下，孩子们的笑脸仿佛像向日葵一般灿烂开放，向遇见的每个人微笑。那是一种来自内心深处的笑容，拥有一种感染他人的神奇力量。

生活在慢悠悠的比地球人都慢好几拍节奏里，看什么都觉得很好，喜欢那似乎一成不变、时光倒流的味道。随处可见的老榕树，根深叶茂、盘根错节，浓密的树冠遮天蔽日，不知在街头已经矗立了多久，在岁月沉淀中依旧保持了顽强生命力，如同守护神一样年复一年地守护这座城市，看一次我就会感动一次。一辆大卡车不知怎么侧翻到路边沟里去了，司机哥们儿在卡车旁边找了一块舒适的地方仰面躺下，表情淡定地等待驰援，一件本来着急上火的事就变成短暂的小憩。那份难得的波澜不惊、随遇而安的态度，让习惯了火热生活的人着实开了眼界。

慢慢发现，印度人对待很多事情淡定从容，他们活在当下，没有争分夺秒只争朝夕的奋斗姿态，也没有那么多必须改变一切翻身做主的想法。在这里，人是时间的主人，时光是人的使者，它如此慵懒地在等待着主人，跟着懒散的主人屁股后面随时听候差遣。朋友之间敲定的约会，因为一场雨的到来而自然取消，对方来电话说，你看下雨了路滑，咱们在晴朗的日子再约，听着很合情合理嘛。餐厅的服务生们都那么训练有素，他们细心观察每位客人的表情，在客人最需要的时候很合时宜地出现在一旁。再想想古人那句"王侯将相宁有种乎"的名言，如果内心没有对这份并不起眼工作的认同与坦然接受，你很难想象会有这样的服务品质。每次外出，汽车慢悠悠地沿着那像老上海里弄一样狭长的街道行驶，人力车夫在树荫下一边纳凉一边等待生意上门，那场面格外显示出四周的宁静与平和。私人诊所看牙，发现在这个慢节奏的地方，牙医们慢条斯理地说着笑话，一副哄哄孩子张口看牙的耐心模范医生的模样。前台那个圆脸大眼的护士，总是一丝不苟地演示如何用牙线保持牙齿的清洁，特别认真地叮嘱，只要牙齿保持清洁，那就没必要来看牙医啦。

印度人喜欢说"没问题"，这口头禅有时只是为了表达对朋友的热情和淡定从容，不可以仅仅从字面上简单理解的。

同事们出差途中遇到了一件趣事。他们在旅馆门口打了一辆出租车，准备到城里的一个宾馆察看接待代表团的场地，其实那个宾馆目测距离也就是四五公里远吧。出租车司机不太会讲英文，同事们就连说带指地交代一番。司机表示"没问题"。出租车在曲曲折折拥挤的街道上行驶了半晌，终于停了下来。同事们发现周边的情况不太像啊，怎么转来转去，又回到了原来出发的旅馆了呢？大伙有点着急了，比画着与司机说理，说这不是我们要来的地方呀。司机摇了摇脑袋表示理解，嘴里还连声安慰说"没问题"。

儿子就读的国际学校里，每周定期安排年级表演，有一次我去观看儿子所在班级的演出，过了演出时间几个小同学还没有报到，主持活动的老师就商量临时改为放电影了。就在准备放电影时，几个小演员冒头露脸了，老师又淡定地说开始演出吧。现场的人都是一副见怪不怪、顺其自然的模样。同样的情况如果发生在国内的学校，估计学生和家长都得挨批评啦。

我就觉得也许我们心里面有太多人为的压力，无法容忍生活中出现哪怕一丁点儿偏差，也因此很容易陷入焦虑不安。渐渐地我也跟着入乡随俗，慢时光里那种惬意油然而生，一旦习惯了那样一个远离工业时代快节奏的生活空间，发现自己并不愿意再次回到快轨道了。遇到那些不太淡定的人和事情，会不由自主地回味慢时光带来的宁静，想念生活中日益稀缺的淡定与从容。

二

在这个城市，遇到那么多光脚走路的穷人，不太明白为什么人们都说这个城市的幸福指数很高。可是与这个城市接触多了，也就慢慢想明白了。拉姆年轻时候来到加尔各答，找了这份佣人的工作就一直没有更换过东家，房东把房子出租后还特地商量让拉姆留下来。有一天，我起了个大早，院子里树上的鲜花开了不少，高兴地赏花闻香，等用完早餐，突然发现那么多树花怎么就剩下几朵了呢。这才了解到，拉姆是一位特别虔诚的印度教徒，每天起床后第一件事就是采摘鲜花供奉印度神。对拉姆而言，不管贫富如何，信仰是生活中的头等大事。

经历了很多的宗教节日，看到街头民众与神对话的仪式，也理解了印度人生活即宗教、宗教即生活的状态，那种信仰所带来的内心平和以及接受此生所有的意识，大概是其幸福活在当下的精神源泉吧。

幸福感真是和富有与否没有特别的直接关系，而是取决于内心精神与外在财富的微妙平衡。年轻的时候害怕贫困，沉浸在对物质的追求里，以为有了财富才会拥有一切，可是在我们的周围，太多的人为财富所困，牺牲了健康和陪伴家人的时间，不知不觉成了财富的奴隶，担心财富会缩水，富足的生活会一夜消失。从

此平安、淡定、安静像稀缺品一样变得那么遥不可及。如果没有
足够强大的精神去约束平衡，物质财富就如同一匹桀骜不驯的野
马，会脱缰不受控制。等自己明白心里真正要什么的时候，我们
才会放下这些，上高原、下大海，跨大洋、游五洲，走得那么远，
那么辛苦，无非是为了重获内心的一小片净地，看来没有比这心
灵之路更长更遥远的路了。有一天突然醒悟过来，就开始追求内
心的满足，去帮助那些需要帮助的人，重新捡拾起那些琴棋书画，
因为明白了一个简单的道理：我们身外之物背负的越多，我们的
内心就必须变得更强大。

年迈的骆驼祥子

有一次，带着小蝌蚪去逛他最喜欢的"城市中
心"购物商圈玩具店，出来就叫了一辆路边的人力
车。等我们坐上去，发现人力车并没有像往常一样
迅速地向前跑起来。我这才注意到车夫是一个黑瘦
的上了年纪的人，身体骨瘦如柴，小麻秆儿一样的双腿无力地蹬
着沉重的车轮。小蝌蚪说："怎么车子不动呢？妈妈。"他也发现
了车夫根本没有力气。看着这个瘦弱的印度骆驼祥子，我赶紧下
了车，陪着三轮车一起往前走，就当是走路健身吧。车夫终于蹬
动了车轮。

人力车晃悠悠地到了住所，小蝌蚪跳下车，回到院子和小黑
兔子玩去了。我付了车费，让那车夫稍等一下。从屋内拿了几块印
度人特别喜欢吃的甜面包和可乐饮料出来，递给了这个年迈的车
夫，希望他可以享用一顿人生中越来越得之不易的美餐。车夫愣了
一下，犹犹豫豫中伸出骨瘦如柴的手臂，脸上露出欢喜的表情。他

把食物和饮料小心翼翼地放进人力车下面的储物箱里，竟然鞠了个躬，骑上车，在吱吱扭扭声中离开了。夏夜的热风中，他似乎使出了吃奶的力气，费力地蹬车，慢悠悠地消失在加尔各答街头。

初到印度，每次乘坐人力车，似乎都是以一种游客般的好奇来体验印度文化，唯独那次无意中遇见的无力前行的人力车和年迈的车夫，让我心生无限的怜悯。内心特别同情这年老的劳动者，在如此高龄还在拼了命地以老迈之躯来养家糊口。

如今艰难的 2020 年，谁又知道这世界有多少流落街头的骆驼祥子，因为无力挣得一日三餐，如同我曾遇见的这年迈车夫一样挣扎在生活的激流中，为了生计艰难喘息。希望爱心之人于风雨疫情中，能够为这些艰辛的劳动者点起一盏温暖的心灯，分享给他们生存所需要的面包。

大吉岭的邂逅

一

"上师"一词，是我到了印度后才知道的，感觉只有取得大成就、做出大贡献的人，才配得上这个称谓，可是如今在生活中好像频繁遇上某某上师，不免让人心生疑惑。

大吉岭，崇山峻岭，古树茶园，一片幽静的青山。入住天文台山上一家 19 世纪维多利亚风格的老酒店。一走进去，酒店大堂经理就准备好了白色的哈达，这接待远方客人的仪式怎么和西藏的风俗如此相似呢。走进房间，就被房间墙上那些 20 世纪的照片吸引了，猜想这酒店从前可能是英国殖民时期的一处别墅。查看了酒店的历史介绍，果然这酒店的前身是建于 1841 年的阿达别

墅；有一段时间为来此种植茶树的英国殖民者提供住宿，后来改
建成了酒店。来自过去岁月里古老而遥远的气息从房间的角角落
落冒出来了。在这高山阴冷的地方，惊喜地发现房间里有一个很
原始的烧木材的壁炉。大吉岭常年湿润而阴冷的气候，那一刻让
人很是想念现代壁炉炉火的温暖。那个瘦瘦高高的印度服务生说，
假如需要，可以提前告诉他。

　　第二天，阳光出来了，看着楼下典雅古朴的英伦花园，情不
自禁地立即下楼散步。看到楼道上坐着一个锡克族保安，正襟危
坐地值班。同行的友人悄悄说，隔壁住着一个印度的上师，所以
这边警戒森严。我瞧瞧旁边的屋子，很期望遇到那个从来都是传
说中的印度上师。下了楼，不知不觉走出了花园，沿着一条直通
山顶的山路一路向上走，见到很多猴子在路边张望着，用祈求的
眼神向行人讨要食物呢。大吉岭云雾缭绕，仙气十足，生态环境
很好，所以才会有这么多猴子。一只小猴子从一个行人手上拿走
了一根香蕉，跑到远一点的地方有滋有味地吃起来。

　　在酒店餐厅用早餐，服务生都戴着尼泊尔风格的小帽子。咖
啡壶和红茶壶带着棉质的保暖套，这种古老的保温方式，让山里
的时光更显得如同那墙上古典的摆钟一样幽静和缓慢地溜达着。
在一个靠窗户的长木桌旁坐下来，享用了一顿地道尼泊尔早餐。
无意中看见花园门外，不知什么时候那个印度上师已经在众人簇
拥下出门了。上师乘坐的车竟然是 20 世纪风格的豪华马车，在都
市中显然很少见了。一群穿着黄色服装的印度警察护驾这上师的
马车出行。那阵势让人想起古代的皇族出行的风光。我在心中对
于印度上师有了第一个很感性的认识，就是这些人拥有很高的社
会地位，所到之处都是受到特别的服务。大吉岭这个终年云雾缭

绕的地方，云朵飘逸在半山腰，上师一袭白衣飘飘，宛若活神仙似的，让人见识了印度上师的风采。

在外面转了半天，再回到酒店，锡克保安依旧在门外打盹，上师一行人声势浩大地往返在这山城，神仙一样飘然而出，飘然而入。

二

走访了半山腰的一个老茶园，正巧碰上很多女性采茶人背着茶篓归来，她们来到作坊，把茶篓一个一个地过秤。看到了整个手工红茶的制作程序，很多烘干机都是中国制造，让人看着有些眼熟。茶园主人说，这片茶园已经让英国商人包了。他请我们品尝了各种红茶，味觉都浸泡在茶香中了。主人还准备了当地很普通的家宴，让我们有客随主便人乡随俗的感觉。

当地华人流传这样一种说法，大吉岭种植茶树的历史大约始于19世纪30年代，当时英国殖民者很喜欢中国的红茶，因为从福建进口很贵，所以希望在中国以外种植新的茶园。英国人将武夷山的茶树苗和茶种从中国偷偷运出来，开始在大吉岭试种，结果很成功，而且品质也很好。当地气候昼夜温差大，喜马拉雅山挡住了印度洋暖湿气流，雨量充足。土壤是山石风化，含矿物质多，故很适合茶树种植。大吉岭最早的一批大约十几个茶农也来自中国福建。这个地方在英国人原始资本积累者精心策划下最终成了印度主要的产茶区。

站在天文台山上，可以远远地看到远方一个山头上一片郁郁葱葱，当地人说那就是我们小时候在地理书上出现过的锡金。记得在加尔各答的城市中心商场，每次去买东西，都会经过一个冰激凌柜台。柜台上站着一个中国人模样的年轻人，他憨厚地对着喜欢吃冰激凌的小蝌蚪和我腼腆微笑着，还问我们是不是中国人。他说他来自锡金，他的祖先也是中国人，所以看到中国人就觉得亲切。海外几代华人之后，依旧还有这种浓浓的乡愁，我觉得这种心情是骨子里血脉中传承下来的对故乡的情结。

在大吉岭，遇上了在当地开民宿的骆先生，他是 20 世纪 40 年代来自上海的华侨。虽然居住印度半个多世纪，但是对故国的初心不改，一直不肯换掉自己的中国护照，他说那是他和家乡唯一的联系了，切断了心中会很难受。骆先生半生漂泊在印度，也积累了一些财产，他在加尔各答买了一家餐馆，来到大吉岭又独自经营着一个依山而建的民宿。他娶了当地的夏尔巴人为妻，生了 4 个孩子。前几年夫妻俩外出遇到了交通事故，他的夏尔巴妻子离世了，孩子们都已经成家立业，移居海外生活。独自一人享受退休后的清闲日子，他还是觉得每天得有点事情让心中充实点，于是乎买下了这个靠山的民宿经营着。他雇佣了几个尼泊尔人做帮工。他热情邀请我们去民宿看看，我们看到山洞里的小房间一个挨着一个，还有楼梯，狭小的民宿空间沿着山势变化着。他带着我们爬了一段楼梯，终于抬头望见星星月亮了。原来他在民宿的上面建立了一个很大的露台，这个空旷的露台上可以看见天空中寒星闪烁，远处山上霓虹灯一闪一闪，很有点重庆山城的味道。

《 茶 时 光 》

———

50cm×40cm

油画布

2020 年

三

大吉岭真是一个多元文化的地方，加上来自世界各地的背包客，走出去就觉得是世界花花绿绿一片斑斓。天文台山上有许多小商铺，也有很高档的专卖高档红茶的地方，我买了一个茶漏作为到此一游的纪念品，后来这个茶漏我一直都在用。尼泊尔和印度人依山而建的房屋都是天蓝色的屋顶，不时会遇见门前飘着彩色经幡的藏式民宅。夏尔巴人给上山的游客背负着沉重的行囊，据说这种传统职业由来已久，因为夏尔巴人很善于攀爬。

英国殖民者当年喜欢来此避暑，偶见殖民时期建造的小火车在吱吱扭扭的叫声中沿着蜿蜒的山路载着游客在跑呢。我真担心那些一百多年的老铁轨会出意外。那个地方处处可见英国人 20 世纪在此留下来的生活痕迹，透着浓浓的殖民地时期的遗风。在酒店百米开外看见了"牛津书店"的英文招牌，才觉得回到了现实中，否则旁边住着上师，到处都是古朴典雅的旧时代的感觉，让人在此种维多利亚风格的建筑群中和天然去雕饰的山中，一时忘却了岁月的存在。

山民纯朴热情，山上公路狭窄，与对面汽车相遇，司机们都淡定地彼此互相谦让而过。我们在路边停下来，一户尼泊尔人家很客气地让我们进入他们狭小的院子里小坐歇息。山上的原始森林郁郁葱葱，释放着大量的氧气，让人觉得在此居住定能长命百岁。

殖民者所创建的英国教会学校遍布这个城市，当地的孩子们都穿着英式校服，走在放学的路上。这远离尘世的山城很适合学子静心读书，很多加尔各答的人家将男孩子送来此地读英式寄宿学校，锻炼自理能力。

画家达斯的神牛

苏尼尔·达斯是印度著名的表现主义画家，擅长画各种姿态的神牛和马。他特别喜爱清淡的淮扬菜，也喜欢北京烤鸭。第一次见面达斯就说起中国朋友曾经招待他的美味松花蛋，对其独特的味道赞不绝口。松花蛋在英文里不知道怎么就翻译成了"千年蛋"，老画家当真以为这个松花蛋是埋进地里历经多年岁月打磨才得来的美味，觉得这道美食太不可思议了。刚刚开始我也没太明白他说的"千年蛋"是什么，老画家说是那种埋在地里很多很多年的蛋。等听完了我的解释，他哈哈大笑，大赞中国美食的英文翻译也太幽默风趣了。

曾经拜访过老人家旧居一次，画家的故居庭院里都是绿色葱茏的蔓藤掩映，我们坐在茶榻上和老画家夫妇对饮畅聊。老两口骄傲地说起，他们五十年的美满婚姻是两小无猜青梅竹马自由恋爱的结晶，言谈中不屑于屈从印度传统世俗的门第媒妁之言，为能够自己掌舵人生幸福而自豪。

这对金婚伉俪情深意切，达斯太太提起少年时在附近一个街坊相处并开始恋爱的往事，她脸上流露出宛如少女陷入爱情时的羞涩与甜美之情。他们一直没有自己的孩子，夫唱妇随，生活的一切都是围绕着爱情、艺术和美食。

达斯年轻时候梦想成为艺术家，他父亲对此不以为然，希望他继续家族生意，并说他将来会因为选择画画这个职业挨饿吃不上饭。在当时50年代的印度，从事艺术的人大都来自低阶层社会，年轻人都不愿意去学习艺术。达斯从艺术专业毕业后，拿到了奖学金去巴黎学习油画，在对西班牙的一次短暂游学期间，受当地斗牛风俗的启发，创作了许多斗牛的作品，一幅斗牛画售价

350法郎，卖得非常好，这让年轻的达斯很受鼓舞。达斯回到印度后，给自己谋了一个有稳定收入的铁饭碗，他在印度纺织工业部门当公务员直至退休，业余时间则坚持创作，他说自己已经创作了数千幅牛的作品。

告别时，达斯拿出一本书，在书的第一页，以他的神来之笔快速地勾勒一幅神态逼真的神牛钢笔画，签上大名，送给我们作为纪念。此后在一些社交场合几次见到达斯老人。每逢印度节日，会收到达斯老人寄来的信函，除了热情的问候，信函上总会有一幅随手挥就的神牛钢笔画。

一

与泰戈尔隔着岁月相遇

加尔各答是泰戈尔的出生地。他于1924年访问中国，与徐悲鸿、徐志摩、梁启超等一批文化人士有很多的交往，在中印文化交往史上留下一段佳话。梁启超给泰戈尔取了个中文名字竺震旦。徐悲鸿创作的《泰戈尔画像》至今仍保存在和平乡的泰戈尔国际大学里。一个名叫"谭云山"的湖南人跟随诗哲的脚步来到恒河边这片绿色的土地，在国际大学里创办了中国学院。

和平乡，其寓意是静心居室，是泰戈尔童年随父亲去喜马拉雅山朝圣时所经过的静修的地方。这里开放的空间和花园给了泰戈尔有生第一次走出封闭式家族城堡探索自然的极致快乐。难怪诗哲一生都对这个地方情有独钟，并且倾尽所有建立了泰戈尔国际大学，让更多的人享受到这里人和自然合一的学术环境。

《战垩的天才》泰戈尔剧照

《 泰 戈 尔 的 剧 照 》

————

40cm×50cm

油画布

2020 年

跟着先生去和平乡泰戈尔国际大学参加活动，幸运地走进了那种意境里。在一条蜿蜒小路上，有一排带着走廊的平房，房屋前面是一个出门俯身可触摸到的大花园，入住泰戈尔时期的老式客房，享受一个在纯粹的自然怀抱中的宁静之夜。房屋内是 20 世纪古老的感觉，印度门房带我们走进古朴的房屋内，我仿佛记得屋内有一丝丝清凉气息袭来，也许因为好久都不住人了吧。热带的蚊虫好像也没有来骚扰我们，一夜无空调中安然入睡。

第二天，推开门就见花园，感受热带绿色植物的勃勃生机。校园里处处是小树林，绿色蔓延在四周。那一天参加的是"学者谭云山诞辰周年"的活动。谭云山的儿子谭中与夫人从美国芝加哥专门赶来参加这场盛典。谭云山当年追随诗哲来到印度，帮助建立中国学院并在此地教学、生活，终其一生，印度人一直记着他的好，待谭云山的后人若上宾。印度总统也来了，各国使节和中印学者云集。跟着人群进入一个有立柱的餐厅，平时相识的驻加尔各答各国总领事们都在里面，在一圈小巧低矮的餐桌边上围坐成一个四方形，远远地看着印度总统，在社交距离中吃了一顿简单的印度午餐。现场没有多少自由交流，可能因为总统在场的缘故，大家有些拘谨，日本总领事和夫人也是看到人就点头哈腰，然后就缄默不语地低头吃饭。身穿一袭白衣的印度画家当场赠送给总统一幅画像。记得那个白衣画家还和我们打了招呼，说有机会在加尔各答见。到了和平乡就感觉到内心的平静与喜悦，附近也是一片平静如水的宁静之地，在当地集贸市场买了一些看着很古老的手工品。有人在路边上卖泰戈尔的木雕像，很想买，司机没来得及停车就一下子冲了过去。

我们去中国学院访问时受到了热情欢迎，师生们表演了中文节目，上任不久的阿维杰特院长带着我们参观学院收藏的中文图书，许多书籍是民国时期出版的，看着很有些年代了，其中一些图书就堆在旁边的桌子上，屋内也没有安装空调，在高温湿热天气下，这些珍贵书籍的状况令人担忧。阿维杰特介绍说，很多图书都是繁体字印刷，学院也没有能力去整理归类。北京大学曾派教师和学生短期来学院，帮助整理了一批中文典籍。但要保护好这些图书，未来还有许多工作要做。

二

　　国内研究泰戈尔文学的学者时常来加尔各答参加文化交流活动。北京大学的魏教授、中国国际广播电台的白老师看到我特别爱看书，就把自己随身携带的《吉檀迦利》等泰戈尔的作品送给了我。在不经意地翻阅中，心灵的窗户打开了，我一下子就被泰戈尔的内心世界吸引住了。从前的我只知道泰戈尔"生如夏花之绚烂，死如秋叶之静美"的诗句，与中国学者的一面之缘，让我和有关泰戈尔的一切结下不解之缘，从此就在不知不觉中浸润在泰戈尔的智慧和他对世界大爱的人性的光辉里。每当读他的诗，心灵就会获得前所未有的平静和淡定。

　　在《吉檀迦利》诗集里，泰戈尔眼中的人间万物，从清晨到日暮，从陌生人到亲密爱人，都是那么的贴近心灵，抚平繁忙都市生活带来的内心无法逃避的紧张浮躁感。因为喜爱泰戈尔那灵动诗句里的大爱与生命的美妙、死亡之旅的神秘，而热爱他的一切作品，也仿佛再度结缘泰戈尔的子孙后人，常常被那片土地上的热情感染着，大家都笑我痴迷于印度文化太深。

心灵的良药既是身体最好的营养品，也会给生命带来各种意外的惊喜。印度人与生俱来的淡定与不急不慢的生活态度，热情似火的个性，很容易进入的文化圈子，让外界对印度脏乱差的渲染造成的内心恐慌早已消失得无影无踪了。

泰戈尔故居筹建中国展厅的事情一直在有序推进，在北京大学和上海博物馆鼎力支持下，终于落成了，同事们都很高兴。回国后我们把这几年所有参与此项工作的人召集在一起庆祝了一下。当时就在我家楼下公共花园里摆了长桌，桌布都不够铺了，随便拿了个在印度时买的布料铺上，大家开心地说，印度的感觉又回来了。这次聚会中，后来三个人都被派驻了美国，其中有两人去旧金山工作。泰戈尔真伟大，就算离开世界这么多年以后还能把各种性格的人都团结在一起。

走的地方多了，就会发现不同地方的相同之处。杭州是我喜欢的城市。闲暇是杭州与加尔各答两个城市的共性，而杭州历来文人画家辈出，这和它的灵动山水隐于闹市的天然休闲不无关系。林语堂说，悠闲是人生在世的一大财富。而印度的贵族就是这休闲人生的修行者，他们拥有了几代人积累下来的财富和精神文化，同时又有闲情逸致，所以那个时代孕育了泰戈尔那样的文豪。然而，杭州历史上官宦遗留下来的散发着墨香的老宅，加尔各答贵族富丽堂皇的百年大宅，终归都会散落在民间的喧闹繁华之中，一切归于平静了。

有时我突发奇想，设想假如泰戈尔出生在林语堂笔下这温润儒雅富于生活气息的杭州府，他还能写出那些透彻灵性的诗篇吗？

眼光独到的萨拉夫

想起中文学校老校长萨拉夫家那棵长在楼下院子里枝繁叶茂、挂满了橙黄色果实的老芒果树了。我刚去加尔各答那一年，老萨拉夫在加尔各答郊区种下的芒果树收获颇丰，托人采摘了一些新鲜芒果从乡下送来让大家品尝。从此，我也对那个眼神里透着精明的印度大叔印象深刻了起来，因为大家在茶余饭后，会经常提到萨拉夫老家的芒果引发的笑料。萨拉夫送来的芒果长得小巧但特别甜，刚刚到印度的同事因为芒果的香甜多吃了几个，脸上居然起了不少痘痘，好多天都下不去。自古以来就有美食不可多食的古训哦。后来大家对食用芒果就变得谨慎多了。

萨拉夫的精明眼神里总能发现各种机会。这个白手起家的印度人自己说，早在 20 世纪 70 年代就去过中国广州，与中国人经商打交道多年，中国给了他第一桶金。不知道这个来自拉贾斯坦的生意人当时与中国人做了什么样的生意，让他从一无所有开始得到了他人生的第一桶金。当我们到加尔各答的时候，他已经在家里办起了当地第一家中文学校并且自任校长。他也许摸到了中国发展的跳动脉搏，看到了中国崛起的强大信号。

这个年岁渐高的印度人凭借多年在生意场上摸爬滚打练就的观察力，敏锐地嗅到了来自中国市场的新机会。果然还是行走江湖的老者眼光独到，中文学校自开门以来名声渐起，反响不凡。他设立了中文角活动，每个月举行一次文化演出，安排学中文的学生上台表演节目，很受当地人欢迎和喜爱。每年加尔各答书展上，萨拉夫的中文学校的展位上挂着灯笼剪纸十分喜庆有特色，总能吸引当地媒体和民众的视线。

这个萨拉夫懂得如何经营生意，是一个精明过人但也知道规矩、行事靠谱的生意人。每次活动，他都特别认真周到地策划，会请总领事先谈一下形势政策。他注意到总领馆外面的警察有时偷懒不在岗位，这个好打抱不平的萨拉夫就说得找警察局说说。学校的规模和档次越来越高，加尔各答华人后代和与中国做生意的印度人成了主要的生源，一些在当地生活的欧洲人也开始加入其中，因为中文学校的文艺节目丰富，这让喜好演戏的欧洲人觉得学习中文很有趣。很多传统的戏曲《柜中缘》和《白蛇传》都被这一群中文粉丝们表演得惟妙惟肖。

萨拉夫有一个英俊潇洒的儿子和一个活泼又泼辣的女儿。儿子继承了父亲的精明，父子二人都清俊儒雅，在一起时就像是时光隧道中同一个人的不同时期。不知道儿女双全的萨拉夫那时为何独居着。他儿子与一个家中富裕的女孩儿结了婚。女方来自加尔各答城里的富人之家，对方陪嫁的就是一整层楼房，那棵芒果树也是长在陪嫁楼房下面的院子里。萨拉夫也跟着儿子住进了单元相连的同一层楼房中，和儿子一起享受起富足的日子。

那一次到萨拉夫家做客。我们走进了很有些禅意的新居，随处可见的佛像和艺术品摆放得错落有致。每个阳台上都有一个卧榻。新媳妇长着印度人典型的浓眉大眼，见我们来了就一直热情张罗，深谙待客之道。一顿中午的家宴，在精美银器和瓷盘的穿插中如同一幅艺术画一般展开。每一道精致小菜都会用一套印度银盘端上来，然后在视觉和味觉刚刚适应时就又换了一套新的盘子。我不记得都吃了点什么，观赏那些多样而精巧的餐具却是令人过目难忘的艺术享受。

那个微微发胖的儿媳对公公和公公的客人周到极了，客厅里点上了香炉，空气中弥漫着令人喜爱的淡淡檀香。她介绍说，新居里很多家具来自中国广东，言谈中，这个贵族的媳妇也喜欢中国的各种物件，看来不是一家人不进一家门。

萨拉夫的中文学校在一串串烟花爆竹的仪式中，也不停地升级换代，活动越来越多。后来志愿者老师对老校长将每个人用足用好的精明管理方式也颇有微词，要求合理安排活动。中文学校开始一波一波向中国输送印度留学生了。年迈的萨拉夫一手打造出来的事业，因为他一路的精心设计而稳步前进，他泼辣爱表演的女儿已经继承了老校长的事业。老萨拉夫晚年把人生经营得很圆满了，如今儿孙满堂，享受着天伦之乐。

爱叫板的老教授

在一次活动上认识了达德拉尼夫妇。达德拉尼行伍出身，一头银发而且精神状态极好，玉树临风的绅士站在妻子身边，两人很是般配。夫人活泼健谈，老绅士总是像护花使者般耐心等着妻子把话说完，再与客人交谈。这个教养良好的印度老兵，年轻时帅得让上司都羡慕，上司就把女儿嫁给了他。每次想起这位老兵，我的脑海中就出现印度国庆日的画面，那些阅兵仪式上一招一式带着印度特有的色彩，与平日看到的中国阅兵仪式太不一样了。热带民族血液里流淌的，都是对神明崇拜和自然图腾的崇拜。他有记别人生日的习惯。我回国这么多年，他始终如一地在我的结婚纪念日来电话问候。热带民族血脉中流动着恒河的热情与生命力。

达德拉尼年轻的时候在边境上服役。我对他的经历感到好奇，达德拉尼以平静的口气说起那些往事，他认为那时候中国只是想教训一下印度。作为老兵，他更懂得邻居和平相处的重要，他说，我们不要让过去的事再次发生。

20世纪60年代那段历史，仍然是许多印度人的一个心结。在边境地带发生的看似很小的事，印度人可能都会当成头等大事对待，宁信其有，不信其无。我在印度报纸上就读过一篇报道，大意是说印度边防军发现在某个时间段天边总会出现一颗明亮的发光体，怀疑是中国新近发射的间谍卫星什么的，赶紧向上级报告。后来经过科学家仔细观察，才弄清楚这个发光体只是一颗星星而已。

我脑海中浮现出巴特那大学老教授因为过去那段历史而当场叫板的画面。在那次访问中，我们参观了比哈尔邦巴特那大学的女子学院。走进校园，清一色的女生身着传统民族服装欢迎我们。女子学院内有个植物园，各种造型的巨型热带植物令人印象深刻。那个大眼睛、棕色皮肤的女校长在人群中很有气场，她说这里也很欢迎中国学生来。我觉得很有趣，民国时期我们也有女子学校，如今让中国人来体验20世纪的女子学校生活，会是一种什么样的感觉呢？我记下女校长的电话和邮箱，觉得日后兴许真有人感兴趣呢。

离开女子学院，就去了巴特那大学参加座谈会。座谈会由大学校长主持，接近退休年龄的校长仍旧精神矍铄。在听众席上，一位倔强的老教授站起来，对着讲台上的先生，慷慨激昂又带着岁月中的怒火，质问为什么1962年中国人要打印度人，原本温馨热情的场面骤然紧张起来。听众席上的印度人开始不安，老校长试图让激动的老教授不要再说了。先生礼貌温和地挥手，示意让他继续讲。我是第一次在这种场合见到有人泼冷水，先生似乎早有准备、不急不躁，坚持让那个教授说完压在心头的话。我看见他因为情绪激动，脸上的青筋跟着他发问的语速一起跳动，而当他遇到讲台上一双温和的中国黑色眼睛，倾听他满腔的带着历史尘埃的怨气，激动的情绪也渐渐平复下来。

先生以中印的友好交往和泰戈尔故居中国展厅为话题，把大家拉回到中印之间互帮互助、共同发展的积极画面中，台下的师生报以热情和长久的掌声。刚才激动的老教授，也站了起来，走过来，为自己的失礼而道歉。我至今还清晰记得那个爱叫板的青筋突出的老教授，以及尴尬被化解后握手言欢的戏剧化场面。这样的经历，会让旅途增添这边风景独好的味道。我们无法改变历史，后人能做的，也许就是一个包容和倾听的态度，化解对方心中的积怨。

我们参观了玄奘纪念馆，正赶上纪念馆于当晚举办的一场活动。夏夜，天空星光点点，萤火虫飞来飞去，映照着纪念馆前面那尊赴西天取经的玄奘雕像。感觉信仰和信念真是伟大，要不一个僧人如何能克服重重困难，长途跋涉历经艰险去那么遥远的地方！

释迦牟尼在菩提伽耶的菩提树下顿悟，成就了比哈尔邦佛教发源地美名。数百年之后，阿育王四处征战，在巴特那建立了孔雀王朝。他在达亚河畔征战羯陵伽国时，目睹血流成河、生灵涂炭，幡然悔悟，遂放下战刀，致力于弘扬佛法，促进了佛教的再次兴盛。在岁月的变迁中，玄奘当年辩经的那蓝陀寺已变成一片残迹废墟，在数个世纪的漫长时间里，人们已经忘了这里曾经是一个佛学兴盛的地方。幸亏这些先行者将这段历史记录在某个地方，耐心等待后人去发现。

当英国人于1812年站在巴拉冈村庄附近的这片废墟上时，他不清楚这废墟与那蓝陀寺有何关系。19世纪，法显、玄奘的旅行记录被翻译成英文，他们的详细记录成为后来考古学家找到历史上那蓝陀寺所在地的重要线索。走在错落不平的那蓝陀寺遗址上，面对这些残留的石柱、砖墙、残塔等断壁残垣，想象着当年的繁华和寂寞，不免感慨于那些穿梭于不同文明之间使者的执着信念以及他们穿透世间沧桑变迁的持久生命力。

相信美好的传说

秋天的早晨，秋雨淅淅沥沥地轻轻拍打梦中人的窗户。花园里最后的几朵枝头上的玫瑰，已经开始凋零了。秋天的萧索里，如烟往事飘过。

儿子不知道半夜啥时候梦寐中迷迷糊糊地离开自己房间睡在我的脚边，梦中露出些许甜美与满足。他一直喜欢有安全感的大床。

记得住院那一年冬天，回到家，伤口还在隐隐作痛，开始让儿子单独睡了，可是他眨巴着迷茫的眼睛问："妈妈，我为什么不可以再睡在你身边了？"

"妈妈转动一下，伤口就会很疼，需要静养。"

第二天醒来，儿子说，"妈妈，你看我睡在你身边，一动也不动，你不也好好的嘛。"

2013年底，我们全家回到了北京。儿子会回味他在加尔各答国际学校的好日子，作业不多，老师耐心，环境宽松。还说想念印度的按摩，因为那时候我喜欢印度按摩，他也能蹭一蹭，放松一下。

儿子偶尔会抱怨国内学校太严厉，他不喜欢。爸爸安慰说，比起其他同学你少上了一年半，已经占了便宜啦。那天晚上，他突然说，妈妈我发烧了，明天没法上学。我赶紧摸了摸他的额头，啥事也没有嘛。儿子又说，明天开新买的车送他上学，这样心情会好点。可是爸爸说新车的车牌还没上呢。

2013 年的圣诞之夜，儿子打开圣诞老人送的礼物，发现里面是一个飞机航模，大呼这批圣诞礼物里怎么会有这个航模呢？原来前几天，他从我们这里听说李叔叔要给他送个航模来。

"圣诞老人的礼物都是通过李叔叔的航班运送来的嘛。"我赶忙解释。但是，儿子的眼神里还是透着半信半疑，让我觉得孩子明白圣诞老人真相的日子已经不远啦。

想想每一年的圣诞节带来了多少美梦成真的快乐。小蝌蚪第一封圣诞信是 5 岁时临时起意用铅笔在餐巾纸上写的："我要星星★，我要糖果，我要一百分。"

只要拥有一份诚心诚意的心愿，真心的期待，就会心想事成。这大概是一种积极心态的力量，相信梦想的力量。所有的礼物都成了爱的记忆。

算起来，离开加尔各答已经有 7 个年头了，儿子成长了一轮，阳光高大，性格有些害羞内向，心里却还一直是当年那个需要母爱的小孩子。很庆幸，那一年突如其来的疾病，在爱的呵护下平稳度过，内心特别感恩幸运之神的眷顾。在每一段不可知的生命里，感恩旅程中的所有相见相遇，让我获得意外收获。

第九章 ✳

赤道清凉的
紫色雪花

一

岛国风雨

2018 年春节，第一次到马尔代夫探亲，一下飞机就感受到一级戒备的紧张气氛。彼时马尔代夫处于国家紧急状态中，一场突发的政治危机正在席卷这个岛国。

这个世界很大，可是有缘的人们总会在某个地方相逢，即便是在一个小得不能再小的马累岛。在乒乓球协会邂逅了赋闲在家的前驻华大使拉提夫。他每日早上 7 点准时到协会打球，来去风一样娴熟地骑着摩托车。他说人生真正属于自己的时间是清晨，无人打扰，可以自由自在做自己的事。健谈的老大使经常与我先生一边打球一边聊这个岛国的时政和民间的风向。这个活力十足的马尔代夫人在岛国政治的潮起潮落中，生活得很精神也很有自己的节奏，因为有发自内心的爱好和信仰。

上海世博会期间，拉提夫当时在驻华大使的任上，他说自己负责马尔代夫展厅的筹划工作，并接待了时任总统纳希德到世博会访问。很巧的是，那时候先生参加了西藏馆的筹备工作，我带着儿子也去过马尔代夫展馆。展馆内四面的墙上都是令人心动的海洋色彩，一个马尔代夫人发给我们一本旅游小册子。走出展馆，儿子回头看着这个到处是海洋色彩的地方，说他将来想去这个国家。

岛国形势瞬息万变，春节里同事们在不眠不休中共同面对这个艰难时期。白天，一出门就会触到那赤道的火热骄阳，热带的人亦是怕热的，周围平静如常。可是一到夜里刚刚睡意来临，楼下两个斗得正酣的党派总部门前，呐喊抗议的声音如海潮一般涌动，连绵不断，大喇叭在无休无止地播放，人在屋内会被吵闹声干扰到几乎一夜难眠。我看到了这份表面光鲜的外交担子的沉重和无处不在的压力。窗外狂风吹拂中，汹涌的浪潮不分昼夜不知疲倦地拍打着海岸，岛国风云变幻，让我深感不安，心疼他们承受的过度压力以及坚守这块阵地的那份辛劳。我突然想起给退了休的大使老郭打了电话，因为老郭曾经是先生刚入单位时的老领导，而且一直像朋友一样关心着我们。电话中老郭说了一句"越在危机中越能看到成果"，让我回味了半天。听了郭大使的鼓励话语，先生会意地一笑。

我初来乍到，很想帮到他们，而马代资源匮乏，这种地方任我多么有心，也好像没有良策。为了让风雨中作战的人们可以歇歇脚、安安神，我灵机一动在旁边的空屋子里摆出了一个茶席，国人爱茶的情愫果然让同事们的心神为之舒缓了些许。拥有了茶席，就有了一片欣赏自然忙里偷闲的悠然空间，让很多并不轻松的日子心随境转。茶桌上刚好放着一叠为新年活动购买的彩色纸张，那一抹紫色映入眼帘，因为紫花尤为我所钟情。紫色之美在于它可凝神静气，它亦可用轻柔的羽翼带走身边的喧嚣。我用彩纸做了几个紫色雪花，当那一抹宁静的紫色悬挂在茶桌上方，周围仿佛下了一场紫色的雪，世界顿时变得清静了，凉爽了。沉静的紫色抵挡了窗外赤道的火热与喧闹，虽然窗外那场没有硝烟的争斗仍在进行中，可是好像已没有当初那么可怕了，原来心灵安定了，才可以从容面对任何变化。我在窗前又贴了窗花与春字。

我心头就只有一个吉祥的"吉"字,就手写了一个吉字贴在春字的下面。那个吉字从初一到十五一直贴在墙上,成了一个每日自我鼓励的心理暗示。后来马尔代夫形势渐渐稳定,解除了国家紧张状态,倒也无人想着要撤了这茶桌,紫色的氛围就一直留在了茶桌上。回味那个特别的春节,感念那抹紫色和那个吉字陪着我度过一段煎熬时期。

人生旅途,那风光无限的事业发展的轨道上,真是铁打的营盘,流水的人生。地球离开了谁都在正常转动,看起来你对于你努力奋斗的事业,对每一个得之不易的岗位,都觉得自己是不可或缺,其实你随时都可被替代的。人生最真实的不可或缺,是对每一个家庭来说的。假如一个幸福的家庭缺失了谁,那可就是天塌了一半。人的身心健康首先建立在一个充满喜悦的内心基础上。一生中,究竟有多少时间能够健康地相伴着彼此呢?别人永远不能给予自己正确的答案,除非自己真正觉醒了。有人间烟火的地方就有生活,不管是谁,放下工作,就得进入生活里。每次去岛国,推开茶室的门,当茶香花香扑面而来,就有一种回家的感觉。旅途中一次一次落地马尔代夫,回到茶室亦是一件多么幸福的事。人生路途,风起云涌,缘起缘落,心中装着最初的梦想与曾经路过的无限风光,在这偶得的靠海茶室内,顿感人生的幸福莫过于在茶水间一起听雨看海。赤道之国那场紫色的雪花好像来自心灵,亦来自童年祖母所信奉的道理,人无论何时何地都需要宁静。

二

2018 年 7 月，在一个飘着毛毛细雨的马累早晨，不经意看到不远处在建的中马友谊大桥竟然提前合龙了。岛国人民的福利来了，国际旅客来马累岛旅游也便利了。中国制造让岛国人历史上第一次拥有人性化的人车分流的现代化跨海大桥。在初具规模的大桥上完整地走了个来回，心中为中国海外工程的高效感到自豪。当我们昂首翘望鲜艳的五星红旗飘扬在美丽的印度洋的时候，一群顽皮的海豚在海面上逐浪飞跃，这群不轻易露面的海洋深处的原住民们难得露出真颜，就像我们此刻的心情，雀跃欢呼九百多个日日夜夜中国的优秀建筑工人们共同创建的伟大建筑成果。飞跃的海豚们滑过蓝色的水面，仿佛为这"一带一路"的明星工程划出一个个惊叹号。见证了历史性时刻，也亲眼见证了海外人员是如何在不生产任何施工材料的地方创造出奇迹的。他们中间最小的才 20 岁，平均年龄 35 岁，每一个镜头下都能看到工人们认真、吃苦、耐劳的品格，每一个细节处理上更是体现了这个精品佳作的匠心独具，凝聚了中国人的智慧。最喜欢大桥桥头横幅上的标语："在这里我们代表着中国！"愿每一个走出国门的中国人都拥有这份爱国的自豪感，愿丝绸之路上的每一个国家都能看到这种豪迈飒爽有担当的中国风采。

当年底，马尔代夫举行大选并实现了政府更替，拉提夫参与新政府成立的筹备工作，成为新政府活跃的一员。后来我再见到拉提夫时，他刚好从驻德国大使的任上出差回国，他已经从一个大闲人变成大忙人了。

《 提 鞋 追 鸽 》

————

60cm×50cm

油画布

2019 年

三

2019 年，我在大大小小的假期里数次往返于北京与马累。马尔代夫政府已经换了许多的新面孔，又陆陆续续耳闻前总统亚明被法院传唤、其支持者上街抗议的消息。年底法院判决亚明入狱 5 年。

到楼下的沙滩公园走走看看，吹一吹热带的海风。抬头看到马路对面进步党党部大窗户上挂着一张亚明的巨幅照片，旁边用英文写着"释放亚明"的醒目黑色字体。短短一年间，目睹这种人生从巅峰跌入谷底的戏剧性变化，感叹这一朝君子一朝囚的岛国生活的悲催。楼下海边拦截出来的天然游泳池边，多了几个新近落成的休闲茅草亭和木头长躺椅，当地人三三两两坐着，闲聊中看海潮起伏跌宕，海浪轮番冲刷着海岸，这碧海连天的国度此时已经平静下来。沧海变桑田的宦海沉浮，让人无端生出此刻正在见证历史的感觉。进步党党部不远处，就是亚明家新建的楼房，虽然还未完工，但看上去比当地居民楼气派多了，可以眺望大桥和对面岛上正在扩建的机场，可惜卸任总统的居家生活没有安稳几日，就被各种法院传票打断了美梦。

不知道这强者当道的世界，谁才是真正的强者。马路边上，芸芸众生们在日复一日观海潮喝咖啡中重复着他们的人生，好像这个国家谁主沉浮与他们的人生并无任何瓜葛。当太阳在岛国上空升起来，骤然上升的高温会驱散户外的人气，海边一下子变得空荡荡的了。回到楼上，看到远道而来的飞机一架接着一架降落在对面的机场岛，来自世界各地的航空公司不知疲倦地把一批批游客送到这个岛国，给这里的旅游业带来勃勃生机。这个南印度洋上的珍珠岛国，是曾经的古代海上丝绸之路重要节点，近代工业始终没有发展起来，所以经济上以海外贸易和"一岛一酒店"的海岛旅游业为主。海上的浪涛中依稀可见装载着货柜的远洋邮轮，很多邮轮上还有熟悉的中文字体。看着眼前经过的船只，让人恍惚中似乎看到了古代郑和船队曾经经过这岛国时的盛况。只不过当年的船队是如何神勇地穿越这南印度洋波涛激流来到这里，对如今的人们来说真是个谜。

气势雄伟的中马友谊大桥如巨龙一般横跨着海峡，将繁忙的机场岛与拥挤的首都马累连接起来，桥上车流不息。自破土动工以来，大桥每天的进展就成了岛国人日常观赏和议论的热点。每次走在海岸边，看着人群观看大桥不时摆拍的认真模样，直观感受到中国给这个古老的丝绸之路上的岛国带来了什么。也会遇到当地人用听起来有些异样的汉语问候"你好"。这份热情的礼遇，也许是因为中国是这个岛国发展中不可忽略的推动力吧。

当地友人讲过有关大桥的趣事。这是第一座建在珊瑚礁上的现代化大型跨海桥梁，许多当地人没有见过这么大型的桥梁，更无从知道大桥是如何建成的。他们一开始甚至将施工用的那个栈桥误当作他们的梦想之桥了。他们每天在海滩上驻足观望，每当一个桥墩建成，就来一次庆祝，接连庆祝了好几次。当地老百姓第一次见识了什么是真正的中国速度，什么是中国式的勤劳担当。

画了两个飞鹤在海面日落前飞翔，发在社交平台上。有个人把那幅画改了一下，又复制了两个鹤，变成了一行飞鹤上青天。"大桥的第一个概念是不是这么来的呢？"这个人在推文上问。发现马尔代夫人幽默风趣还有点才。

自从有了第一座现代化跨海大桥，马尔代夫人着迷上了，想着建更多的大桥。社交平台上有怀疑论者好玩的话语："可千万别让印度人建桥啦，要不了十年就坍塌了吧。"可我怎么觉得这想象中的大桥那么遥不可及呢。在加尔各答时，一条高架桥路建了一半就没钱了，后来很多年就那么待着。印度人适合拿来主义，凡事想得开，看看人家把英国殖民时期的建筑都一直保留利用得蛮好，加尔各答城区上百年历史的排水管网至今还在发挥大作用，印度人自己在树下乘凉呢。可到了这个小岛国，怎么就争强好胜跑着来修桥呢？

一

卷起人生的遮光帘

来到马尔代夫，没有人能够抵挡其水色之秀美奇幻。我着迷于这岛国的海天一色，顺着天时地利拿起画笔，新手笔下偶然亦会生出奇花异草。岛国人见此类自然天成的画作，格外喜爱，高谈阔论中有人称之为艺术作品，我不禁内心窃笑。

记得 2019 年初闲暇时，先生突然生出雅兴，拿起钢笔作画，他模仿出来的漫画很有些样子，可是画到我的模样时就露出了马脚，看着令人发笑。我们结婚 25 周年，请喜欢摄影的同事阿林拍了几组照片，给年轻时未曾享受过殿堂仪式的我们留下些美好回味。回到北京，从照片中挑了一些，拿起画笔，开始认真地在纸张上刻画出这些生命中不可重复的瞬间。平时在学校里跟着美术教师涂鸦过一些，自我感觉还有些画画潜质呢。画着画着，身心都沉浸在画的意境中，顿觉被隐隐约约的幸福感满满包围着，一发而不可收。画画让遥远的马尔代夫和北京之间的距离消失了，每次完成一幅画就觉得释然放松。这些画摆放在家里，看着心里就很踏实的感觉，也让从前恍惚的时光变得真实起来。

那时，先生在岛国遇上网上毒舌刁难，双方唇枪舌剑，网民也是七嘴八舌，好不热闹。我劝先生笑对风云，不如发几张好画娱乐一下氛围，让岛国人也见识一下大国外交的风范。在政治暗流掀起的波浪中，艺术以一种润物细无声的方式散发出如音乐一般不可言喻的独特魅力，效果出乎意外的好。岛国网民从艺术中看出中国人的善良与美好，感受到中国外交人入乡随俗亲切接地气的一面，也自觉开始举起耙子打起毒舌来。有时各种忙碌中忘记了作画，先生笑说社交平台上有人想念画作了，想问是何故呢。

每次心中涌动着灵感的时候，我就拿起画笔，手指随着心情游走，一切随着心动自然成画。我仿佛又是儿时的我，骨子里天生的自由而浪漫的气息流淌进一张张画作里，自己常常被画中意境感动。画家朋友莎莎看了，对我无师自通创作的写意式马尔代夫美景颇有些吃惊。"这么美的意境啊，可惜画在纸张上了。"她鼓励我转用画布，因为画布可以保存得更久，也方便展示。第一次在莎莎的画室内在画布上作画，竟然有种莫名其妙的熟悉感。午后，我到了莎莎的画室，在夕阳中收官了第一幅马尔代夫日暮水色中独坐茅草屋的自画像。莎莎惊讶于我随意而为的下笔，她原以为我没有足够的时间完成一幅画，准备让我画一片云彩什么的，结果是一幅完整的风景人物画。也是在莎莎的指导下，我平生第一次在自家楼下的湖边写生。那一日盛夏的骄阳照耀，汗流浃背中我学会了户外写生观察事物的基本方法。

二

　　泰戈尔说，人类的天性就是艺术家。他老人家年届七旬童心
未泯，开始涂鸦作画，留下许多独特的画作，这大概是因为诗歌与
作画是相通的吧。想起在渭河之滨的童年时光里，绣花是祖母那一
辈女人的必备手艺。每逢农闲的日子，村里的媳妇们坐在自家门口
在鞋面上娴熟的穿针引线，边绣花边唠嗑。儿时走到村头，看到一
个军属家中新媳妇拿着彩色的绣线，就觉得很好看，站在一旁出神
地看着她绣出一个艳丽的花儿。冬天，喜欢趴在炕沿上看着祖母绣
花，心里想着自己长大了一定要学会这么有意思的手艺。

　　艺术起源于生活，民间的淳朴艺术是一种润物细无声的滋养。
小学放学时回家的路上，会经过老城区小桥边上的一排店铺。一
个小作坊里正在做那年月很流行的卧室木箱，年轻的师傅使用镂
空的画贴在木箱上喷出一幅幅美丽的花鸟。我被小师傅的神奇手
艺迷住了。小师傅专注地干活，抬头发现一个小孩站在原地，盯
着看他怎么喷画。"谁家孩子啊，放学了还站这里看热闹，赶紧回
家去吧。"他和善地说。我这才像是醒过来似的背着书包回家去
了。在 20 世纪 80 年代小城的民间艺人的店铺里，年轻的小师傅
手脑并用在木箱上喷出一幅幅美丽图案，我想这是在乡下看绣花
之外，我接受的最早一堂艺术启蒙课了。也许那些启蒙与那一刻
的记忆一起跑进了我的生命里，神秘地隐藏着，这些从来都不自
知的神秘过往在岁月中沉淀发酵，成为生命中不可或缺的神奇创
造力的一部分。

三

给美国友人、美国国家妇女艺术博物馆前馆长丽贝卡发了几幅画作的照片。丽贝卡回信说，喜欢那些画作，很鼓舞人，也很感性。她鼓励我多多创作，又说文化交流项目是凝聚人心的方法，希望今后有机会可以在中国驻美大使馆内办个艺术展览。一大早收到这样一份情真意切的信，感受到美国友人内心深处对中美关系的关切，也感受到她想尽其所能发挥艺术的天职，以艺术为媒介连接两国人民的美好心愿。在艺术光影中能看到彼此内心世界，这是一种无声地化解分歧的通用语言。也许应该建议她直接给大使写信，陈述她良好的愿望吧。

喜欢这种积极的信息，觉得每一个朝阳都会有新的希望。像当年在旧金山求学时激情满怀一样，人到中年的我心中的使命感忽然又升腾了起来。我可以站在一个新的高度，期待艺术如阳光般穿透此刻雾气漫天的中美之间的天空。雨后清晨，看着阳台窗外含苞待放的艳丽花朵，内心的思绪飘荡到了风云不定世界的远方。深信这个世界一定会好起来的，即使隔着千山万水，也阻挡不了美好与爱的信息。

我不是职业画家，被她喜欢是纯属巧合。因为很偶然的因素，喜欢上了画画，画了马尔代夫大桥下不少时光里的光影，无意中帮助了先生在自媒体上与当地人的沟通，发现通过艺术进行交流很接地气。在这场疫情中，如此实力的小岛国能尽其所能捐助中国一百万盒金枪鱼罐头，真情可鉴。美好生活的画面可以在潜移默化中直通民心，春风化雨般建立起不同宗教和国度之间的人内心情感的桥梁。每个内心光明温暖的人都会似阳光一样散发着芳香，如果这个世界能接纳更多这种积极的能量，积少成多，世界终归会变得阳光灿烂起来。

四

在画布上改了好几次，怎么就不如一开始画的呢？先生正纳闷。我告诉他，天分和勤奋都有才行。理性思维也得用对地方。比如，有些人喜欢思考，就拿着股市行情当思考题，结果被套牢。我感性多一点，每天什么都不看，一进去就跟着心跳的感觉走，结果无往而不胜。世间很多事情是可以通过感性去触摸到的，而理性的科学研究在很多高层面的问题上会显出优势。生活不可以都成了理性。感性让我们体会到更多人生的美好与激情，也更会不失时机抓住机遇。

读一读泰戈尔《人的宗教》一书，从前没有仔细想过的深层精神领域的诸多问题，这本书都会有很好的诠释。生活的需求和艺术的需求，都是支撑着人生一路前行的动力。哪一个更需要投入如此宝贵的时间呢？当下的心灵和情感日益频繁迸发出各种创造力，那么多闲暇时光在有意无意中流淌在艺术的感觉里，这是生活对人最高的精神奖励。泰戈尔的话总能让人看到自己内心最深处。

繁忙中的人生表象如同一块遮光帘，让我们迷失在日常的琐碎中，当真正安静下来的那一刻，这个遮光帘就卷起来了，就会发现自己的内心在流年似水的变换中已经有了丰富沉淀。

岁月如兰花般优雅而不会老去，把青春留在文字里，把爱留在时光的倩影里，把好日子留在心里。艺术、浪漫与理性三位一体，这是人生寻求现实与梦想之间平衡的奥秘。

一

不同寻常的春节

2020 年新年之前，我收拾起行囊，如同以往的每一个假期一样，在期待中飞去一个新的地方。出发之前，照例到先生的单位办理一些手续，并请同事下班回家路上顺便送东西到朝阳门。同事说每天三环内堵车很严重，担心到朝阳门时人已经下班走了。我赶紧电话联系大学同窗歆歆，她说刚开完会，还在班上呢。我说带东西的同事担心路上堵车赶不上，她说随便几点送到都可以。听了这语气，我告诉同事说不着急慢慢开吧，这是个晚上加班一直到天亮的地方哦。说完，忽然想喝一杯，心疼起大学同窗那成年累月加班加点的工作状态，也很想为那些把青春默默奉献给无数加班加点、依旧保持着积极向上心态的外交人岁月而干杯。青春最好的梦想在灯火阑珊处出发，一路上尽情挥洒曾经青春的满腔热情。春夏秋冬，多少幕后英雄们如此低调而默默无语，在每一个岗位上从日出忙到月上枝头。忆往昔如歌岁月，一路上走过的路途已经如此遥远，经过岁月打磨，初心仍像当初怀着梦想出发时那么坚定，全力以赴把青春和能量奉献给了毕生钟爱无法割舍的事业。

万里飞行，落地马累。虽说正赶上旱季，可是被大海环抱的这个孤岛还是无力抵挡风雨的随时光顾。窗外风雨飘摇，风雨中的机场依旧繁忙，飞机在不停歇地起降。下雨天，唯一能做的是喝茶赏花看窗外的海浪啦。原本淡蓝色的大海已经在风雨中模糊成一片。此时此刻听海浪和潮汐声音倒是很应景的。"你好！马累！"静心听海的感觉中，旅途的疲劳渐渐远去，凉飕飕的海风拂面，大海原来也懂旅人的心哦。

也许是时差的缘故，懵懵懂懂凌晨就起来了，在阳台上与第一道华丽的早霞相遇。霞光太美啦，一下子将我从梦寐状态中震醒。当下就拿起画笔追随着这黎明中第一道靓丽的风景，坐在窗前专注画起来。先生一起来发现我披头散发的样子就笑我画痴啊，我说来马尔代夫前就等待着这样子的黎明，一大早就遇上了，真是机不可失去的感觉。等这幅黎明的马累海景画一气呵成后，先生在他的推文中以"马累早安"为题发了出去。一天之内，这条推文浏览数超过了 30,000 人次，得到了 500 个点赞。

最近先生在社交平台上接受各种风口浪尖的烟熏火燎，心火太旺了，牙疼又发作。小试牛刀，很有效果，至少帮助先生灭了一下心火。我长长舒了一口气，这趟马尔代夫之行，也算是做了一点小小贡献。看到先生忙碌的身影，我希望自己的画作可以让他在这个舞台上多一份优雅，多一些友谊。

二

新年第一天，海边，闲庭信步，茅草亭子里有一家人围在一起，在徐徐海风中享用自带的小吃。经过时打个招呼，对方热情邀请加入，又一次享受到了当地金枪鱼做的美味卷饼手抓饭了。一早上就感觉新年的味道很浓，这世界如此友好而祥和。这个有着慈祥母亲的马累人家，祖孙十四口人，可谓人丁兴旺，居住在一个6层的小楼内。我们小坐一会儿品尝了风味小吃，临别时主人家又客气地送了两袋自制的有点儿像冰激凌似的红色冰饮料，袋口上各系着一根黄色的绸布条，看着这红黄色调就带着新年的吉祥安康。

眼前的中马友谊大桥景色宜人。与路边椰树林里闲坐着的几个马尔代夫哥们儿不期而遇，相互热情打招呼。于是乎，坐下来聊一聊。那个小个子奥林格皮肤黝黑，身板硬朗，结实得像一根木桩似的。他居住在与我们的大楼仅一街之隔的居民楼里，是个冲浪好手。每次来马累，经常看见他在海边闲逛，手里拿着冲浪板，见面时会用汉语打招呼："你好"。马尔代夫男人原来也爱侃大山吹牛皮，其中一个说自己就一个老婆，说准备再娶一个，多妻多劳力，他最近开了几个店铺需要增加点帮手，政府应该给娶多个老婆的男人提供补助。奥格林说自己还是单身，如果结婚有补助，他当然会立马结婚。侃大山正欢时，奥格林让我们稍等片刻。他转身离开，一会儿回来了，满脸喜悦地捧着一把色彩斑斓的贝壳送给我。这份意外惊喜让这个阳光灿烂的日子格外美好。

到附近的街上走走，不时遇见猫咪们在犄角旮旯里舒展着身子晒太阳，过着惬意的生活。街头的猫咪家族成群结队地厮混光阴，一边等好人家来喂食，一边找个舒适阴凉的角落乘凉，猫生如此，不管生于安逸或生于忧患，总能活好当下，享受猫生。比照猫生，于尘世中忙碌的人生能否寻得属于自己每一个当下呢？猫类家族和人类比邻而居，繁衍生息，它仰仗于强大的人类，也似乎在提醒人类放慢脚步，享受一下生活吧。

有些喜欢岛国这些聪明的猫民了。忽然明白人为什么喜爱宠物，原来在它们身上寄托着一种穷其一生追求的状态，像猫一样懒

《 早 安 马 累 》

60cm×50cm

油画布

2020 年

散自在，像兔子一样恬淡平和，这不就是我所喜爱的模样吗？在印度那片佛教诞生的土地上，遇到了宠物兔子小黑，看着它自在地晒太阳，啃食青嫩的绿草，在树荫下静静地乘凉，心也随着安静清凉，忘记了天气的炎热。原来人的喜好，源自本能的生活态度。

三

又遇上了一个不平静的海外春节。

到达马累没多久，就被一连串接二连三的事惊到无语了。球星科比乘坐直升机发生了意外，儿子为偶像的突然逝去不停长吁短叹。国内发生疫情的消息如雾霾般来袭，人们在惊惶中关注着疫情变化。落地马累后的心情还没来得及表达出来，就被每日从华夏大地疫情中心武汉传来的阵阵冲击波震到钻心般疼痛，人在异国他乡去面对祖国经历的艰难，内心就如同大海浪潮般起伏不定。

疫情中有人情冷暖。马尔代夫尽己所能为疫区的人们捐献出他们海洋出产的百万罐金枪鱼罐头，想想一个不到 50 万人口的岛国，每个人平均捐了两罐金枪鱼呢。平日罩在面纱下、似乎很少露出内心深处变化的马累人，为远方友好的国度送来了暖暖的祈祷。社交平台上的一段聊天记录暖暖的，让人心生感动。网上甲说，看看这个雄伟的友谊大桥，都是中国人为我们建的，他们对马尔代夫人真好啊。乙说，中国人面临病毒感染的危险，我们能为他们做些什么呢？还是为我们中国朋友们祈祷吧。丙说，我们不要忘记中国人为我们做的事情，集体为他们平安度过疫情一起祈祷吧。马累几个大小清真寺每日有五次祷告时间，一到祈祷时间，很多人进入清真寺祷告，店铺暂时歇业。马尔代夫人为中国人祈祷的这份心，让我竟然觉得平时并不觉得入耳的祷告声此刻变得无比动听美妙，感受到人心相通的力量。

有些阴差阳错，忙碌中的人生偶然被困在马尔代夫，从旱季时来，到雨季开始时离开，算是最奢侈的假期了。老天赏给的浮生偷得的闲散日子，也是少有的。

人生难以两全其美，想要发展就得牺牲一部分生活。过去的年月里，先生的工作在国内外不停切换，从旧金山时期开始，他每次离开北京，对我而言就是一次选择，也因为每个人生阶段都有各种的牵挂，可能是为了一份刚刚开始的工作，为了孩子教育，为了老人等等，"一家人在一起"这个看似简单得不能再简单的心愿，其实并没有一个简单的答案。在陪伴的旅途中，相聚也总是那么短暂，喘口气，歇歇脚，更多时候是身不由己地赶路，最好的时光好像永远都在路上追赶光阴的脚步似的。我似乎已经越来越习惯了。过去，我一个人追着太阳与月亮跑，如今身边有了儿子陪伴，旅途中还多了一个说说话的人呢。

确实，人生最好的风景是在旅途上，最踏实的感觉是在团聚的日子里。

一

山雨欲来风满楼

晚饭后，先生加班去了，儿子写作业，悠闲自在中我独自去楼下沙滩广场散步。海涛声中晚风吹拂着海边高高矮矮的椰树，这么凉快的夜晚一群头戴薄纱的穆斯

《 雨 季 》

60cm×50cm

油画布

2020 年

林妇女正在广场上运动。想着此刻疫情中的中国，担心当地人会不会看到中国人就避而远之。这群跑来跑去的妇女们竟然一如既往的友好，微笑着打招呼。有人拿出一根跳绳，十几个人都在看一个人跳。我在一边伸胳膊踢腿做着运动，有人提议我也跳跳绳子。正在跳的那个妇女很痛快地让出了那条唯一的绳子，我试着跳了几下，觉得刚刚热身几下而已，人群中就有阵阵掌声送上。顿时觉得这份格外热情的氛围让人有些不好意思了。大家邀请我明天傍晚加入她们的水上运动。

国内疫情让人心头压力山大，可是面对这一群热心肠的穆斯林妇女，我觉得马累人很纯朴。回头看见有人带了一个瑜伽垫，我就说借用一下吧。这一群戴着黑纱面罩的"燕子们"都兴奋起来，说她们都带着瑜伽垫子呢。我也顺着大家的兴致建议在海边运动伸展一下，一起做起了瑜伽，解放一下僵硬的身体。在瑜伽垫上自由舒展是我最喜爱的运动之一。在异国他乡让这么多人跟着做瑜伽也是很新鲜的事。当做到最后一个瑜伽动作时，"哗啦"一下子身边围上一群充满崇拜眼神的黑纱们，都嚷嚷着说要和瑜伽老师一起合影留念。今晚遇到这样一群热情似火的穆斯林妇女，其中一个20来岁的女孩子拉着我的手，恳切地说明天一定来教瑜伽，中国老师。好吧，为了这份看到中国人就面带微笑的友好马累人，我答应再来一次瑜伽课。

二

所有来往马尔代夫与中国的航班，在这场看不见的疫情中突然停止了，中国游客正在快速撤离，数天里已经有一万多笔旅游订单取消。多年来，中国是岛国最大的游客来源地，疫情来袭时，这个弹丸之地可能比地球其他地方更早更真切地感受到寒意。

每个人在家拿着手机电脑工作。不管你走在世界的哪个角落中，上网就可以继续工作，人被隔离，工作却要继续。

21世纪初，流行在硅谷的美国梦之一就是：在家工作，即使你远在地球村另一端。

国际学校网课开始的第二天，一群地球人在不同时差中通过网络开会交流：视频里看见讲话的人，亦可听见彼此讲话的声音。

当年很多前卫的科技公司，在聘用员工时给出的一个优惠条件就是远程工作，许多电脑程序工程师们率先实现了这个人人羡慕不已的梦想。但是高科技也意味着高风险，在科技的大浪淘沙中很多人的命运起伏跌宕，第一批吃着了美味螃蟹的，也会随时被大浪冲到沙滩上。

作为文科生，我觉得自己只有观看那场盛宴的份儿，毕业后第二周以神奇的速度找到一份与中国有联系的市场工作，那就是我的美国梦了。那时，闺蜜开蒙最接近实现在家工作的梦想，她经常在家开视频和电话会议，我心目中只有少部分幸运的硅谷精英分子才会实现完全在家工作的愿望。

二十年后的今天，一场突如其来的疫情，让中国这么一个十几亿人口的大国一夜之间进入了举国抗疫的紧急状态，我亦莫名其妙地实现了当年离我特别遥远的在家工作的梦想。在科技的发展和各种现实条件的结合下，无数人曾经最渴望的未来理想生活画面，以另类并不轻松的形式来到眼前。

三

马累生活平静如初。楼下的沙滩上大人孩子都在休闲中，或在水中嬉戏或在长椅上发呆或在周边转悠。我戴着口罩下了楼，看见老树上新鲜的黄色木棉花盛开，心情明朗了些。对面的马尔代夫爸爸带着两个孩子在做游戏。广场上的鸽子在一群孩子的起哄中都飞了起来，如同对面机场岛上空寻找跑道降落中的飞机，优雅地盘旋在低空，看着地面安全了，又舒缓地着陆。那好心拿着食品出来喂鸽子的一家人正在体验他们的幸福时刻。几个可爱的小孩在沙土上坐着，看着从爸爸手指间撒落的谷粒引来一群鸽子觅食，兴奋地拍手，逗着鸽子尽情玩耍。草棚子下木秋千上的妈妈们和少女们头戴各色鲜艳头巾，惬意地乘凉看海。

在广场四处走走停停，看到清真寺旁边的足球场上有人依旧顶着当空烈日在踢球。足球在马尔代夫很普及，拥挤的马累随处可见大大小小的绿色足球场，每到夜晚，球场上灯火通明，球迷们乘着月夜的凉爽，在海风助阵声中踢上几脚球。记得 2018 年世界杯决赛的时候，酷爱足球的马尔代夫人聚集在马累街头看球，不时传来阵阵欢呼声。去年，我观看了中国外交官和马代移民局官员们之间进行的"大使杯"年度足球赛。每个马尔代夫的男孩都有一个足球梦，当时遇见一个叫利安的 5 岁小男孩，身穿一件运动衫，早早来到现场为他爸爸加油。至于马尔代夫为何如此重视足球，当地人解释说，岛国青年人多，地方小，有不少人走上了吸毒的歧路，体育运动可以帮助青年人发泄过剩的精力。

走到路边，看到一棵鸡蛋花树，虽然不是那种常见的根深叶茂的大树，却头顶着一簇簇浓密的鸡蛋花，阵阵香气扑鼻而来，忍不住采摘几朵浓艳的鸡蛋花回到了茶室。这艳丽的花朵放在一个小巧的茶杯里，显得那么清新脱俗，低头喝茶时看着，心情顿时明亮起来了。尽管国人被疫情浓雾笼罩，但滋养万物的太阳犹在，马尔代夫民众善良的祈祷声犹在耳畔，生活会在激流勇进中一路前行。坚信艰难时刻终会过去，万众一心携手走出疫情的浓雾，希望的蓝天终会再现。

夜晚，半月悬空，海涛声声，带着瑜伽垫和马尔代夫妇女在温柔的海风中一起做着瑜伽，听着她们用地方语唠家常，事后用了半瓶子的老虎油帮这群常年因潮湿气候而腰酸背痛的黑头巾们祛除一下疼痛。这群淳朴的穆斯林妇女在真诚相待的中国人面前解开了神秘的面纱，一个个都是那么的笑容可掬，与平日所见的头裹黑纱不苟言笑的表面印象完全不一样。原来爱心才是这世界最好的沟通语言。夜色阑珊中的马累街头，听着迪维西语"你好"，还有人用中文问候。海风暖暖的，人心也是暖暖的。

没了珊瑚就没有岛国

一

乘船去附近的居民岛——可乐岛，参加马尔代夫珊瑚群环保研讨会，在会议现场一个很有力量的标语前驻足："马尔代夫的生存仰仗于珊瑚群的生存"。马尔代夫人常挂在嘴上的一句话就是，没有珊瑚就没有了珊瑚岛，也就没有了马尔代夫。这句话蕴含着自然决定着人类命运的道理，让我深思良久。

面对严峻疫情，芸芸众生在大自然的反扑中惶恐不安。人若敬畏自然，自然母亲的怀抱才会最终成为脆弱人类生存的温暖港湾。如何不被现代商业利益所主宰、在持续发展中顾及自然的承受力，这是一个全世界面临的课题。自然力是平衡着人类生存的杠杆，这个杠杆倾斜了人类就无宁日可言。这个时代，一方不宁，何谈四方安宁。

脑海中出现了泰戈尔的诗歌，学着他老人家的思维写下一段感慨。

当自然呼唤人类的关爱以保护地球美丽的外表，我们像聋人一样忽略了它，继续我行我素。

当自然痛苦哭泣，呼唤人类治愈她伤口，我们依然像聋人一样继续自娱自乐。

当自然生病发怒、不再像从前那样给予时，我们迷惑了片刻，仍期待她来日继续给予更多。

当自然如同孤独黑夜中暴风雨一样对着人类宣泄其痛苦时，我们开始感到不安害怕了，担忧那黑暗暴风会带来未知的更多厄运。

人类等待自然平息怒火，意识到应该为过去的无知说一声对不起。

人类开始全身心地关爱地球，这是一个全新时代的开始。这是光明穿透黑暗的唯一路径。

二

前总统纳希德主持研讨会。说来很巧合，前几天我和先生从公共海滩游泳归来，穿过大桥建成后交通日益繁忙的马累主街道回到使馆楼下，忽然身后一排车子驶过来，停在马路上，一辆警车歪着停下来。抬头看到车上走下来一个人，竟然是那个曾经带领一众人马在海水下开会的前总统纳希德议长，他穿着岛国人喜欢的格子条上衣，显得身材修长了一些。不知道他后背长了眼睛还是随从告诉他了什么，忽然转头径直向我们走过来，先和披着浴巾的先生握手问候，又过来向我伸出手。他每次见到先生都这么客气又不失礼节，却依旧让人觉得心里不踏实——虽然这会儿他不管说什么脸上都是笑嘻嘻的，但一转身就会露出他的本相，让人不知道他下次又会说些什么话。这人与先生在社交媒体上已经交锋了好多次，最近一段时间好像安静了一些。路上偶遇，彼此笑眯眯地握手问候一下，好像什么事都没发生过，我心里觉得好生奇怪。

三

主持人纳希德请参会者发表意见。马尔代夫政府里一个颇有威望的老者对着纳希德直言不讳地提问：你精通于搞政治，你可以使用政治上说服别人的技巧来做好全民环保的工作，干这个活可比搞政治简单多了。纳希德哭笑不得地把话筒交给下一个提问者。

有人站起来说，请你们在未来十年停止填海造地项目，你可以做到吗？纳希德又一次打了太极，不置可否。发展是这个岛国的迫切需求，可是不可逆的日益严重的环境问题也关系到民生和子孙后代。这几年搭上经济快速发展的列车，马尔代夫有了现代化的大桥、新的机场以及设施完善的民居建设，刚发展起来就回头看环境的损失，也算是亡羊补牢，为时未晚吧。

渔民代表讲话，没有好的海底环境就没有鱼可捕了。多么朴素的声音，这个岛国一日三餐都是吃鱼，没有鱼捕了，简直就是自断生计了。

加拿大的专家发言说，全球气候变化是另外一个挑战。鱼类和珊瑚礁之间是特别敏感的生物链平衡。很多地方用化学试剂，甚至炸药来捕鱼，而马尔代夫传统上一直都是手持鱼竿钓鱼，很环保。

这时，农业部长扎哈也跟着马尔代夫总统一行人来了。她前天晚上在日本使馆活动上，告诉我马尔代夫正在使用各种自然的方式，比如饲养大量的鹦鹉鱼来帮助复活珊瑚群。她说喜欢我画的马尔代夫风景，有时间想邀请我去农业部的项目研究基地，去看看海底世界的神奇。

马尔代夫很多高官都是女的，我看到的国防部长也是位女性部长。都说女性服务意识更强，好像真是这样，也许因为经营家庭的经验让她们的灵敏度和服务意识都更好吧。正想着，可乐岛上清真寺里传来提醒祷告的声音，讨论暂停了一会儿。

有人发言说，很多市场需要的不是马尔代夫可持续生长的鱼群，而是那些吸引游客眼球的珍贵海洋鱼。我们宁可丢掉这部分国际市场，也要保护好有利于保护珊瑚群的各种鱼种。应该出台相关法律，保护好海底生物链。

来自帕劳的学者说，帕劳是一个小岛国，发展更加缓慢。帕劳每年也有 10 万游客。不断增加的旅游需求，也同样给环境造成了压力。

室外会场就像是一个氧吧，讲台正好设在大榕树下，背后是一片椰树林，海风吹着让人很舒服。四周的彩旗在海风中飘扬，上面有一些保护环境的口号。纳希德是一个很会主持会议的人，他请来自美国的教授上台现场答疑解惑。他先抛出一个问题：未来 10 年的持续开发，会对珊瑚群产生何种影响？然后就走下讲台，在听众席上端坐听讲。

感到腹中有点饿了，就去村里转了一圈，看到一个生意很好的当地餐厅，进去买了几个咖喱角，边走边吃，村民们很好奇地看着外国人经过这里。正想着这里很像是我曾经去过的巴厘岛的吉利岛风情，正逢会场上印尼代表发言讲述印尼如何保护珊瑚的。这个印尼人说得很生动形象，大意是说各个岛国都在与躲在暗处的各种商业利益角力，在发展与环境保护之间找到平衡点。记得 3 年前我去印尼吉利岛，四周看到的蓝色珊瑚群像是海底宫殿一样美轮美奂。来到马尔代夫后下海看到了这里的珊瑚家族正在衰竭、挣扎的模样，很扎心的感觉。好在马尔代夫人清醒了，开始重视起来。

会议气氛不错。这里的研讨会很符合西方辩论的精神，明辨才可看到最好的方案。

美国教授点评说，目前快速传播的病毒是来自大自然的狂风暴雨。环境问题正在让人类面临无处不在的危险。环境恶化会让每一代人都如履薄冰。每个人不应该远远地观看如何采取措施，而是需要从自身做起，从身边做起。纳希德拿过话筒接着这个话题用迪维西语又说了些什么，众人不停叫好。

加拿大大使也从斯里兰卡赶过来出席研讨会。他大谈以前加拿大过度捕渔造成的问题。他很谦和地说，中国和澳大利亚等各国都会一起帮助解决这些问题。真是常年搞外交的会说话。

会议结束了，正是岛上的祷告时间，陪着斯里兰卡的代办往海边码头走，这居民岛的路有些不平整，她的高跟鞋跟掉了，出门穿错鞋好尴尬呀。我和她只好慢慢地跟在众人的后边走。幸好前面

马尔代夫总统的船刚刚出发，后面又来一条船，我们顺利上了船，
回到马累。

海边探宝人

中马友谊大桥边上的海滩越来越干净了，每天
海边晒太阳游泳的大都是本地人，偶尔会遇上个别
外国游客。海边漫步，看到一个人在晒太阳，旁边
搁着一件金属探测器。2017 年去洛杉矶的后花园圣塔莫尼卡海滩，
看到很多中年男子在海边整日地用这个工具探测海滩。美国经济
不好，看到很多天没有收获的探测者们一脸失望的神情，让人觉
得一群以此为生的中年美国人的生活真是令人心酸。每次海浪冲
上来一堆泥沙，探宝人就带着希望而去，却往往失望而归。这种
小孩子过家家玩探宝一样的玩意也会有西方人当成职业啊。

在马累的海边再次看到有人携带这个探测器，我来了兴致，很
想了解一下这个满世界探宝的人都探测过什么有趣的财富。这个
人来自英国名叫菲利浦，曾经是潜水特技演员。他说自己曾经寻
找到不少金银首饰，其中很多都是西方人的订婚、结婚戒指，都
是在潜水或者游泳时不小心掉了。菲利浦特技演员的生涯中，有
一次从 30 米高的看台上跳水，结果不小心伤到了肩膀，特技演员
的活儿再也不能干了，他开始了这个满世界寻宝的新职业。不过
他之前的稳定职业带给他一笔很有保证的储蓄，所以他很轻松自
在地到处游走寻宝。有一次在泰国的普吉岛他试图帮一个美国人
寻找掉到 40 米深海底价值 3 万美元的结婚钻戒，结果徒劳无果，
因为那个地方水太深了。说话中我能感觉到他还在为那个值钱的
钻戒依旧躺在不为人知的泰国海底遗憾呢。很多时候，他找到的

戒指上还雕刻着失主的姓名电话和地址，他觉得还给失主更有意义，因为这些首饰记载着人的情感和故事。失主找回失而复得的戒指，自然十分高兴，也会付给他一笔奖赏金，双方都皆大欢喜。他常年都在亚洲的海洋国家周游，正如我在洛杉矶海滩所见，他说西方人以海边探宝为职业的人太多，竞争太大了，所以他选择在亚洲探宝，因为亚洲人好像对这个职业不感兴趣，他没有竞争对手，收获颇为丰厚。看到我是个中国人，他笑着说他去过中国的西安，在陆地也探过宝，在西安他收获了不少的铜钱古币和古代的勋章，那里探测到的东西都很有意思。不过在中国这个遍地是古董的地方，他的金属探测职业是不被中国法律所允许的。他下海探宝见到更多的是游客们不小心丢失的水下摄影机和手机，如果条件许可他会尽量还给失主。不过现在的人都在设备上设置密码，让他找寻失主的工作变得困难了。在海底，如果看到瓶瓶罐罐的垃圾，他也会捡拾起来带回到岸边上，让海底世界环境变得更好。

说话间，我对这个从前不了解的职业有了很多新的认识，也对他们探宝的同时对地球海底的环保行为肃然起敬。眼前这个皮肤黝黑、性格开朗的英国人的探宝经历，让人听了感觉好开心，我说："朋友，你收获的都是你应得的。"

这次在马累附近的度假岛上，他使用探测器打捞到了两个金戒指，不过上面都没有姓名。在马累的公共海滩，他遇到的都是可乐瓶子之类，只能捞出点垃圾为环保做工作了。我想起3年前我在印尼巴厘岛的海滩上见到大浪冲过来一枚漂亮的白金祥云戒指的经历，于是分享给了这个寻宝的猎手。

他说，下午他就结束在马尔代夫的探宝，准备前往印度的海边城市试一试自己的运气。我祝他好运，希望他在印度古国有所收获。

一

岁月
清道夫

三月初，一位意大利游客从马尔代夫回国后确诊。此人在旅游岛上出现了症状，之后来马累住宿，从这里购票回国。看来岛国的人们还不清楚这病毒的厉害。马尔代夫对来自意大利的航班立即采取了限制措施。

外国游客回国后确诊，打开了疫情的潘多拉魔盒。有海底餐厅的马库雷度岛已经封闭，上千名游客和工作人员就地隔离。这印度洋的微小之地看着岌岌可危了。

已好久不见中国的航班，许多订单已经取消，中国游客只出不进，岛主们叫苦不迭，本来还盼着航班能早日恢复呢。现实比预想来得更加残酷，现在马累自己有问题了，对岛国的旅游经济真是致命一击。

马累公共卫生条件根本就应对不了这个情况。很多家庭都是人口众多拥挤在一起。当地商店里的口罩涨了几倍还被抢购一空。看来除了不出门，还得囤积点儿土豆之类的生活保障品了。前些天看见修大桥的老李他们整卡车的囤积土豆洋葱，还是老江湖们行动快呀。

疫情逼近，气氛开始紧张，觉得出门很危险。三八节无法举办任何集体活动，瑜伽成了休息放松又健身的唯一办法。游泳活动也在注意安全的劝说中取消了。

现在人到处游走，就像互联网信息传递一样，病毒传播也是分分钟的事。稍不慎重，就难以逃脱魔掌，也许去个孤岛待着会安全些。

二

因为出现了输入型确诊病例，马尔代夫宣布进入为期一个月的公共卫生紧急状态。街道上的行人戴起了口罩。

窗外南印度洋上方阴云密布，大海波涛汹涌，悲天悯人的自然之神也要落泪了。正值午间祷告时间，在风吹雨落的飘摇中，不远处的清真寺里起起落落地传来祈祷平安的微弱信号。

广场上，一群极为饥饿的鸽子从天而降，落在我的脚边。鸽子喝的水一点儿也没了，感觉已经弹尽粮绝，这个生命部落面临着严峻的考验。看着这些穷困潦倒的鸽子们抱着希望而来，而我身上一点儿吃的也没有，觉得很歉疚，大声对着一群发出咕咕咕声音的鸽子说声对不起，内心歉疚感好像消散了不少。

在海边溜达一圈，碰见从外岛回来的加拿大人琳达。上个月她也参加了可乐岛上的珊瑚群环保研讨会。她说，这里有老板发不出工资，外籍员工开始失业了。很快这里就是一个孤岛。出不去，进不来了。

琳达一看形势不妙，赶紧溜了。过了几天收到她发来的邮件，说她已从马累绕道迪拜到了纽约，见到朝思暮想的儿子。美国股票又出现了新的熔断，开始限制欧洲人入境，她庆幸自己反应快及时回来了。

三

国际学校准备安排外籍老师集中到新加坡统一网络授课的计

划刚刚发出去，新加坡就开始实施国外入境者 14 天隔离措施。校
长又发来邮件自嘲说，英国老话说得对，人类各种捉老鼠的计划
都会临阵泡汤。国际流动越来越困难，现在最好原地不动。

上完网络课，下楼去游泳池准备醒醒脑。有几个青壮年在池
子里泡水，看得出他们的眼神不时盯着岸边的任何动静。一个妇
女把自己从头到脚包裹得像一个粽子，脸上蒙得一点缝隙也没有，
各种颜色搭配像一条色彩斑斓又有些色素沉淀不均匀的热带鱼。
她发现来了人，也警觉地游向另一端去了。我乖乖地选一个离他
们有些距离的台阶下去，游了一会儿，结果抬起头再看四周，不
由得愣住了……

后来想考验一下家人，就出了一个脑筋急转弯：在马尔代夫
的公共海水里有三个人，这时候岸边来了一个人，海水里有几个
人呢？大家都答对了—— 一个人都没有。

岸边树荫下来了个清瘦的欧洲游客，百无聊赖地看着手机，
马累的酒店和民宿已经不接待国际游客，他可能是无处可去，只
能在海边上发发呆了。旁边本来还有晃悠的马尔代夫人，一转眼
工夫已经不见了人影。

"他人即是地狱"，这是大学时老师介绍过的哲学家萨特的名
言。那时怎么都想不明白这个哲学家的世界观。此时此刻似乎有
些应景。

四

加拿大人琳达从纽约急急忙忙往老家赶，刚踏上国土，加拿

大政府就宣布关闭了边境。她准备在卡尔加里小小的一居室家中隔离两周，及时到家的满足感和幸运感溢于言表。

泰戈尔说，人在书斋里会崇拜文艺女神，在客厅里会崇拜财富女神。人的时间如果都花费在谋生方面，精神世界的工作就难免会停顿下来。外界的喧嚣使人昏昏沉沉，听不清本性的自白，在各种不安定外界条件变更中，人们内心的需求也受这些变化的影响。泰戈尔还说过，在狂风暴雨季节，由于见不到北斗七星，人会迷失方向。在社会车轮的趋驱下，很多人都在忙碌中盲目地随波逐流，只是因为已经看不清内心的方向。

瑜伽之后片刻的宁静中内心更清静了。在不长的人生中，人本来应该按照自己内心的感觉去设计属于自己的生活模式。又对这一次全球危机和环境恶化中的地球现状有些感慨，人类好像为自己现代化中过度开发资源交了一笔最昂贵学费。是时候人们从利益和贪心中脱离出来了，还原纯朴的本心，也应该还给地球资源生长恢复所需要的一段岁月和宇宙自然还原归位所需要的一个空隙。突然暴发的疫情让运转越来越快的历史车轮子骤然停顿。瘟疫如同岁月清道夫，以恐怖的面目出现，让人类重新敬畏自然，并且主动清理内心堆积如山的物质需求，还原万事归一的本心。人在地球村被迫静止的时候，犹如瑜伽后的静止一般，看到内心深处的根，人类到底会悟出来什么呢？人类重新调整步伐后，会接着去追赶着什么呢？我希望这个期待的答案不再是"利益"二字。

一

外国游艇已经被限制入境和停靠，从国外来马尔代夫的人需要隔离，防控措施越来越严。有个旅游岛举办了一个特别欢送会，把岛上最后的两个"钉子户"客人欢欢喜喜地送走了。马尔代夫人对游客看得比什么都重，他们了解游客对这个岛国意味着什么。

我本来想乖乖地在家里待着，可是不接地气就会头晕眼花，还是壮着胆子下来了。岗亭里的警察远远地看到我，两眼放光，就像是通缉犯出现了。街头居然也横着放了几个隔离桩，往来车辆绕着驶过去了。警察看了我几眼，并没有想劝阻的意思。

几个马尔代夫人在海边游泳池里远远地待着，好像彼此认识。过了一会儿，一对父子上了岸，从凉亭下拿来了一些洋葱，回头使劲往水里撒。这回真遇到了让洋葱灭掉瘟疫的马尔代夫人。从前读过一个故事，大意是说欧洲瘟疫流行时期，一个街区只有一家人安然无恙，后来发现那家人的厨房有很多洋葱，病菌被洋葱灭了。看来马尔代夫人还是觉得自己有一些土方可以对付瘟疫流行，所以日日还会有人出来活动。对岸机场停机坪上，几架飞机也一动不动待着，偶尔有飞机降落。街头的咖啡馆还开着，里面空无一人。

一对白鹤飘然滑翔在水面上，其中一只过了一会儿落在人工沙滩的礁石上，停驻良久。原来这只鹤是在水中找鱼呢，看到它朝飞水浪花里啄了几口，果然捕获了一条小鱼，脖子动了几下就吞了下去。这仙鹤落入凡间，此刻也如饮食男女一般在找自己的晚餐呢。看到它在浅水中来回走着的细长腿，有着芭蕾舞者般的

《 游 泳 池 》

———

40cm×40cm

油画布

2020 年

美。一身羽毛真像是舞者裙子一般短小，它的身姿因此格外显得如此亭亭玉立。时光凝固了一般，我陶醉在这自然之美的舞蹈中，不知不觉天色中的黑纱降落在水中。仙鹤落在这暮色苍茫的海中央，越来越像是某种传说中的画面。天地之间，唯美而安，这夜色宁静的感觉中，冲淡了白昼留给世界的一片浮躁与喧嚣。夜色完全笼罩了水面，白鹤也完美收官了。它昂首挺胸，起身飞翔而去，留下一抹优雅的舞者般飘逸的美。

沐浴在夜色下的海风中，一下子觉得神清气爽起来。在这自然之美的感悟中，我依依不舍往回走，忍不住回头看看远处仙鹤消失的方向，也许真会有仙子下凡驾鹤而去的奇观吧。所见即所得，这一刻内心充满了自然所赋予的纯美。

二

大桥一侧冲浪的人越来越多。看来大海的纯净可以安稳人心，马尔代夫人还是觉得大海洗涤污秽的能力很强。在靠近冲浪区的海滩边上蹚水，捡到了青花瓷两块，比之前捡到的一块有着更加清晰可见的画面。从前马尔代夫的居民岛上还有古代海上贸易运来的中国明代青花瓷器。马尔代夫的博物馆里收藏了一些，瓷器底部有中文字样。

我就像一条来自远方的鱼一头钻进海水里，水底世界一片宁静清澈，平日所熟悉的五色斑斓的鱼群还在啄着岩石缝隙之间的水草，忽然在石头缝里看到了一个似乎游不动的红石斑鱼，我游到它身边，觉得它就像那些晒皮肤的老人一样，精疲力竭地在那儿歇歇。这条鱼睁着圆圆鼓鼓的眼睛看着我凑到跟前，挣扎了一下，居然起身游了起来，带着它满身的斑斓沧桑躲到石头后面了。我忽然觉得这条鱼很神奇，它让我联想到老人的年老时光。阳光透过水面照到它的皮肤上。我怜悯地看着它游走的身影。等我一会儿又回到第一次看到它的地方，发现它也神奇地回到原地。哈哈，原来这里是它舒适的老窝啊，这一次我没再惊动它，让它安静享受时日不多的老年时光吧。

心里想着这样一条神奇的鱼，我拎着包包，浑身湿淋淋戴着口罩走回去，一回到楼上，窗外瓢泼大雨倾盆而下。我暗自庆幸，觉得是那条老鱼精看我不欺负它的年老，而在冥冥之中保佑我踩着点回来吧。天空的青云已变成乌云，可是瓢泼大雨一转眼又变成了淅淅沥沥的小雨。马累街头空寂无人。

三

正是落潮时，游泳池里的海水浅浅的，海水绵软无力地晃悠着，没有想下海的欲望。不远处海里有人在浮潜。刹那间，我来了个少年之时的勇气，慢慢地越过台阶，小心地踩着点，接近了海水。低头看下去，这片海水比人工海滩那池水清澈见底多了，很多鹦鹉鱼在石缝之间游来游去，海胆也隐约可见。这里浪涛很急，拍到身上有疼的感觉。我拿着浮板，带着泳镜在海里游，清爽的海水还是让人身心舒爽。远处浮潜的人看着就身强力壮，一副无畏无惧的海上行家的架势。游了一会儿，我把着石头准备回岸边来。那个远处浮潜的人看见了，兴奋地游过来向我招手。我也友好地冲着他挥一挥手，问他此处海有多深，他说五六米深吧。他挥挥手说去游一圈，我说今天够了。我害怕力气不够游远了游不回来。这个岛国魔幻般的海景很吸引人，但也暗藏着玄机和风险。

经过冲浪区的海滩，一个男子把钓到的鱼剖腹后放在岩石上晾晒，一股浓烈的鱼腥味钻到鼻子里。那男子很开心钓到一条很大的鱼，他找了一个矿泉水瓶子，裁到半截子，把鱼肉放入，准备美餐一顿。

夕阳西下，海上的风景变化莫测，色彩无穷的晚霞转眼间就消失了，抓拍了一张兔子形状的晚霞云朵，真有些传说中的天宫仙境的感觉。日转星移，夕阳刚刚下去，上弦月牙就急急地陪着那颗最亮的星星在远方的海平面上升了起来。海上生明月，海色渐淡，大桥上的灯也亮了起来，只是没了往日川流不息的车流。昼夜不停更替，一切衔接的那么恰到好处，究竟谁主沉浮呢？自然之神一定藏身在某个未知的地方，主宰着万物轮换。它一旦发觉了大千世界的失衡与不公平，就会现身打抱不平，感觉这次疫情就是自然力存在的最好明证了。

四

下楼喂养鸽子。鸽子已经匍匐在地，像战场上精疲力竭的士兵一样倒在地上。下楼时厨师从冰箱里找了冻结了的饭团，说放在阳光下，一会儿就会解冻。等我从游泳池上岸，太阳下一群又饥又渴的鸽子没精打采地等着。有几只鸽子饿得发慌，就胡扯地

《 双 鹤 》

———

50cm×60cm

油画布

2020 年

上的塑料泡沫吃了起来。打开饭团子，面儿上都化了，这时其他地方待着的鸽子也都飞过来了。剥离了化掉的米粒儿，还剩一个冰疙瘩。想办法分成了两个，放在地上，结果这群鸽子就兵分两路绕着饭团子继续早餐。下回还是带点儿新鲜的，也让它们省点力气，保存实力平稳度过这疫情时期。

　　人工海滩的池子里已经空无一人，椰树林边遇到了很友好的小个子邻居奥格林。这个日日冲浪的马尔代夫人指着海上不远处潜泳的人说，都是他的哥们儿。见我拿着浮板，就带我看一下他们平时冲浪下海的路线。我跟着他走在一米高的堤坝上，走走停停，这小个子走得快，在前面坐下等着我。我看见了这些冲浪人下海的秘密通道，果然这里有一个平整的长条石板藏身在海平面上的乱石之中。看着我几件套都带好了，小个子就开始引着我一步一步来到下海的石板上，然后转身又回到堤坝上坐着。

　　想着前些日子在海中看见的海胆，我在石板上坐下来，脚踩着石头一下子就站立在海水中了。记忆中印尼巴厘岛潜游的经历很愉快，我想也没想就一头扎进水中。顺畅地往外游出去几米就看到嘎杜海沟的真面目了。这里的海底像是一个人类废弃的仓库一样散发着岁月积累下来的陈旧味道，几条彩色的鱼飘舞在岩石上，看见粉色海草在碎石堆积的海底不时发出微弱的亮光。往外再游出去，感觉自己就是一只鸟儿驻留在高空俯视着深深的山谷。这里离大桥不远，偶然能看到大桥施工时期的铁脚架躺在海底石头上，修大桥的老李最近还说他们一直在努力打捞海底杂物，受海上涌浪的影响，打捞作业时断时续。

　　努力往岸边游回去，可游来游去感觉有点费劲。好不容易到了浅水区了，脚偶尔能碰到岩石站立片刻。这时水流很急，而且是一股反方向从岸边向着深海去的力量，我觉得力气越来越少了。停留的片刻，向着岸边的小个子挥了下手，希望他能明白我力气不够了。可是小个子纹丝不动坐着发呆呢。我在一块石块上停留片刻，深深地换了口气，镇定一下情绪，觉得最差也就保持漂流姿态，不管漂到哪里了。正在我胡思乱想的当儿，感觉脚下着地了。在离开岸边两米的沙地，站了起来，走回来时的石板边。小个子从堤坝上伸出手拽了我一把，还笑着鼓励说今天游得好棒。我说，我在海里向你做手势，需要帮助，你怎么不动呢。小个子说，放心，我坐在这里给你当救生员呢。嘿嘿，文化差异，小个子以为我在水里游得高兴才招手呢。这回领教了一下洋流的凶相，有惊无险中上了岸，这里以后可不能再多游了。

回到楼上，发现海边一个马尔代夫人使劲地往沙滩上摔打，远远地看着好玩，用相机镜头拉近了一看才明白。前几天，小个子奥格林说他们每日都吃这个鱿鱼，缺了就自己下海捞。我当时以为他吹牛呢。马尔代夫人不愁吃的，看看人家海里游玩的时光，回家就有现成的海鲜进厨房了，多么让人心安的健康食材啊。我怎么从来没有遇到过大鱿鱼可以享用呢？马尔代夫老百姓在自然的馈赠下，依旧享受着幸福居家小日子。

五

周五下午，穆斯林人做完礼拜，纷纷离开清真寺，街上的行人明显多了不少。楼下的秋千上已经坐满了妇女，人工沙滩边上是三三两两的年轻人。

疫情发生后，世界人都在看中国。可没过多久，剧情就戏剧化逆转，中国的援助物资和大爱情怀已经延伸到世界各个角落。中国援助的第一批抗疫物资抵达机场，马尔代夫人欢天喜地地发推文说他们太爱中国了。

水池子里空无一人，我赶紧下去游泳。那个仙鹤如约而至，夕阳下，一只黑色的猫咪也出现在岸边，这只猫咪看着美丽的仙鹤流着哈喇子。我在水中看着它们对视的样子，颇为滑稽，就像是街边的流浪汉看中了美丽公主那样的场面。果然，这只鹤全身的毛孔都竖了起来了，头上那标志性的一小簇黑色的顶也立了起来，就在猫咪越靠越近的当儿，鹤腾空而起，飞到了猫咪攀爬不到的另外一边，这猫咪傻呆呆地看着美丽的公主远去了，独自站在石头上，垂头丧气地走了。

六

开完网上家长会，赶紧下楼运动气血。海水里游了一会儿，看到平日见过几次面的马大哥像个孩子一样认真划着船听着音乐，跟他远远地打了招呼。这一次马大哥居然摘下了墨镜，问我记不记得他。我觉得他问得好奇怪，我们是在海水里经常碰面的熟悉陌生人。马大哥接着说上几周他每天在海里浮潜，那一次叫我下海的就是他。我想起来啦，还真是这个皮肤黝黑，笑起来牙齿洁白的马大哥。记得那天池子里水很少，看见外侧海面上有人浮潜，我站在海边羡慕地张望。这个马大哥技术很好，他远远地鼓励我下海。在水边见到了不少当地人，还是实诚人居多，慢慢地开始了解这个民族内敛保守中带着真性情。

游了一会儿后，马大哥已经在椰树林里收拾充气船了，他积极乐观爱运动，是那种发自内心的开心面对生活的人。我也打道回府，远远地冲着马大哥招了招手。岸边上开始有零散的闲人出没，一个穿着纱丽的妇女颔首低眉微笑而过。又一个阳光灿烂的日子来了，冲浪者在浪尖上继续尖叫欢呼，享受着大自然给予的游乐场。

岁月溜溜

一

国内疫情中，学校改成了网上授课。为了让孩子们专心学习，老师们连清华大学老校长梅贻琦在国难当头时那些励志的话语都发在网上了。"夫国难维已至此，然吾人决不可自坏其心理上之长城；大局虽不可知，然而吾人自己之职责绝不可放弃，万一不幸，本校亦当在此'水木清华'园中，上其'最后之一课'，国家虽弱，正气不可不存。"——梅贻琦《致全体校友书》（1936年4月）

暗自庆幸，小蝌蚪这个附中还是上对了，老师们都有着西南联大时清华精神的传承，相对于现在浮躁的社会，孩子们有一个安全清澈的校园环境，学海无涯中有了航行明灯。

小蝌蚪每天不用人叫醒，清晨五点就自觉地在外面的祷告声中起床了。父母的关爱体现在此刻，需要时不时地犒劳一下他，提醒他注意休息，多锻炼身体，不能光是低头辛苦上网课、做作业。在这个年龄，身体迅速长高，知识面也一直在日复一日地努力中丰富，此时忽然萌发了一种内在的动力，让大人们叹为观止，清晨早起的鸟儿明白自身努力很重要。这大概是 2020 年我的所见所闻中内心觉得最好的一件事了。

这次疫情危机让大人有时间走进小蝌蚪成长的内心世界。往昔匆匆而过的年华中，小时候的美好时光都太过快速地消失了。

在这个充满能量的小世界里，依旧住着一个往昔岁月里我所熟悉的可爱小男孩。想起在印度时，随手一拉他那稚嫩的双手就让小男孩很嗨很开心。如今，他长得如此之快，已经让我仰望他了。

每个少年人都经历过先立志，建立心中的理想，然后再励志一路朝着理想奔跑的激情岁月。小时候我和发小宝琴经常互勉的那熟悉诗句"梅花香自苦寒来"，此刻浮现在脑海中，不知道此时在太平洋彼岸独自创业的发小，在异乡打拼中是否也偶尔想起从小一起互勉的誓言呢。学生时代寒窗苦读的日子都在彼此互勉中匆匆而过。我们曾经所盼所望的美好，亦在各自努力中在时光底片里显影了，曾经一起追梦的日子都成了美好回忆。常说少年追梦好时光。人应该在花季里开始一场梦想的旅程，心中需要理想作为茫茫学海一盏明灯指引，而寻梦到达彼岸之时，需要多年寒窗的潜心修炼。

二

在楼顶清爽的晚风中，吟诵一首泰戈尔的儿童诗歌，为小男孩童年岁月溜溜而过干一杯。

出生时老知识分子的模样逗乐了我们，每一天模样都不同，几天后出院，粉嫩的美颜就出现了。坐在婴儿车上跟着大人逛街看热闹，不小心自己成了别人眼里的风景，被不知从哪个角落里过来的人亲上一嘴。八个月大时趴在床上翻书页，书是倒着拿的。童年时坐着火车去拉萨，后来又进入印度慢时光里，汲取成长中的艺术和精神营养。小小少年一路上不停长高，一转眼已经上了高中，站在一起比大人们都高，以至于我担心他长得太高了，每次抬头看他都觉得仰视。一份发自内心的爱，就滋养了一代新人，就这么不经意地看着他从小不点儿开始一路成长起来。看着眼前变声期刚刚过的阳光大男孩，心中特别思念曾经的小男孩。

这个春天里，陪着我们面朝大海一起吟诵属于自己的青春之歌。看着他一路上努力向前的跑步姿态，我们能做到的就是牵着他的手，朝着他的青春韶华梦想，跟上他的节奏，快乐陪跑。记得他自己初中的毕业箴言：只问耕耘，莫问收获。不管世界如何起伏跌宕，带着韧性和坚定信念，沿着属于自己心灵历程的方向，一路向前。愿你成为你最好的自己，而我们会成为你最好的朋友。十六岁花季的生日，在海岛之国，烙下特殊时期一份岁月赐给花样年华的难得印记。

封城的日子

一

楼顶上带着女同胞一起做瑜伽，面向大海，海风吹拂，没有比这更好的健身场所了。对面楼上有人在拍我们，我也回拍他们，远远看过去好像是前总统亚明家的隔壁一家人。

宵禁的日子里，大家都喜欢上楼顶了，三三两两的，楼顶聚餐、看书、打球，也有忙着烧烤的。很多建筑物的楼顶露台派上用场了。

马累岛本来就小，沿着岛周边一圈走下来，八千来步吧，还不够上微信步数排行榜前列。大桥开通前，只能乘船去对岸的机场接人，开通后可以在大桥步行道上来回散个步。疫情来袭，大家整日待在这楼里工作生活，对付这病毒，防守是最好的办法。楼顶阳台这个方寸之地，可以打打乒乓球，做个瑜伽，舒展一下筋骨。特殊时期，学会调节自己很重要。

马尔代夫的疫情宣传车开始在街道上用双语做防疫宣传，一天得听上两三遍。沙滩上的排球场上已经好久没人打球了，停车场基本上是满满当当的。偶然看见出街的穆斯林妇女，全身上下裹得严严实实的，从前不喜欢人家这么严严实实的一身黑衣，可在这疫情期间，反而觉得这身装束很安全。

二

四月的复活节，一早上阳光灿烂。

几天前，马尔代夫宣布解除了马累地区连续两周的宵禁，大概是因为马累还没有发生社区传播的缘故吧。楼下海边的泳池水量照样很少，我在浅水中游了一小会。来了一男一女穿着制服的警察，态度很温和地对那几个闲坐的人说着迪维西语，然后闲暇之人纷纷离开了。看来疫情中，虽然没了宵禁，还是不能集中待在公共场所。

小蝌蚪牙齿敏感，想要看牙医，上次我看过印度牙医，于是就联系好了去看，小蝌蚪又担心这时候的医生每天接触那么多人——风险意识从小孩就开始有了。

陪着小蝌蚪去医院，好久以来的第一次外出，才发现城里街道上还有好多人呢，三三两两聚在街边闲聊，这个城市在复活节这一天好像也复活了。马累暂时还没出现疫情的社区传播，人们松了口气，也不怎么戴口罩，即便戴了口罩，也是三心二意很松懈。进了医院门口，有测量体温和消毒的工作台，发现体温正常就放行了。去了二楼的牙科，带着护照和身份证见到上次给我看牙的体型瘦弱的印度中年男医生。凭着经验医生说没什么大问题，拍了片子也仔细检查了，开了一点防止敏感的医用牙膏和清洁的牙线。

一出来，小个子奥格林推着老人车从电梯上来，上面坐着一个八十多岁的老人，奥格林说他祖父生病了，表情很严肃，他爸爸也陪着呢。我们去了一楼药店领了药，出了医院大门，奥格林又不知道从外面去取什么东西刚刚回来，又一次打了招呼。他说，"祖父的牙齿和眼睛都不好"，然后就跑进了医院。

下午，去楼下人工沙滩给家里的海胆打些新鲜的海水，池子里浪不小，随着堤坝外涌进来的海浪节奏一起翻滚。好不容易在起伏的池水里打了水，过马路时车子都礼让我先行，这情景让人恍惚了，好像日子又慢慢地回到了从前，这个城市刚刚从宵禁中解除了出来，一度紧绷的神经又放松了，从前的活力似乎回来了。

对面机场好久不见航班的影子，机场发布的消息说，国际航班已经从过去每天 40 架次减少至 2 架次，国内航班数量由每天 50 架次减少到 5 架次。听说邻近的国家正酝酿与这里开通航班的事，也许斯里兰卡航空公司会近水楼台先得月吧。马尔代夫人已经自我放松了，可政府还在加紧筹建用于隔离外籍劳工的场所。数万名孟加拉人在这里长期务工生活，很多人因为签证护照过期已经成了黑户，拥挤在狭小的空间里，聚集性感染的风险确实很高。

<h1 style="text-align:center">三</h1>

早上下楼去，路边开着门的咖啡小店似乎有了一点生意的迹象，店小二们严肃许久的脸上露出一丝久违的笑容。走过车场来到游泳池边上，有四五个人在里面。一低头发现岸边谁掉了 10 个卢比的纸钞在草丛里，想起了小时的儿歌：我在马路边捡到一分钱，交到警察叔叔手里边。想着这个有趣的情景，我不禁笑出声来了，好吧，我好像就是当年的小红领巾，拾金不昧的行为是我最骄傲的事。

下水略微活动一下就出水了，鸽子们依旧在大树下乘凉。今天还没有完成网上的课堂翻译，还得给孩子们下午的课堂准备新鲜的海洋资料呢，所以没有时间喂鸽子了。

八楼同事家可爱的小孩与母亲一起下来在秋千上乘凉，可惜也没时间逗她开心了。路过秋千，随手跟小可爱比画个手势，聪明的小孩子每次都会回复我的。你瞧，她又用嫩嫩的小手掌来和我击掌啦。

海上巨浪滔滔，一排涌浪远远地奔腾过来，形成一个巨大的蔚蓝色水幕，有鱼儿映在水幕里，又随着白色浪花一起跌下来。

岸边观潮的人比水中冲浪的还多，每一次巨浪起来，海边一片欢呼。觉得马尔代夫人疫情时期的日子过得也是开心简单。几个年轻人坐在椰树林里闲聊，隐隐约约地好像有邻居奥格林的笑声。

我穿过空旷的街道，经过前总统亚明还未完工就停下来的住宅和进步党党部，来到了使馆街对面。脑海里闪过前几年这位总统访华时，我陪着他夫人一起在前门逛街购物的情景，一眨眼这位风光一时的人物已经身陷牢狱，夫人也许正在家里以泪洗面，情又何以堪呢，还是过普通人的平安日子好。

来到警察岗亭边上，上缴偶然捡到的失物。岗亭中那个年轻胖胖圆脸的警察，赶紧打开了窗户。他好奇又腼腆地笑着，我就把卢比交到这个不知所措的警察手里。他犹豫中把纸钞放在桌子边上，思索着怎么处理这钱的样子，不管他怎么想了，我完成了自己该做的事情。这个不经意的小事，让我仿佛回到了童年时学雷锋的感觉，榜样的力量是无穷的。

刚回到楼上就传来了坏消息，首都马累出现了首例本土确诊病例，社区传播还是发生了，大马累地区实施临时封城，人员不能外出，总统也出现在电视上，可见事态很严重。昨天晚上加拿大的琳达还说，她很怀疑马尔代夫的疫情已经过去，因为政府还在迫不及待地建设隔离设施，购买呼吸机，这跟新闻上说的情况完全不同。

四

因为发现了社区传播，马尔代夫总统宣布大马累地区正式封城两周。整个世界都在一种固体的凝重中。这个国家就像所有的热带国家，松散自由不够严谨。社区的疫情传播已久，当地居民估计早有感染的了。心中一时难以平复，想一想内部还有什么更佳的自我保护办法呢。今后肯定要封城一段时间了，之前政府重点关注旅游岛上的病例，现在身边就出现了疫情，让人觉得不可掉以轻心。上了半天的网课，好在孩子们都如此天真可爱，冲淡了内心的忧思。

马累在寂静中透着燥热，又渴又饿的鸽子们徒劳地四处奔走觅食。更加奇怪的是，鸽子因为找不到食物，成群结队站立在此刻无人的大马路上，偶然经过的带着货物的小摩托车就成了鸽子们绝望眼神中的救星了。一群鸽子茫然地追逐着开摩托的人，此等怪象让人觉得连鸽子都渴望见到人，有人才有希望得到食物。失望的鸽子们终于在街头拐弯的地方停了下来，看着那个奇怪的不该出现的摩托车扬尘而去。

菜市场出现了抢购物资现象。小蝌蚪最爱喝的椰子汁也快要断供了，好在厨师去菜市场时帮着买到了最后几个。卖家也快要断货了，因为是最后一批货，说如果帮着砍去椰皮，每个椰子再加 10 个卢比。这是坐地抬价啊，就赶紧先买了，回家慢慢地砍得了。现在街道上摩托车、行人和店家基本上没动静了。

早上起来，发现小蝌蚪正在一口一口慢慢品尝这清冽的椰汁。不知道这一代富裕中成长起来的孩子们，内心世界对物资匮乏的理解是否可以因此深刻一些。患难见真情，我们说椰子基本供给小蝌蚪一人了，他咧着嘴开心笑起来，露出了每日都在爱惜的洁白牙齿。

马尔代夫民间的声音都在发自内心地力挺中国。网上报纸转

《 宵 禁 》

————

30cm×24cm

油画布

2020 年

载了一个黑中国的美国人研究报告，网民们异口同声地强烈要求删掉，后来那个转载果真不见了。怪不得泰戈尔笔下称呼民众为"民神"，那些纯朴的底层百姓都是我们遇到的真神。

读书群里有人推出几篇评论"战狼外交"的国外报道。我告诉他们，我们搞的可是民心外交，老百姓是真神，争取到民心，就会使正气得到弘扬，所谓的狼就不敢在大白天森林里出没撕咬中国了。事实永远胜于雄辩。这几年在马尔代夫所有的辛苦付出和那座超越了想象力的宏伟大桥，一步一步走进百姓的心中，架起来了一座彼此信任的友谊之桥。马尔代夫老百姓认可了中国的伟大之处。

五

恰逢中国二十四节气中谷雨节气，也是春季的最后一个节气。谷雨，寓意为雨生百谷。在这个赤道地区，傍晚时刻竟然也开始淅淅沥沥下雨了，忽儿又倾盆大雨从天而降。谷雨节气遇到这么大雨，真是让人感受到了古人智慧的深邃。

上楼顶和小蝌蚪打球，遇到刚刚给植物浇过水从花园里出来的小兰，她一脸懊恼地说早知如此，何必折腾呢。来岛国探亲的七十岁老爷子打球很厉害，现在小蝌蚪球技也了得，他乐意跟老爷子过过招。老爷子行动快，思维亦敏捷。提起春节前回北京却遇上了疫情就没能回来的同事湘波，老爷子以河南人的语调风趣地说，这一回湘波回家连要了三个月，该要得不耐烦了吧。疫情中，常驻马累的日子感觉还是幸运的。虽然外部风声鹤唳，内部的气氛还是紧张中有序，在外生活需要学会自我调节。

这段日子不小心进入了小蝌蚪的游戏，每日他会约着我打两三局球了。看来球艺进步很重要，否则入不了小蝌蚪的球友圈。看着他个头越来越大，有时特别怀念当年慈母怀中的宝贝儿。如今发现有个走进他内心世界的秘密，就是陪着他一起成长，陪着他一步一步成为他想成为的最好的自己。在这自然而然的感觉中，也会成为他最要好的朋友，最爱的母亲。暗自高兴发觉了这个成长期孩子的奥秘，越发地要好好锻炼自己。

六

这个大部分物资依赖于进口的岛国，在这一次严峻考验中，首先表现出来的就是对物资短缺的恐慌。这几日四周的小店都被抢购一空，因为后续物资接续不上，干脆关门歇业了。比起其他地方，稳定的物资供应是本地人最大的期盼。当地的鱼市场有一段时间没开了，出门时居然看见厨师提了一兜子红色石斑鱼从楼门口回来。一问，说是特殊时期送货上门服务，有个渔夫打到鱼了就会来电话，然后送货到门口，取走放在门口的钱，双方不见面就完成一笔交易。这段时间，同事们也不再单独出门购物，都是集中委托商家送货，货到后各家再领取自己的东西。

旅游岛都关闭了，所剩无几的游客走一个少一个，没了游客消费，渔民们打的鱼也卖不出好价钱。马尔代夫人靠海吃海，一日三餐变着法子吃那个金枪鱼，在北京消费不起的野生龙虾、石斑鱼，并不是岛国人的最爱。岛国的大部分食品蔬菜都是依赖进

口，同事们平日里能吃到新鲜的青菜是幸福的。厨师对市场上的
菜价如数家珍，他总结说一公斤黄瓜的价格相当于一公斤石斑鱼，
一棵白菜相当于一只龙虾。这个岛国的白菜价可比北京贵多了，
倒是其得天独厚的海洋美味一定会让人在今后很多年一直念叨。

七

附近居民楼楼顶上出来放风的人渐渐多了起来，个个把自己
的头部包裹得严严实实，还戴上了口罩，看来穆斯林的服饰也是
一种自我保护。对面三层的咖啡店的露台上，几个孟加拉籍服务
生每天在吧台前无事可做，一直看手机混日子。唯一让他们停止
看手机的事情就是祷告，这时候，其他员工都会上来，各自找一
块空地开始祷告。大海在雨季里发出沉闷重复的节奏，听着很像
是一首人们内心深处的悲歌。

楼下沙滩排球场地好长时间没有人使用了，鸽子们乘机占领，
它们聚集在一起，分开两边站立，那阵势很像另类的动物界的排
球比赛。有几个鸽子停在裁判台上，瞅着两边的鸽子群。排球网
上还有一排整齐的鸽子观众。也许这些生灵平日里一直看着人们
打球，现在也照样学样了，鸽子的智力真的不可低估。疫情中没
有人出来了，动物们开始活跃起来，在平日人类占据的舞台上演
出它们的精彩。

正把这鸽子的阵势像舞台剧一样观看时，鸽子们期待的救世
主出现了。一辆摩托车飞驰而来，在马路边停下，戴口罩的年轻
人从车上拿下一袋子大米，走进了沙滩，向着空中扬起一把鸽子

们期待已久的口粮。饥荒中的鸽子们此刻改变了排球阵势，它们如君临城下一般变成了欢迎队列，欢迎着它们的英雄莅临。这个马尔代夫人明显被这阵势鼓舞，他豪爽地向鸽子们发放最好的救济粮。他腾出手向空中挥舞着米袋子，让臣子们看到粮食已尽，然后潇洒地骑上摩托迅速离开了。这时候出街都得申请许可证，否则会被罚款，但警察们也懒得管这些违规出来做好事的人。

回到茶室，新闻上说政府最近收到了 5,000 个新冠病毒检测试剂，这个国家此刻的无助与各种焦虑，相信会在国外医疗物资到达的福音中得到片刻安抚。

八

同事们都在焦急中等待国内支援物资的消息，如今医疗物资出口手续复杂，起飞的日期已改了好几次。只能自我安慰，觉得没消息就是好消息吧。

终于传来了好消息，运送医疗物资的航班可能于晚上从广州起飞。到了中午，又传来信息说孟加拉国天气不好，明天早上航班才能起飞呢。真是好事多磨。马累寂静的空间里，一到祷告的时候，那些唱诗声隐隐约约地回响在天边。人们内心期盼着中国的援助帮助这陷入疫情泥潭中的国度。航班承载的不仅仅是物品药品，还带着马尔代夫民众对抗击疫情的希望。

疫情中，开始担心马尔代夫拥挤民居中的那些家庭。大马累地区本来就人多，住着全国近一半的人口，外岛的人都向往城市的美好生活，想着法子过来，有投靠亲友上学的，务工谋生的，也有做生意的，城市变得越发拥挤，租房的价格一年比一年高。外籍务工人员居住的地方尤其拥挤，每天不断增长的病例中都有孟加拉人。应该将他们及时地疏散到社交距离合适的地方，才能避免这种日益增加的数字。想着年前去过的那个热情的马尔代夫居民家，一进门几平方米的地方，客厅和厨房都在那里了，主人家极为热情，邀请我们都去，好在就去了四五个人，大家都不习惯那么拥挤的坐姿，每个人都尝到了马累住宅狭小的滋味。出来后，感觉回到使馆真是明亮宽敞的另一个世界了。

此刻马尔代夫正值疫情暴发期，无奈的生活让人哭泣，人在疫情中如此的脆弱令人感同身受，就像是面对悬崖峭壁上陷入绝境的人，此时伸出援手，拽住他们向下滑落的双手，就可以让他们恢复继续面对生活的希望和勇气，等待柳暗花明的到来。患难见真情，灾难中更能感受到大爱与奉献。普通人心中亦有大爱，曾经在异国他乡遇到那么多无私的帮助，心存感激多年。人类就应在彼此的关照中一路向前。

九

白天黑夜，街道上不时传来救护车呼啸而过的鸣笛声。傍晚时分，运送物资的包机终于降落在马累国际机场。

厨师打扮得像白衣天使般开车去了机场，使馆购买的口罩和药品也随着援助物资一起到了，少数滞留在旅游岛的中方员工和游客在盼着使馆的"爱心包"呢，楼里几位探亲家属平时常用的药也快用完啦。

《 爱 的 守 望 》

————

30cm×30cm

油画布

2019 年

马尔代夫外长立即发了一篇长文，把中国政府和参加捐助的各家企业一一点名道谢。先生用了一段不知谁拍摄的飞机从大桥上空徐徐降落机场的视频，在社交平台上发了出去，翘首以待的网民们欢呼声四起。马尔代夫老百姓还觉得不过瘾，要求平时胡咧咧的毒舌也向中国说声谢谢。有人发起了网上民意投票，推选网民最喜爱的大使，一天下来先生拔得头筹，遥遥领先。每次看到网民如此热心，让人莫名感动，人心温暖，民心所向，觉得所有付出是值得的。

一

乱世中的大道

大桥南侧远处的海面上，一片沙洲若隐若现。今年年初马尔代夫旅游行业的嘉年华会议在此召开。这个泰国人投资的旅游岛，开业没几个月就赶上了这波疫情，生不逢时，只能像一个出生就面临艰辛生存环境的婴儿一样，哇哇地哭着要奶粉。

岛国 20 世纪 70 年代初开始的旅游业，数十年里逐渐发展成为赖以生存的支柱产业，一岛一酒店，多彩的海水，洁白的沙子，椰林珊瑚，美不胜收，每年吸引一百多万国际游客。可是在疫情冲击下，转眼之间国际游客就归零了。疫情风雨中的岛国，如一叶飘荡在南印度洋中心的孤舟，颠簸中多么需要有力度的支援来渡过这股强烈冲击着船身的涌浪。

疫情来袭时，很多的五星级岛屿上，依旧逗留着那些不愿意离开的贵客们，他们花着大把的银子在豪华酒店里期待躲过这场疫情危机。可是屋漏偏逢连夜雨，岛国也落入了疫情的劫难之中，这些富豪们又纷纷包机离马尔代夫而去了。

乱世之中，总会见到一些大隐于世的人凭借着家族财力试图避过灾难，可是再牢固的堡垒也是漏风的，最后都感觉到无处可躲。地球落难中，人人自危，也看到天地之间，那种人人平等的大道默默运行着。一对年轻的中国夫妻，滞留在日进斗金的白马庄园好几个月，眼看着此地疫情越发严峻，直接包了一架飞机回了国内。类似这种例子还有不少呢。浅层表象里，很多的人真不可小觑，国民实力之强大可见一斑，难怪美国政客那么羡慕嫉妒恨地看着中国人，总是带着怨毒的眼神盯着中国的一举一动。倒退 20 年，想想那时美国人走遍世界，且都觉得自己的身价不凡。确实不知哪一天这曾经被美国独享的风头，在风水轮流转的地球上会花落别家。最近听了太多的胡咧咧，美国曾经的光环和全球人都羡慕的特等公民优越感怎么就突然消失了呢？想起昔日的旧金山岁月、"9·11"事件、金融危机、特朗普，还有这场全球疫情危机，江河日下中的美国梦褪去了往日的玫瑰色彩，越来越苍白无力。从疫情中的民间故事可以看出来，这个地球还是西方不亮东方亮。在起伏跌宕的历史运势中，东西方此兴彼消，那些星象学家也许对此会有一番玄妙的解读。不过，抛开这些神秘面纱，中国人也是一直非常勤快，也许是世上独一无二的，想起那"龟兔赛跑"的寓言故事，简单的事情中总是蕴藏着不简单。

二

四月下旬，封城中的马累进入了穆斯林斋月。往年斋月里，马尔代夫会收到沙特老大哥捐赠的椰枣，去年沙特送来了50吨，发给了各岛的贫困人口。今年发生了疫情，物资往来不便，好多人可能没有这个口福了。

早霞、雨后的双彩虹、晚霞都特别美丽动人。虽然整天待在家里，偶然去楼顶吹会儿海风的功夫，大自然总是给人们带来各种意外惊喜。向大自然致敬！

感染人数继续上升，每天新增已经达到两位数了。居住在拥挤地段被感染的孟加拉人，人数已经超过本地人感染人数了。看这趋势，封城措施一时半会结束不了。回到加拿大的琳达还是信息灵通，告诉我一个确诊的马尔代夫八十多岁的老人情况好转了，马尔代夫尽管医疗资源有限，治疗工作还是尽心尽力。另外一种名字很长的来自印度的治疗药品被美国叫停了，据说这种药品的副作用很大。琳达远在天边，却感觉是信息快递员，她居住在马尔代夫大半年，还挺有感情的，随时随地关注这个风雨飘摇岛国的一举一动，我每天看了她的信息就知道了半个马尔代夫的形势了。

这个穆斯林岛国最近好像停息了生机一样，在与病毒无声的战斗中沉寂着。岛国的雨季来了，雷电交加的暴雨将清真寺里唱诗班式的悠扬声音冲淡了许多。风停雨住时，整个城市就立刻陷入了沉沉的暮色。路上无人的日子，感觉这里就是个无人的渔村。海洋无休止地喘息着，远方的渔船在海洋尽头隐隐若现，让人看到这个世界的尽头还有一线生机。往日秀美水色中繁忙的码头好像是很久以前的痕迹。水汽蒙蒙中的机场已经很久不见飞机起降了。偶然有一架小飞机穿越了厚厚的云层，像是陌生人走错了道，来到这个荒芜的机场。新闻上每日不停更换的疫情数字，似乎成了这沉默城市里唯一正在发生的事情。寂静的夜色，却让人想起往日喧嚣的马累街头咖啡馆里的人头攒动的场景。

夜空出现了闪烁的星斗，大海如同一个忙碌了一整天却一无收获的疲惫的渔夫，一边叹气一边打着倦意的哈欠。马累，这个繁华世界的小村庄，被疫情骤然叫停。此刻只有自然的微微私语在夜色中隐隐约约的交头接耳。在广阔无垠的自然中，那微语如此的细微，仿佛夜色中的催眠曲。人心惶惶中，还是喜欢这寂静中的自然沉稳的本色。

三

美股原油大跌，疫情下的经济形势令人不安。如今还能拿着薪水在家上网课，已经很幸运了。

北京与马累有 3 个小时时差，起了一个大早，参加网上年级工作总结。现在家长们都有些焦虑，因为孩子们关在家里久了想出门。校长说，这个学年低年级孩子们可能开不了学。如果允许开学，可以安排高年级学生去学校上网课。接着就开玩笑说，能在马尔代夫待这么久，真是让人发疯的嫉妒。一旁的先生也和校长顺便说了几句马累这边的情况，这个小学校长认真听着，说他很喜爱潜水，希望找机会尽快来马尔代夫看看。先生说这边疫情还在发展中，一时难以安稳下了，旅游也得等其他国家平稳下来了才有机会，也许年底或者明年年初吧。校长说他会耐心等候。

这个年轻的英国人几年前还是青涩的模样，如今因为爱情磨炼而变得深沉了许多，对人也平和亲近了。几年前还是副校长的时候，他遇到了生命中心动的女神，一位优雅的英国女子。坠入爱河的他每日开始笑眯眯，跟着学生出游时，问大家对他的女神怎么看，那时女神只是水中月、镜中花，还没有追到手，我们都说"很好啊，加油！"这个一脸青涩的青年就甜美地做着梦，走到一边偷着乐去了。后来终于追到手了，张罗婚礼，所有的婚礼服装都是从淘宝上买回来的。女神优雅清丽沉稳，比副校长年长七八岁，可是老外并不在意这些年龄上的差距，最后回英国在古老的城堡里举办了婚礼。从此这个青涩的人就开始成长，短短数年时光已经变成了熟男，当上了可爱小男孩的爹。爱情真谛就是让彼此变得更美好吧。他还想着在圣诞节带着一家人来到他心目中美丽的岛国看看。这些有爱的人，即使在疫情当下，也会看到不太遥远的将来生活的彩虹。爱情的伟大之处，在于它可以让沉醉其中的人忽略现实的粗糙，始终心怀美好而前行。

一

谁救赎世界？

疫情的蔓延让地球人备感生活之不易。疫情蔓延下去，全球经济将进入萧条。从前课本上说的资本主义经济危机，莫非在疫情带动下来到了眼前？

在疫情催化下，网上的假新闻和毒舌多如牛毛，令人郁闷。觉得应该写上一篇短文，大声地质问：谁救赎了世界？

很多天以前，在美利坚土地上就有人得了这种瘟疫而草草地被当成流感病毒治疗，欧洲也同样更早的有人得了这种病毒，都是带着局限性老眼光当成感冒治疗了。

年前中国武汉的医生说这是一种危险的瘟疫，这个时候世界

《 朝 霞 漫 天 》
————

90cm×70cm

油画布

2020 年

其他地方都没人意识到这种病毒的凶险呢。中国首发声音，就是为地球人赢得了一个正确的认识，这就是武汉人用生命为拯救地球人立的第一功。

在湖北应对疫情的各种尝试中，根据病毒的危害性，又一次提出了科学的人与人保持距离的倡议，这是武汉人立的第二个功。

对发病期和病毒潜伏期的准确推算，那是武汉人立的第三个功。

后来各个地方根据这些经验，相对安全地保证了大多数人群平安避过疫情。中国以快速的国家行动保证了多数人的健康，也为世界其他国家如今的抗疫做出了榜样。如果没有这些思维快捷、反应敏锐的中国医生和专家发现问题的独特视觉——这里边包括公认的李文亮医生——那么无数人都会在这个莫名其妙的感冒中丧失生命。中国分享给世界特殊的病毒治疗经验，不知拯救了多少地球人。中国前所未有的封城行动，阻止了更多的生命悲剧。我们向世界卫生组织报告，提醒美国人，都是带着国际公民的责任和义务去帮助地球人的具体体现。因此，诺贝尔大奖今年是否应该颁给中国医生、中国城市武汉和中国呢。这对那些偏见会是一个最好的回击。

读诗哲泰戈尔的书总有心有灵犀一点通的感觉，有时甚至达到惊人一致的合拍。今天把他老人家1924年在北京讲话的第二段话稍微变一下，就跟我今天想说的很相似。

他说，亚洲曾经从野蛮的魔窟中拯救了世界，世界的中心好像又回到了东方。

我想说，中国在抗击瘟疫的隐形沙场中帮助了世界。

二

夜色中，时光凝脂一般缓慢地流淌，一朵兰花在眼前悠然地跳动一下，凋谢了。兰花的凄美凋谢，好像不经意之间打破了这夜晚的宁静。灯光流苏一般地撒下，兰花的疏影浅浅地落在素白的茶巾上，在夜色中散发出一缕清香。

此刻我头脑中徘徊的是曾经的旧金山好时光。曾经的时光艳丽如花，绽放在岁月深处，可是现实的一幕幕，好像再也难以回到熟悉的曾经。美国不再是从前记忆中那般的美了。疫情里艰难困顿的美国，传递给世人的是凋零的萧索与空前失控的感觉。

好友开蒙传过来一段旧金山的复活节视频，旧金山在疫情中处处无法掩饰的脆弱画面让人伤感。感染人数频频爆表，物资匮乏，民众疾苦实情让人不敢相信。曾经留美的学子们同声感叹美国的世道变了，曾经辉煌岁月中的科技弄潮儿真的一去不复返了。记忆中的美国，好像此刻茶桌上这朵凋谢兰花，跌落在这历史车轮的滚滚尘埃里。旧金山曾经的山城魅力，散落在这时光竞技场上。往事只能回味，再也难觅昔日芳踪了。

开蒙，这位当年为了爱情放弃美国工作的闺蜜，对现时美国的表现颇为失望，她转来了一封写给美国友人的信。信里说，她实在惊讶于美国政府的幼稚导致了太多不该的死亡，比如口罩，比如早就该关闭，很容易做到的简单有效的方法居然坚持不做。难以相信美国退步如此之大。美国政客们不自知，继续自傲。美国这个时期给人的感觉是过时了、老了、治国思维理念倒退了。但愿美国政客的自以为了不起，固执不学习不愿改变的愚昧无知能因为那些死亡而觉悟。

　　美国历史上最没情怀的总统给中国乱贴标签，引来网上一片叫骂声，有人说他将带着美国走向种族歧视的黑暗中。新闻说曾与特朗普接触过的巴西总统助理确诊了，很多人不喜欢特朗普语不惊人死不休的嘴硬样，各种真假搞笑段子都出来了。网络上有人学着特朗普爱夸夸其谈的习性来调侃这位乱世美国总统，说他也发烧了。过去二十余年里，美国开启了从经济的灿烂顶峰走向谷底的走衰势头。这幅下坡狂奔图的设计好像是天意又好像是人为因素所致。当年克林顿下台后，很多人就说不祥之感从心中涌现出来，那时开始，美国给人的感觉和气氛就已经变了。经过旷日持久的各种竞选，几任总统的更替，美国人把自己的命运交付到一个前无古人的总统手上。如今读着这些花边新闻，曾经让多少人引以为骄傲的地方，辉煌渐渐褪色。

　　这两天，过去美国的同事和同学都冒出来了，彼此感悟一下世道的沧桑，各自多保重。加拿大人琳达随时关注着马尔代夫疫情变化，也许她这么做可以分散自己在加拿大的紧张感。这边从前和她一起合作录制视频的马尔代夫人很关心她在加拿大的安全，此刻的人心温暖是最好的安慰。加拿大和美国地区严重缺乏抗疫物资，琳达说人们都开始动手用衣服缝制口罩了。这让我想起了抗日根据地时期，苏北土地上老百姓为军队手工制作行军鞋，因为那时太缺乏资源了。如今发达国家重现物资匮乏的一幕，我一时半会没有回过神来。这么多年，美国人忙着打仗，指点江山，却荒了自己的根据地。这又让我想起了那种专门对别人家说三道四、自己的日子过得一团糟的市井小人。一场疫情一面镜子。沧海桑田的转换，国家角色的对调，那些本身有缺失的黑暗角落，都被疫情这个照妖镜照出了原形。

家事，国事，天下事。我如今也深感事事操心的滋味了。我们都希望中美关系好起来。

鼓掌
为中国

一

忙碌中好久不用雅虎邮箱了。疫情中得闲想起来查看一下，发现了藏积在岁月中的很多思念和问候。美国自由撰稿人里斯很多文章都静静地躺在邮件中。快速浏览一下，发现里斯仍在挥舞他左翼的笔杆子大批特批他自己的政府。很多文章提到了美国的疫情防控，大意是说这场疫情凸显了资本主义医疗体系的腐败以及社会主义中国是如何有效应对的。赶紧发一份问候的邮件给这位美国朋友，疫情当中是否安稳度过。很快就收到了他回复：

你的来信让我忆起很多美好的事情。我对 2007 年到北京采访以及你给予的热情接待记忆尤深。那次我去了西藏和新疆。美国媒体对这两个地方的报道是歪曲的，认为这两个地方常年受到了压制。令我吃惊的是，中国在西藏保持了传统社会主义政策：免费的医疗，免费教育，并为住房与就业提供补助。我访问回来写了很多报道，但现在已难以在网上找到了。

过去 13 年里，发生了很多变化，其中最大变化莫过于特朗普的对华政策。他就是一个引导美国走向衰败的人，有时能说些人话，有时会愤怒到咆哮。他对中国的攻击是很极端的，但他代表了一个在美国精英圈比较普遍的看法：中国正成为美国的主要政治与经济对手。美国领导层总是寻找一个敌人以满足自己的好斗。

《 飞 越 》

———

30cm×25cm

油画布

2019 年

过去是苏联，然后是恐怖分子，现在是所谓来自实验室的病毒。我为中国不畏强权鼓掌。

里斯最后说，如果自己条件允许的话，他还是很希望到中国去做一些有价值的采访。

二

2020 年疫情时期，里斯几乎每周都会来邮件询问各种与疫情相关的社会问题。他问我疫情中人和人的关系，比如房客和租客如何处理疫情带来的租房困难问题。我列举了几件事，说周围的友人几乎都有投资房产的，都不约而同地选择了同情和同理心，为租客减免了房租，缓减疫情中人的压力。里斯对疫情中的美国现状感到忧虑，说很多失业的人在艰难度日，周围却没有这么多好心人去给租客减免房租。他由衷地赞美社会主义人和人之间的温暖与真情。当他得知普通民众在疫情中得到了及时的医疗治疗，他更是深信多年以来他力挺的社会主义国家在这一特殊时期体现了其制度的优越性，因为这个制度在生命面前可以不计成本、调动所有资源去解决民众的医疗和安危问题。他很多次对疫情中资本主义国家医疗的过度资本化和唯利是图的做法予以抨击。我在美国留学的时候，正值克林顿执政期间，后来于"9·11"事件后回国了，因而对美国社会没有他这么多的切身感受。

对于中国在应对疫情方面任何有效的做法，里斯总是不吝给予点赞。我介绍了中国的社区在应对疫情中扮演的角色，他表示十分惊讶，说想不到在偌大的中国，小小的社区可以如此密切地观察到每一个人每日的健康状况。听了他的看法，我自己都开始对平日不怎么关注的居委会在此刻显现的强大基层社会功能感到骄傲。这次疫情让我从美国人眼中更清楚地认识到社区的连接和桥梁作用。

里斯说，他在疫情期间不能再出国采访了，准备接受在旧金山大学的一份教职，并向我请教上网课的技巧，我认真地告诉这位资深记者网课如何可以变得生动有趣。有一段时间，他隔几天就会来个邮件，还有一次聊家常说，他可以给准备上大学的小蝌蚪辅导英文。我告诉小蝌蚪他小时候见过的里斯大叔很关心他的学习，小蝌蚪开心地笑了。

里斯从灵魂里就是一个温暖的人，他对周围的朋友，对美国社会的底层人充满了同情心。他在文章中力挺中国在疫情中的各种有效做法，可是他的自媒体的声音好像越来越弱，他的充满正义感和寻求真相的报道总是被美国强大的带着功利心的媒体盖住了。我从来没有想到这么关心这个世界如何走向未来的人，其实也是需要世界关爱的。他对于家庭生活只是提到自己新添了孙子，他很快乐地做了祖父，对于自己身体的不适却只字未提。他好几次提到，待疫情结束了，计划去马尔代夫采访，看望一下多年未曾见面的我先生。我告诉他，马尔代夫老百姓在推文上称赞我先生是"人民的大使"，里斯听了特别开心，说他为拥有我们这样的朋友而感到骄傲。我说，你是人民的记者，因为你为普通民众更好生存而呐喊了一生。

今年，国际学校开学后我就忙碌起来，曾有一段时间没有怎么查看邮件。2月里，里斯曾来邮件说，他的一个美国友人想就新疆问题电话采访中国人，我忙碌中应允了，准备推荐我的一个来自新疆的邻居。4月的一天，我先生忽然说起社交平台上有人发文说里斯去世了。我不敢相信，觉得肯定是假消息吧，因为他是那么一个有活力的人，还有那么多计划中的事情要做。

下班后就赶紧查看邮件，果然有一份3月份他在自媒体上发布的关于自己的病情已经不治的通告文。他说："我已经被诊断为癌症四期，最近一次化疗没有效果，癌细胞没有消失。我准备再进行一次、也是最后一周的化疗。我只能期待余生过得有尊严、有质量，并将尽可能地继续写作。"他显然知道自己来日无多，还特别嘱咐大家在他离世后不要发布悲伤的悼念文，而是说说他生前那些快乐诙谐的趣事，仅此而已。我对于自己未能及时查阅邮件感到自责，假如我能在忙碌中依旧关注他的邮件，至少可以在这位友人最后这一段夕阳西下的日子里，告诉他我记录的往事中他的言行是如何积极地影响着一位中国友人的。

里斯一生在研究社会主义和资本主义制度，他看到社会主义制度好的一面，也深刻揭露资本主义制度中的那些腐败无能。他坚定地站在穷人立场上和资本主义社会中的不公平现象抗争，是一位行走天下为公正而执笔的媒体人，这正是当年在加州州立大学新闻学专业当老师时候，他对每一个学新闻的学生所传授的职业精神。他一生辛苦领航走在追寻真相的道路上，心口一致，令人佩服。他的文字一针见血，客观中肯，从不畏惧此刻漫天都是虚伪谎言的美国政坛的那股歪风。

星空下，我期待有一颗流星划过天际，那颗流星一定是里斯告别这个世界的仪式了。在我所认识的美国人中，里斯具有强烈的使命感，他是继老威廉之后，一直工作到生命尽头的又一个美国人。假如有来世，那么里斯会重新投胎到凡世，再度成为作家，为人间公道和正义继续呐喊。

第十章　＊

岁月
写在
文字里

爱的列车　　　邮件中冒出来美国大学时的同学丽安的邮件，让我回忆起来她在学校的样子来了。写了一个回复的邮件后，她很快就回复了，还挺认真地说，"马尔代夫很美，但是，我可不想因为疫情滞留在世界任何地方。"

脸书上有一张丽安的照片，她在阳光灿烂地笑着，坐在绿色树丛中，一身健康的古铜肤色特别美。看到满身棕色阳光的旧日朋友的照片，忆起从前在加州的日子，我也是一身轻松和阳光。很多人说那身阳光好像披在身上，让人有如沐春风的感觉。后来那层阳光，就慢慢地被岁月中随之而来的琐碎磨光了。

棕色南美人真是经得起时间的考验。看着丽安这么多年好像一点儿也没有变化，健壮的她一直喜欢健身，也许这是她保持活力的一个重要原因吧。

这是个有点叛逆、极为聪明的美国女孩，校园里我俩一前一后混在公共课堂上，她是本科生，与我却很好，几乎无话不说。毕业时她作为专业的优秀代表上台发言。毕业后，她没找到工作，她在旧金山一家航空公司工作的未婚夫吉姆是机组维修技术工程师，也算是个铁饭碗，那时他们住的地方离我上班的地方不远，也有时间常常在一起。后来吉姆换了一家航空公司，离开旧金山去了美国中部，一个叫凤凰城的地方，就没再见过了。那时她很想要孩子，当时邮件里说还没有要上孩子，估计顺其自然，后面真的没有了。她的邮件随着我回到中国也慢慢地少了。我偶尔还会想起这个直爽有个性的美国朋友，今天居然看到了她的邮件。看来人在一个地方生活过，那种痕迹一辈子都会在心灵的世界保存着，不管你在哪里。别人会记得你，你也会想起来昔日的人、昔日的生活画面，也会怀念从前和她相处时的某个情景、某个有意思的对话。

那时我在语言实验室工作，丽安会隔三岔五在我工作结束时来找我。她会说起她的家庭、16岁之前的日子以及她叛逆期的很多事情。她什么都说，我只有听着。她拿了一个信用卡，说是她母亲的。她16岁开车时受伤后入院，用自己的信用卡交了一大笔费用，还不起，就申请破产了。她母亲心疼她，就给了她一张额度有限制的卡。她父母是从中美洲移民来的，她出生在美国，她说她的朋友都是亚洲人，她喜欢亚洲人聪明的脑袋。但那时有个印度男生追求她，丽安却说不，她不喜欢那个男生太精明。

丽安身体健壮，经常去健身，她后来就认识了吉姆。这一次她说遇到了对的人，两人一见钟情，丽安每天都特别开心，那证明她遇到了最好的那个男生。真心给予的那种爱就是遇见了对的人，人与植物何其相似，真爱像是一个人把自己当成整个的太阳一样照耀到另外一个人内心的最深处，被珍爱的人自然就活得精彩多姿。一个幸福的女人，不仅需要运气遇上一个"对的"男人，同样重要的是还要有智慧让自己过得幸福。看看每天的全民八卦，更要安心过好自己的每一天，珍爱自己。那时20多岁的光景我还没有体会到这么多。

她跟我说到结婚，我告诉她我在中国没有举行结婚仪式，只领了一个结婚证，就算是结婚了，因为我觉得结婚是私事，不必要大张旗鼓地邀请很多人。对方爱不爱你是最重要的，日子过得如何也是自己的事。她听了非常赞同，好像也更加愿意跟我分享她所思考的人生问题。

吉姆果然是一个对丽安真心相爱的美国人，这么多年以后，丽安还在吉姆身边安稳度日。她用的依旧是吉姆的邮箱，生活中估计用的也都是吉姆的信用卡和信誉了。这个耿直爱憎分明的南美女孩，一直对朋友很仗义，在校园里总是维护我。

我去他们家，他们居住在吉姆母亲那个紧紧挨着湖水的房子。出了后门，我和丽安在夜幕中坐着，看着幽蓝的湖水和星空聊天。丽安是个很男孩性格的女生，她一头短发，深棕色的脸，深邃的黑色眼睛，闲下来时会习惯性地点上一支女士香烟抽起来。我们坐下来，看着平静的湖泊，她一边抽烟一边跟我讲吉姆母亲的故事。

吉姆少年时不幸丧父，后来母亲整日哭哭啼啼地忧伤着，年少的吉姆就去安慰母亲，他让母亲出门走一走，看看外面的世界，心境就会开朗了。母亲就约了一个同样失去伴侣的女友一起坐火车旅行。在那趟列车上，她对面座位上也是两个单身的结伴出游的男士，四个人在火车上聊了一路，越聊越投机。吉姆的母亲和女伴就遇到了她们人生后面的另一半。悲伤中单身出门的母亲，回来就开心地夸儿子是她生命中的福星，让她一出门就上了一趟驶往爱情的火车。吉姆母亲那七零八落的人生又在新的爱情沐浴中开始了另外一段幸福生活。母亲一直感激年幼吉姆的体贴懂事，她在吉姆需要时把自己这个好风水的湖边房子借给新婚的吉姆和丽安。

丽安说到吉姆的童年往事，一脸快乐，说吉姆让四个人重新获得了人生的幸福，她为自己能嫁给吉姆这样懂得爱的人而感到

《 回 忆 》

25cm×25cm

油画布

2020 年

自豪。是啊，那些相信爱的人总让生活带着希望，能够给周围的人带来积极的能量。她的吉姆能够让那么多人收获了幸福，那么她也一定会收获属于她和吉姆的幸福人生。这个被丽安称为"爱的列车"的故事，好像昨天一样刚刚发生，丽安那爽朗的声音回荡在那个记忆中的深秋湖面上。

时光流逝中回望人生，心中有山水，才会与好山水相遇，心中有爱，才会与爱携手，以爱为港湾的人最后都会获得温暖的人生归宿。人生的幸福大概就是有恒产，亦有恒爱之心吧。

灵魂的后花园

寂寂的沉香中，回味青春岁月的如烟往事。任何一张在旧金山时期的集体合照，拿出来一看，都是苍天弄人各奔东西的感觉，不禁让人思绪万千，感慨人生方程式的神奇变化。

假如生活再现当年的生活画面，很好奇许多人会不会对曾经的人生做出不同的选择。

离开的人事后都在留恋往事，而当年促使他们在十字路口做出决定的往往是人云亦云的潮流。年轻时候，很多人判断人生的指航灯都是看潮流，现实世界确实有很多表象以诱惑的画面让人朝着它们走去，从而偏离了心中曾经的理想目标。年轻时候，谁都会在人生的十字路口徘徊不定，可是彼时内心都清楚青春岁月中很真实的声音一直在心中萦绕。那是梦想的力量在人生关键时刻内心即将迷失方向之前发出的提醒。现实世界的不完美，往往会让人在世俗的琐碎和受到各种曲折后作出违背初心的选择，从而偏离了最初的信仰和人生轨迹。潮流往往是一些世俗化的浅薄见识，意识跟着它，就像是追着泡沫的感觉，最后看到的都是一些泡沫的消散。若干年后再回首往事，才发觉年轻时候上了潮流的当，后悔不已。这就是旧金山那些年看到的在理想与现实之间徘徊不定的很多同龄人故事，那时的人或者跟随着潮流奔赴前程，或者跟随内心的声音艰苦朴素地走下去。可是守得住现实的清贫生活的人真是少之又少。

行路难，难在不管走多远，能够保持初心和那种踏实的感觉，只有这样的人，才可行走在通往理想的遥远道路上。如果人能够心怀定力，静观其变，很多人可能不会匆忙做出日后生出无限悔意的选择。那是应对人生中的动荡不安的最珍贵心态。那些被现实利益的樊笼罩着的人，就很难走进理想主义所向往的心中花园。回望来路，感觉实现梦想的力量既需要理性，也需要感性的浪漫主义情怀，两者兼而有之，最终实现理想的人生价值。

假如在潮流中既可以做到与时俱进，又不违背自己的本心，那样真是人生最佳的一种发展状态了。人生本来就可以一边观赏浪潮中丰富多彩的变化，一边守护着一份发自内心喜欢的事业。先生做着喜欢的事业，每日踏踏实实地在岗位上展示着对这份工作的激情。我做着未来的梦想。我的梦想也是未来可以和他并肩担负起前程中的责任。那些日子里，每逢一些带着压抑感的来自现实的困扰，我都设法让他开心起来。每当我从更高的视角看人生，我总会这么说，我们每日工作之余额外的付出既是为了奉献给这个国家，也在为自己打造一个坚实的人生事业基础，我们会成为最好的自己。那些偷懒的小伎俩，就当是一种毫无价值的、不值得计较的小事吧。

一个人的价值在于能够实现自己的梦想，而这个梦想的力量其实来源于这个梦想是为了什么。

时常听闻外交人在动荡的世界里遇到的那些突发的事情，有的为此献出了生命，更加觉得这份听上去很风光的职业，除了需要无私无畏的默默奉献外，又蕴含了多少外人所不了解的各种风险和外交人的坚守。

外交工作是个将个人的命运和国家的命运紧密相连的工作，这个工作很有国家使命感，是一个适合理想主义情怀的人奉献终生精力的事业，在这份工作中一直努力，终将实现人生价值。

如果一个的人生理想是为了国家更好，为了下一代人更好，那么这个人就是真正的理想主义者。人生目标是崇高而非利己主义，那么这个梦想在全力以赴实现后，会带给社会一种可持续发展的价值，极大提升和丰富这个社会的精神和生活状况。

人生答卷上的任何选择本来没有什么错与对，唯一不可逆的是只有一次选择的机会，沿路错过了的风景是无法回头探秘的。答卷人提笔那一瞬间作出的任何选择，只待多年后看自己的内心是否安然。但愿潮起潮落中人们当初的选择都符合了内心深处真正的声音。在人生的征程上，假如一个人能够对一份选择拥有始终如一的历久弥新的坚守，对前程拥有愈远愈清晰的笃定，你终会遇见自己多年所期待的理想境界。

这次疫情中也留意到各种人生问题回到了现实世界的土壤上，引人深思。很多人带着美梦让未成年的孩子出国读书，在海外买了房产，甚至入了国籍，但在疫情之下，他们立马放弃了国外的一切，匆忙逃离异乡回到祖国。人的根在哪儿，心就会在这种天灾人祸中回到根基所在的地方，以寻求安全感。

清末到民国时期那些早年出国留学的人，都是带着强国梦归来建设祖国的。中国强大了，富裕了，很多人带着资产投身到异国他乡，寻求个人更好的生活状况。可是在全球疫情时期，又分分钟回流了。动荡不安的时代，这种现象越来越多了，也是阻挡不了的。人生存的状况从三个方面看：物质的满足；社会的安定；自然的和谐。只有这三个方面的满意度达到预期，一个人才可以安定下来。可是很多人在这三个方面得到满足后，又开始寻找归属感了，那些移民北欧和澳大利亚的人很多都转了一圈又跑回来了。移民好几代的，也时不时回来祭祖烧香，否则也会心不安。

归根结底，人对自己出生地的归属感是与生俱来的，这就像是绿叶对于根的情结一样。绕来绕去，祖国就是很多人无法离开的根基所在，是任何发达之地都无法取代的现代人灵魂的后花园。

梦想之旅

无论多忙，如果每天可以在星空下仰望几分钟，或在海水边听听海浪，就可以找回灵感，找回超脱的感觉。真正的人生是一股理想主义激情带动的梦想之旅，虽然世俗的一切都会一路上如影相随，但是知道自己内心的方向是如此的重要，因为这股激情将带动人生朝着更加阳光的方向行进。

人在出世入世之间，活在理想与现实之间，那些最终拥有理想主义情怀的人生会渐入佳境，而纯粹的现实主义会让人生局限于目光所及。那些怀着理想而经历很多不同寻常生活片段的人，往往在不经意间活出了人生的意义与精彩。

越写越觉得像是给理想主义者在道路上点灯的人了。梦想的力量可以让人飞得更远更高，而且在一路前行中，遇见风景的无

《 月 上 枝 头 》

————

60cm×50cm

油画布

2020 年

穷变幻和未曾期待过的惊喜，让人生从中获益，这些都是生命过程所需要的经历。我很想让我的孩子看到我们曾经的人生和曾经的梦想。

在现实生活杂乱无章的表象下行走于当下，循着内心的方向并继续走下去，确实不是容易的事。可是这种坚守，是在随波逐流的现实生活中不会迷失自我的一门生活艺术。

一个时代的感觉，来自周围的人与事。此刻晒着暖暖的阳光，想着那些遇见过的带给我不一样人生的人与事。

想起旧金山的时光，莱昂老人穿着宽大的棉袄坐在老藤椅上，一边冲泡热巧克力奶，一边温暖地笑着。他那俄罗斯人后裔所独具的爽朗笑声仿佛依旧在耳畔很有穿透力地回荡。这些友人曾经激励着彼时做梦的我，为了将来的梦想而努力。一个经历过萧条时期和冷战的老人，懂得人生路上真实的艰难，亦懂得理想主义的可贵之处。他说我是一个"over-achiever"（超额成就者）。年轻的我当时并不明白这个英文组合词背后所有的潜台词呢。这个词汇代表了我个性里的那份对梦想的坚持，同时又委婉地提示我性格中超现实主义带给我的额外负荷。

当初，从美国回来时，我是这么坚定地认为我和所爱的人团聚了，幸福完满的人生从回归后开始启航了。但是骨感的现实总是一惊一乍地一路上制造各种惊险与考验。

从旧金山到拉萨，从印度到现在的马尔代夫，我一直努力着并且计划着未来的人生。生活在一个繁华多变的时代，去了最发达的国度、最缺氧的地方、最湿热的区域，转眼之间都已变成美好的回忆了。很多的时刻，自己的梦想都像飞机一样冲刺在蓝天，每一次梦想的飞翔都留下一道美丽的彩虹。这种儿时就开始憧憬的飞翔感觉，带着我一次又一次站立在一片心所向往的意境中。

少年的梦想，青年的激情，中年的情怀都值得珍惜。

一路脚步匆匆，不知不觉已经遇到了那么多幸运，恍然若梦，人已到中年。人生的诸多梦想，都已经明明白白地摆放在眼前。一生所爱之人，依旧对彼此宠爱，过去那些激励过彼此的语言，犹在耳畔，而理想已经变成身边现实版的一幅风景画。停下来，看一看，感受当下，品味一下自己一手创意和绘画出来的人生作品，个中滋味，岂不丰富。

心之所归

我早已不是往昔年少时光里那个追梦人，但仅仅凭着最初的赤子之心为原点，又以爱为牵引力，一路上所遇见的有惊无险的曲折确实都不攻自破了。

爱是生命中最神奇的力量，是一切美好人生最长久的动力，即便很多人相信命运是早已注定的。

林语堂说，结婚就是女子继续上帝未竟的工作，从上帝或者男子的母亲离开他时着手工作。亚当只是一个粗糙未完成的形状，夏娃去完成其余的工作。难怪二十多岁时那么辛苦，原来除了一份正式工作还有修枝剪叶的光荣任务呢，好庆幸自己在不知不觉中已经做得很多了。

我是一个不能自主做事的人，遇到一个好的支撑力，才可能做成一件事。向往自由呼吸、活得特别自由自我的秋杨出书分享旅途中的感悟，我在莫名感动中尝试将书翻译成英文，但中途就放弃了。

从前的我，没有静下心来，一段一段地说说从前的事。心灵陪伴，让我静了下来，审视曾经让我午夜梦回的过往。写着写着，内心世界就变得出奇的安宁。我内心一直有一个包住自己的硬核，神奇的笔头竟然慢慢地打开了那个很硬很硬的核。

我大概就应该写，写作让我和内心的灵魂安然相处，因为内心柔软的人感受到的世界更加细腻深刻，犹如一服良药，可以化解岁月的风尘，如同天空多了一对透视眼，让自己进一步了解自己。

泰戈尔说，人走最远的路，就是为了到达自己内心的最深处。我觉得，一个人走了那么远，即便看到了全世界的风景，如果不让自己成为自己眼中的风景，也很难遇到这样让人与岁月安静相守，与往事和解的缘分。

时光倒流，从自己指尖下流淌出的那些笔记中，如今可以读出当时人的心境。那时每日一路小跑，应付工作和生活的种种，假期中又跋山涉水，难得有闲暇和多余的心力去抚摸内心深处的角角落落。即使是在新年那样的盛日，亦是很难真正静下心来，用精致的卡片来诠释和释放心中对于家人的一份深情。人生一路上所经历的风霜雨雪，带着尘埃覆盖住了内心深处的自我，人若浮在水面的行者，近乎漂泊，很少关照到自己的内心。只有遇到天竺的慢时光，才看到生活由内向外地绽放出的欢颜。人生旅途，身心是两重平行的道，只有保持两者的平衡，才能拥有一份更加长久的生命中的清新，亦会在旅途中渐渐地遇到一个更真实和谐的自己。

人生的境遇，就像辽阔浩瀚的星空一般在不停歇的一路跋涉中随着四季交替。在变换中，不让自己成为迷航的小星星。

儿时对大自然天生的感觉让我知道人生一路需要行走在阳光下。少年时喜欢科幻的美妙，让我爱着辽阔的星空，并常常仰望夜晚的天空，寻找自己在星空交错的宇宙中的位置。我内心深信这四季星空下，我就是落在凡间的一颗星。应该感恩这样的内心深处的旋律一直在神秘的提醒，在命运的交叉路口为我指点迷津。

长大了，渐渐明白每个人都在寻找归宿，即使与生俱来已经带着上天满满当当的祝福，包裹着锦衣玉食来到世上，一样需要精疲力竭，寻觅这一生一世属于自己的心灵归宿。

人生也就几十年，真不知道，这条路何其远兮。外表坚强得不能再坚强了，可是内心还是软弱的，如今那些小鸟依人的柔弱内心的很多话，就书写给了岁月。人到中年，我仿佛和岁月有个曾经的不请之约。一个人对着岁月讲述一段一段的过往，心里就慢慢轻松起来。

感谢生活这本教科书教会我的一切，在一个容易焦虑的年代，尽可能地给我所爱的人少一点焦虑，多一点平安。这个世界噪音太多，懂得闹市隐身，懂得独自快乐，才能让别人幸福。

越来越喜欢素雅的东西，花香喜欢淡淡的，颜色喜欢质朴的，感情喜欢长久的。此生愿为素雅的花朵，开在驿路风中，经过风雨，走过沧桑，有过盛放，经历衰落。对往事，微微一笑；对当下，珍惜掌握；对未来，留一份憧憬。以淡然的心绪，行走于光阴里；以爱的名义，在心中种下一片阳光，让心灵于明媚中放牧。

岁月存在于我们喝的茶水里，存在于每天读的好书里。珍惜眼前，珍惜自己喜欢的一种感觉，把岁月变为自己喜爱的文字与照片。岁月变化中我们一天一天变老，可是日子一直就在身边，那些珍贵的瞬间留在你我的心里，在随意的一幅画里，一张照片里，一行不经意书写的文字里。

2020.3.1

图书在版编目（CIP）数据

紫雪／碧晓著．—— 北京：外语教学与研究出版社，2021.11（2022.5 重印）
ISBN 978-7-5213-3118-9

Ⅰ．①紫… Ⅱ．①碧… Ⅲ．①散文集–中国–当代 Ⅳ．①I267

中国版本图书馆 CIP 数据核字（2021）第 217472 号

出 版 人　王　芳
项目策划　徐晓丹
责任编辑　牛茜茜
责任校对　刘　佳
装帧设计　郭　莹
出版发行　外语教学与研究出版社
社　　址　北京市西三环北路 19 号（100089）
网　　址　http://www.fltrp.com
印　　刷　北京盛通印刷股份有限公司
开　　本　880×1230　1/32
印　　张　13.75
版　　次　2021 年 11 月第 1 版 2022 年 5 月第 3 次印刷
书　　号　ISBN 978-7-5213-3118-9
定　　价　58.00 元

购书咨询：（010）88819926　电子邮箱：club@fltrp.com
外研书店：https://waiyants.tmall.com
凡印刷、装订质量问题，请联系我社印制部
联系电话：（010）61207896　电子邮箱：zhijian@fltrp.com
凡侵权、盗版书籍线索，请联系我社法律事务部
举报电话：（010）88817519　电子邮箱：banquan@fltrp.com
物料号：331180001

记载人类文明
沟通世界文化
www.fltrp.com